Brian Tracy
Frank M. Scheelen

PERSONAL LEADERSHIP

Brian Tracy
Frank M. Scheelen

PERSONAL LEADERSHIP

So wird Spitzenleistung möglich

- Kreative Problemlösung
- Sozialkompetenz
- Karrieremanagement

mvg

Die Deutsche Bibliothek - CIP-Einheitsaufnahme

Tracy, Brian:
Personal Leadership : so wird Spitzenleistung möglich / Brian Tracy ;
Frank M. Scheelen. – 1. Aufl. – Landsberg am Lech : mvg-verl., 1999
ISBN 3-478-72610-7

1. Auflage 1999

Umschlaggestaltung: Vierthaler & Braun, München
Satz: Fotosatz H. Buck, Kumhausen
Druck- und Bindearbeiten: Druckerei Himmer GmbH, Augsburg
Printed in Germany 072610/04993502
ISBN 3-478-72610-7

Inhaltsverzeichnis

Vorwort

Herzlich Willkommen zum Buch „Personal Leadership“ – So wird Spitzenleistung möglich.

Dieses Buch entstand aus dem gleichnamigen Seminar, das bereits 1 Million Teilnehmer weltweit besuchten. Ich selbst nutze diese Erkenntnisse seit 10 Jahren und haben sie in Deutschland, der Schweiz und Österreich an Tausende Führungskräfte, Unternehmen, Verkäufer und Privatpersonen weitergegeben. Die Resonanz und die Ergebnisse sprechen für sich.

Wir wissen, daß Sie die Herausforderung des 21. Jahrhunderts nicht allein durch Ihre Fachkompetenz und bewährten Arbeits- und Erfolgstechniken bewerkstelligen können. Das 21. Jahrhundert verlangt neue Kompetenzen.

Wir stehen vor einem goldenen Zeitalter. Nie zuvor hatten wir bessere Chancen. Jedoch 80% Ihres Erfolges basieren auf mentalter Stärke. Sie werden das, was Sie selbst aus Ihrem Leben machen.

In diesem Buch erhalten Sie ausschließlich bewährte und erprobte Methoden, wie Sie sich im Beruflichen und Privaten zu einer positiven Leitfigur entwickeln, Verantwortung für sich und andere übernehmen, wie Sie sich selbst als Unternehmer begreifen, auch wenn Sie angestellt sind. Sie lernen Ihre Vision in Lebensziele umzuwandeln und diese Ziele bewußt anzugehen und zu erreichen.

Mit diesem Ratgeber erhalten Sie Ihren Schlüssel zu persönlicher Spitzenleistung und Leadership. Im Beruf arbeiten Sie effizient, als Mensch haben Sie die Chance, sich zu einer positiven Leitfigur zu entwickeln. Nehmen Sie Ihr Leben in die Hand, planen Sie Ihre Karriere, bauen Sie Höchstleistungsteams um sich herum auf, steigern Sie Ihre personellen und interpersonelle Kompetenz, bauen Sie Kundenbeziehungen auf, die anderen verborgen bleiben. Nur so werden Sie erfolgreich und schaffen es, die zum Glück notwendige Balance zwischen Ihren wichtigen Lebensbereichen. herzustellen.

Brian Tracy und ich haben die wichtigsten Erkenntnisse unserer Arbeit in diesem Thema zusammengestellt. Lassen Sie dieses Buch zu Ihrem persönlichen Coaching-Guide werden!

Herzlichen Glückwunsch zum nächsten Schritt auf der Reise zu persönlicher Höchstleistung und maximalem Erfolg!

Ihr Frank M. Scheelen
Gründer Tracy College, Director SCHEELEN® Institut in Deutschland

1

Personal Leadership – eine Einführung

Vor vielen Jahren, mit 20, begann für mich, Brian Tracy, eine lebenslange Suche. Ich wollte herausfinden, warum einige Menschen erfolgreicher sind als andere. Es gibt ein psychologisches Prinzip das besagt: Als Erwachsene suchen wir nach dem, wovon wir meinen, daß es uns als Kind vorenthalten wurde. Meine Eltern hatten wenig Geld, und ich konnte keinen Abschluß auf einer höheren Schule machen. Ich war ohne Examen, ohne Arbeit und alles in allem ziemlich unfähig. Mit 20 begann ich zu reisen. Seit dieser Zeit bin ich in mehr als 80 Ländern gewesen. Ich habe vier Sprachen gelernt. Erst las ich Dutzende, dann Hunderte und schließlich Tausende von Büchern. Mit Anfang 30 ging ich an die Universität und machte meinen Abschluß in Wirtschaft. Unzählige Stunden widmete ich der Frage, die mich so brennend beschäftigte, und ich glaube einige Antworten gefunden zu haben.

Wie kommt es, daß einige Menschen länger leben, mehr verdienen, ein schöneres Zuhause haben oder ein intakteres Familienleben? Wie ist es möglich, daß manche Menschen erfolgreicher sind als andere? Zuerst wendete ich mich der Geschichte zu, dann der Psychologie, Philosophie, Wirtschaft, Volkswirtschaft, Religion und Metaphysik. Mein Material, das teilweise bis 3000 v. Chr. zurückging, brachte folgende Enthüllung: Durch alle Zeiten hindurch haben weise Männer und Frauen die Frage untersucht, warum einige Menschen glücklicher und gesünder sind als andere. In den letzten 100 Jahren wurden die Nachforschungen zu dieser Frage intensiviert: Man wollte wissen, warum in der Geschichte bestimmte Menschen erfolgreicher waren als andere. Die Bücher dazu könnten ganze Bibliotheken füllen. Millionen von Dollar wurden ausgegeben, nur um dem einen Faktor auf die Spur zu kommen, der zu Erfolg im Verkauf, im Management, in der Medizin, als Eltern oder Führungskräfte prädestiniert. Dies würde nämlich wiederum Millionen von Dollar bei der Auswahl und Ausbildung von beruflichem Nachwuchs sparen.

Tausende Stunden, ja ganze Leben wurden mit der Suche nach den Antworten verbracht, die uns Hinweise liefern, warum einige Menschen in ihrer individuellen Art erfolgreicher sind als andere. Heute kennen wir den Grund – und das ist das Aufregendste überhaupt. In der Geschichte der Menschheit haben wir nie in einer aufregenderen Zeit gelebt als heute, weil wir die Antworten kennen. Wir haben erkannt, daß, sobald man herausgefunden hat, was andere Menschen erfolgreich in einem bestimmten Bereich macht, und dasselbe tut, man zu den gleichen positiven Ergebnissen gelangt. Ich nenne das die Kombinationsschloß-Analogie des Lebens. Ich sage, wenn Ihnen jemand eine mit einem Kombinationsschloß gesicherte Truhe gäbe und sich in der Truhe alle Schätze befänden, die Sie gerne hätten, welche Frage würden Sie wohl stellen? Richtig: Sie würden nach der Zahlenkombination fragen. Wenn ich Ihnen dann die Zahlen nennen würde, könnten Sie mich nach der korrekten Reihenfolge fragen. Sie würden dies tun, weil Sie wissen, daß es einen vernünftigen Weg gibt, Dinge zu tun. Sie müßten dann nur noch die richtigen Zahlen in der richtigen Reihenfolge drehen, um das Schloß zu öffnen. Wenn alle diese Informationen vorliegen, kann jedes Kind das Schloß öffnen.

Wenn Sie herausfinden, was erfolgreiche Menschen in jedem Bereich ihres Lebens getan haben, und sich bemühen, dieselben Dinge immer wieder zu tun, werden Sie womöglich die gleichen Ergebnisse erzielen. Ich habe vor vielen Jahren angefangen, diese Ideen und Dinge in Kursen zu vermitteln und die erste Handvoll Teilnehmer meinten, es sei, als erhielte man einen Blankoscheck für die Zukunft. Als begänne man das Leben neu. Zuerst waren es wenige, dann kamen immer mehr Menschen, die diese Ideen verinnerlichten und nun in der ganzen Welt umsetzen. Und sie haben Erfolg in ihren Geschäften, Aktivitäten oder Unternehmungen gleich welcher Sparte. Jetzt können auch Sie von diesen Ideen profitieren. Lassen Sie uns mit einer Definition des Begriffs „Erfolg“ beginnen. Erfolg, hören wir manchmal Leute sagen, Erfolg bedeutet Geld zu haben. Ich sage: nein! Warum ich nein sage? Wenden wir uns an die frühesten griechischen Philosophen Sokrates, Plato und Aristoteles, wenn wir Erfolg zu definieren versuchen.

Aristoteles betrachtete den Menschen als Individuum und fragte nach dem Ziel menschlichen Lebens. Er kam zu dem Schluß, daß das Ziel allen menschlichen Lebens ist, glücklich zu sein. Sie und ich haben eins gemeinsam: Wir alle möchten in unserem Leben glücklich sein. Aristoteles begann nun, nach den Gründen für die Sehnsucht nach dem Glück zu forschen. Auf seine grundlegenden Erkenntnisse haben wir 2000 Jahre lang aufgebaut. Wir alle tragen die Suche nach dem Glück in uns. Wir alle wünschen uns Glück und Zufriedenheit. Jeder möchte sich gut und wohl im Leben fühlen. Jeder möchte mit sich selbst im reinen sein. Das ultimative Ziel aller Religionen, Philosophien und jeder Art von Psychologie ist, jedem Menschen Werkzeuge an die Hand zu geben, die er dazu benutzen kann, noch höhere Grade der Zufriedenheit zu erfahren. Frei zu sein von Angst, Ärger und negativen Gefühlen. Nur Frieden in sich zu fühlen. Das alles ist aber nur ein Teil dessen, was Erfolg bedeutet.

Der zweite elementare Aspekt unserer Erfolgsdefinition ist der Wunsch nach Gesundheit. Wir wollen fit sein. Wir wollen energiegeladen sein. Wir wollen frei sein von Schmerz, Beschwerden und Krankheiten. Wir wollen lange leben. Wir wollen morgens aufstehen und uns gut fühlen. Wir wissen heute, daß fast alle Krankheiten und Symptome die Folge schlechter Gesundheitsgewohnheiten sind. Wir wissen aber auch, daß wir nur herausfinden müssen, was gesunde Menschen tun, und uns displinieren, dasselbe zu tun, um am Ende wesentlich gesünder und energiereicher zu sein, als wir es je vorher waren. Gute Beziehungen sind der dritte Bestandteil von Erfolg. Die vielleicht tragischste Figur in der Literatur ist Scrooge von Charles Dickens. Denn er hat alles Geld der Welt, aber keine Freunde. Gute Beziehungen – das bedeutet, daß Sie Menschen um sich haben, die Sie mögen und lieben und um die Sie sich sorgen. Es bedeutet umgekehrt, daß Sie mit den Menschen zurechtkommen, von denen Sie gekannt, gemocht und respektiert werden und die sich um Sie kümmern.

Es ist wichtig, daß Menschen Sie lieben, Sie sich in der Beziehung zu anderen sicher und aufgehoben fühlen. Ihre Fähigkeit, eine hohe Qualität in Ihren Beziehungen herzustellen und diese auch zu bewahren, ist ein Gradmesser, denn lang anhaltende Beziehungen sind das wahre Maß, wieviel Sie als Mensch taugen. Probleme in Beziehungen werden sich sehr bald negativ auf Ihre Zufriedenheit und Gesundheit auswirken.

Auch Ihre Arbeit soll bedeutsam sein. Sie brauchen das Gefühl von Bedeutung und Sinn in der Arbeit. Sie wollen, daß das, was Sie tun effektiv ist und anderen Menschen nutzt. Sie können nur glücklich sein, wenn Sie wissen, daß das, was Sie tun, wichtig ist, daß Sie ihre Sache gut machen, und wenn Sie positive Reaktionen darauf erfahren. Sinn in der Arbeit ist wichtig.

Der fünfte Aspekt unserer Definition ist finanzielle Unabhängigkeit. Sie möchten genügend Geld, damit Sie sich keine Sorgen darum machen müssen. Sie wollen finanziell unabhängig sein. Manche Menschen sagen, Geld sei das Ziel von Erfolg. Das ist falsch. Geld zu haben ist ein Grundbedürfnis wie Hunger. Wenn Ihr Magen knurrt, denken Sie die ganze Zeit nur ans Essen. Sind Sie jedoch satt, können Sie Ihre Gedanken auf andere Dinge konzentrieren. Es gab nie bessere Möglichkeiten für Sie, erfolgreicher zu sein und Ihre finanzielle Unabhängigkeit zu sichern.

Als weiteres Erfolgskriterium wünschen Sie sich ein Gefühl persönlichen Wachstums. Das Gefühl, alles werden zu können, wenn Sie es nur wollen. Sie wollen das, was Abraham Maslow meint, wenn er von der Realisierung des Potentials zur Selbstverwirklichung spricht. Morgens aufstehen und positiv erregt sein, was der Tag bringen mag.

Sie sind glücklich und genießen Ihre Arbeit. Wenn Menschen Sie zu Ihrer Arbeit befragen, sagen Sie, daß Sie lieben, was Sie tun. Womit Sie Ihren Lebensunterhalt verdienen, ist die wichtigste Sache überhaupt. Die vielleicht beste Definition von Erfolg könnte lauten: fähig zu sein, sein Leben in vollen Zügen und mit eigenem Stil zu leben. Wenn Ihr Leben in jeder Hinsicht perfekt wäre, wenn Sie alle Ziele erreicht hätten, es keine Grenzen gäbe für das, was Sie sein könnten oder machen wollten? Wie würden

Sie Ihr perfektes Leben gestalten? Was würden Sie tun, wenn Sie heute damit beginnen könnten? Wenn dies alles der Input von Erfolg ist, seine Bestandteile, wie sieht dann der Output aus? Wie sehen die Ergebnisse, Vorzüge, positiven Attribute des Erfolgs aus? Ich werde Ihnen sagen, wie sie aussehen: Die Vorzüge sind Selbstbewußtsein, sich gut fühlen, wertvoll und für sich selbst wichtig sein. Sie sind Selbstachtung und persönlicher Stolz. Selbstbewußtsein bedeutet, sich als guten Menschen zu empfinden. Sie haben dieses Gefühl, wenn Sie ein Leben leben, das gut ist in bezug auf Ihre menschlichen Beziehungen. Selbstachtung bedeutet, sich selbst zu achten und zu wissen, daß man von anderen geachtet wird. Sie verdienen sich die Achtung der wichtigen Menschen in Ihrem Leben. Der Respekt der Menschen, die für Sie besonders wichtig sind, und der persönliche Stolz, den Sie aus der Gewißheit beziehen, gut in Ihrem Leben zurechtzukommen, stärken Ihre Persönlichkeit. Je besser Sie in Ihrem Job sind, um so mehr mögen Sie sich. Je mehr Sie sich mögen und je höher Ihr Selbstbewußtsein ist, desto erfolgreicher werden Sie Ihren Job erledigen. Je höher Ihr Selbstbewußtsein ist und je erfolgreicher Sie sind, um so mehr steigt Ihre Selbstachtung. Alle Faktoren sind untrennbar miteinander verwoben.

Gewiß fragen Sie jetzt: Und wie bringe ich es zu mehr Selbstbewußtsein, Selbstachtung und Stolz? Ganz einfach: Beobachten Sie andere erfolgreiche, glückliche Menschen, die einen hohen Grad an Selbstbewußtsein, Selbstachtung und persönlichen Stolz besitzen. Beobachten Sie immer und immer wieder, was diese Menschen tun. Wenn ich mich in der Welt umsehe – und das tue ich seit 30 Jahren – dann sehe ich Männer und Frauen, die als Führungspersönlichkeiten sowohl in ihrem privaten als auch im geschäftlichen Leben gelten. Sie besitzen die Qualitäten des *Personal Leadership*. Personal Leadership ist eine Voraussetzung für Erfolg und Spitzenleistung und bedeutet, daß Sie Ihr persönliches Potential bestmöglich ausschöpfen. Überlegene Menschen vergleichen sich nie mit anderen. Sie vergleichen sich immer nur mit ihrem eigenen Potential, und das ist unbegrenzt. Ein weiser Mann sagte einmal zu mir: „Brian, Leadership bedeutet mehr, was Du bist, als das, was Du tust."

Wenn Sie einen Raum betreten, werden die Leute, noch bevor Sie etwas gesagt haben, erkennen, daß Sie eine Führungspersönlichkeit sind. Man wird es an Ihrem Charakter erkennen – nicht an dem was Sie tun. Leadership bedeutet die Fähigkeit, Menschen und Ereignisse zu beeinflussen. Sie haben nur zwei Wahlmöglichkeiten im Leben: Sie können andere beeinflussen oder sich beeinflussen lassen. Sie können andere führen oder ihnen folgen. Sie können die Ereignisse in Ihrem Umfeld bestimmen oder passiv bleiben. Ihre Aufgabe ist es, eine Führungspersönlichkeit zu sein und damit handlungsorientiert. Führungspersönlichkeiten ergreifen die Initiative. Führer gehen dorthin, wo noch niemand vor ihnen gewesen ist. Sie sind diejenigen, die überlegen, was getan werden muß. Sie spielen, setzen die Ziele, und dann bewegen Sie sich sehr schnell. Andere warten stets darauf, daß die Anführer den ersten Schritt tun.

Zur näheren Bestimmung typischer Führungsqualitäten habe ich mehr als 3000 Untersuchungen zum Thema studiert. Die Diskussion reicht bis in die Zeit um 600 v. Chr. zurück. Meine Studien zeigten mir die „Großen Vier" der Führungsqualitäten auf. Einen gemeinsamen Nenner findet man überall: Visionen. Eine Vision ist die Fähigkeit, das gegenwartsübergreifende Gesamtbild zu sehen. Führungspersönlichkeiten können zehn bis fünfzehn Jahre in die Zukunft blicken – wohin sie wollen und was sie dafür tun müssen. Sie können sogar projizieren, wie ihre Pläne in der Realisation aussehen und wie sich ihre Umwelt gestaltet, wenn sie alle ihre Ziele erreicht haben. Dann blicken sie in die Gegenwart zurück und fragen: Was muß ich jetzt tun, um vom heutigen Punkt dorthin zu gelangen, wo ich hin will? Führungspersönlichkeiten haben zudem die Fähigkeit, ihre Visionen mit anderen zu teilen und zu bewegen. Auch Sie brauchen Visionen für Ihre Familie, für sich selbst, für Ihre Ehe, Ihre Abteilung, Ihre Firma. Sie werden sehen, allein die Tatsache, eine übergreifende Vision zu haben, wird Ihr Selbstbewußtsein heben, Ihre Selbstachtung und Ihren persönlichen Stolz stärken.

Visionen basieren auf Werten und Tugenden. Führungspersönlichkeiten wissen, woran sie glauben. Sie sind sich ihrer Werte sehr bewußt. Und sie wissen, was diese Werte bedeuten und wofür sie stehen. Führungspersönlichkeiten können ihre Stärken genau einschätzen. Ihnen ist klar, was ihre Interessen und Fähigkeiten sind. Sie sind bereit, zu akzeptieren, daß es Dinge gibt, an die sie nicht heranreichen. Wer sind Sie? Wofür stehen Sie ein? Je mehr Sie darüber nachdenken, desto mehr entwickeln Sie sich zur Führungspersönlichkeit, um so mehr reifen Ihre Visionen. Visionen und Werte drücken sich auch in Ihrer Mission aus. Führungspersönlichkeiten haben immer eine Mission. Was ist Ihre Mission? Worauf arbeiten Sie in der Zukunft hin? Führungspersönlichkeiten haben ebenfalls Vorsätze und ihre Ziele oft klar niedergeschrieben, zusammen mit den Strategien, wie sie sie erreichen wollen. Führungspersönlichkeiten haben Visionen, Werte, Ziele, Missionen und Gründe. Welche haben Sie? Diese Dinge zu klären hebt Ihr Selbstbewußtsein, Ihr Selbstwertgefühl und Ihren persönlichen Stolz. Winston Churchill hat einmal gesagt, Mut sei zurecht als die wichtigste aller Tugenden, auf der alle anderen aufbauen, zu bezeichnen. Führungspersönlichkeiten sind couragiert genug, sich mit ihren Ängsten auseinanderzusetzen. Dinge zu tun, vor denen sie sich fürchten. Ohne Garantien zu handeln. Andere warten dagegen stets auf Garantien, brauchen für alles entsprechende Sicherheiten. Führer wagen das Risiko. Sie wagen es, um ihre Visionen zu erfüllen, ihre Werte zu leben – und das, obwohl es keine Garantien für ihren Erfolg gibt. Sie wagen es, vorwärts zu gehen, obwohl sie Angst haben. Und das ist ein Zeichen von Führungskompetenz.

3. Führungsqualität Nummer drei ist Realismus. Realismus meint die Fähigkeit, die Welt so zu sehen, wie sie ist, nicht so, wie wir sie gerne hätten. Jack Wells, der Präsident von General Electric, hält das Realitätsprinzip für die wichtigste Führungsqualität. Realisten sind bereit, die Welt, den Markt, das Geschäft, sich selbst, ihre Mitmenschen so zu sehen, wie sie sind. Sie verlieren sich nicht in Wunschgedanken, Selbsttäuschung und Gehirnakrobatik, sondern sehen die Dinge offen und ehrlich. Wir wissen, daß erfolgreiche Menschen objektiv und realistisch sind – egal, in welcher Situation sie sich befinden, welche Stärken oder Schwächen sie haben. Sie halten Ausschau nach

Gebieten, in denen sie ihre Stärken einsetzen können. Aber sie spielen niemals Spiele mit sich selbst. Die Essenz ihrer realistischen Sichtweise ist Integrität. Integrität bedeutet, die Wahrheit zu sagen, in Ehrlichkeit mit sich selbst und anderen zu leben und den Ruf einer ehrlichen Person zu haben. Die Kernqualität der Integrität ist die Ehrlichkeit. Wirklich erfolgreiche Menschen sind integer und wahrheitsliebend, unerbittlich darin, die absolute Wahrheit zu leben. Integrität ist ein Charaktermerkmal und die am meisten gesuchte Führungsqualität.

Die vierte große Führungsqualität ist Verantwortungsgefühl, und das ist mit Selbstvertrauen gekoppelt. Die führenden Kräfte in jeder Gesellschaft sind die, die sich auf ihre eigenen Ressourcen verlassen und nicht erwarten, daß andere etwas für sie tun. Sie rechtfertigen sich nicht, und sie schieben die Schuld auch nicht auf andere. Wenn sie mit einer Situation unzufrieden sind, dann ändern sie sie. Führungspersönlichkeiten kritisieren nicht und reden nicht schlecht über andere. Sie akzeptieren Verantwortung. Führungspersönlichkeiten sind verantwortungsbewußt! Wenn Sie höher hinauswollen, bitten Sie um mehr Verantwortung. Führungspersönlichkeiten übernehmen freiwillig und gern Verantwortung, denn sie wissen, daß sie damit ihre Verantwortlichkeitskompetenz stärken.

Personal Leadership ist der Schlüssel, und es gibt sieben Regeln, die Sie diesem Konzept näherbringen und Ihren Erfolg im 21. Jahrhundert sichern.

Erste Regel: Ihr Leben wird nur besser werden, wenn Sie selbst besser werden. Wenn Sie eine bessere Familie wollen, werden Sie ein besserer Ehepartner. Wenn Sie bessere Kinder wollen, werden Sie ein besseres Elternteil. Wenn Sie eine bessere Belegschaft wollen, werden Sie ein besserer Chef. Wenn Sie irgendeinen Aspekt in Ihrem Leben verändern wollen, verändern Sie sich selbst. Ihr Leben kann nur besser werden, wenn Sie besser werden.

Zweite Regel: Es ist nicht wichtig, woher Sie kommen. Es ist wichtig, wohin Sie gehen. Vergangenheit ist Vergangenheit. Möglicherweise haben Sie eine Menge alberner, dummer, zeit- und geldverschwendender Dinge getan. Die spielen nur noch dann eine Rolle, wenn Sie aus Ihren Fehlern nicht gelernt haben. Es interessiert nicht im geringsten, woher Sie kommen. Es ist nur wichtig, wohin Sie gehen, und diese Richtung bestimmen ganz allein Sie.

Dritte Regel: Es lohnt sich immer, Neues zu tun. Am Anfang macht man es vielleicht schlecht. Aber wissen Sie, warum Menschen wachsen? Sie wachsen, weil sie bereit sind, neue Dinge zu versuchen und das Versagensrisiko einkalkulieren. Sie können wachsen und wachsen und immer besser werden, indem Sie bereit sind, zu versuchen, zu versagen und zu lernen.

Vierte Regel: Alles, was Sie brauchen, um Ihre Ziele zu erreichen, ist lernbar. Sie können ein besserer Manager, Chef, Ingenieur, Techniker, Elternteil, Ehepartner oder Koch werden. Sie können Sprachen lernen und sich andere Fertigkeiten aneignen. Sie können einfach alles lernen, was Sie Ihrem Ziel näher bringt.

Fünfte Regel: Sie sind nur so frei, wie es Ihre Möglichkeiten zulassen, wie Sie Alternativen und Entscheidungsmodelle entwickelt haben. Es ist also enorm wichtig, permanent neue Optionen, Wahlmöglichkeiten und Varianten zu entwickeln. Wenn etwas nicht funktioniert, können Sie sich somit schnell in eine andere Richtung orientieren. Wenn Sie nur eine Wahlmöglichkeit hätten, wären Sie nicht frei. Sie wären ohne Kontrolle, würden durch die Umstände um Sie herum kontrolliert.

Sechste Regel: Alle Schwierigkeiten bergen das Potential eines gleich großen, wenn nicht gar größeren Nutzen. Für jedes Problem gibt es eine Lösung. Die größten Probleme dienen dazu, daraus das zu lernen, was Sie benötigen, um in der Zukunft erfolgreich zu sein. Alle wirklich erfolgreichen Männer und Frauen erkennen, daß Probleme wertvolle Vorteile und Nutzen verstecken. Wenn man sie findet, kann man diese wertvollen Lektionen für eine positivere Zukunft einsetzen.

Siebte Regel: Die einzigen wirklichen Grenzen bei dem, was Sie sind oder tun, erlegen Sie sich selbst auf. Das ist das wichtigste aller Prinzipien. Wenn Sie das begreifen haben Sie in diesem Moment die Möglichkeit, mehr zu erreichen als jemals zuvor in Ihrem Leben. Indem Sie sich mit dem Konzept des Personal Leadership verbinden, können Sie mehr Selbstbewußtsein,

Selbstachtung und persönlichen Stolz aufbauen. Sie können alles werden, was in Ihnen steckt. Dieses Buch hilft Ihnen dabei.

Sehen Sie dazu auch die Übungen auf Seite 204.

2

Sieben geistige Gesetze, die zur Spitzenleistung befähigen

Sie sind außergewöhnlich! In der Menschheitsgeschichte hat es noch nie jemanden wie Sie gegeben. Laut Gen-Forschern beträgt die Wahrscheinlichkeit, daß es in der Geschichte identische Menschen geben wird, 1:50 Billionen. Es wird also nie passieren. Es wird niemals jemanden mit Ihrer speziellen Mischung aus Ideen, Einstellungen, Erfahrungen, Erziehung, Gedanken, Gefühlen, Worten und Meinungen geben. Was Sie absolut einzigartig macht, ist Ihre Fähigkeit zum Denken. Perfektion und Spitzenleistungen sind nur möglich, wenn Sie verstehen, wie Ihr Geist arbeitet, und dann das Beste aus sich herausholen – bei allem, was Sie tun.

Stellen Sie sich vor, Sie hätten einen Computer gekauft, das neueste und modernste Gerät auf dem Markt, im besten Geschäft der Stadt. Zu Hause packen Sie ihn aus dem Karton, finden aber keine Gebrauchsanweisung. Was würden Sie tun? Ohne Gebrauchsanweisung wären Sie ziemlich aufgeschmissen. Sie könnten durch Probieren herausfinden, welche Stecker wohin gehören. Sie könnten auch durch viele Versuche irgendwann einmal die Software richtig auf den Computer laden und herausfinden, wie alles funktioniert. Dieser mühsame Kampf würde Sie allerdings Wochen, Monate oder gar Jahre kosten. Er könnte aber auch Ihr ganzes Leben dauern, und trotzdem könnte es passieren, daß Sie niemals richtig herausbekommen, wie Ihr Computer funktioniert. Lange bevor Sie es herausbekommen, geben Sie womöglich auf und kehren zu Ihrer alten, unproduktiven Arbeitsweise zurück. Glauben Sie mir, dieser Versuchung erliegt jeder schnell: Sie und ich sind da nicht anders.

Wir kommen auf diese Welt mit dem ausgereiftesten Computer den man sich nur vorstellen kann. Unser Gehirn hat 100 Milliarden Zellen; viele davon sind mit 20000 anderen Zellen gleichzeitig verbunden. Das ergibt Trillionen möglicher Gedanken und Ideen – und wir besitzen keine Gebrauchsanweisung! Wir haben allerdings herausgefunden, daß einfache geistige Gesetze oder Prinzipien existieren, die aufzeigen, wie unser Gehirn funktioniert. Diese „Gebrauchsanweisungen“ gehen bis in die Zeit 3000 v. Chr. zurück und beschreiben, wie unser Geist arbeitet. Sobald Sie herausgefunden haben, wie Ihr Geist funktioniert, seine Regeln und Gesetze gelernt haben, können Sie in wenigen Monaten oder Jahren mehr erreichen als andere in ihrem ganzen Leben.

Viele geistige Gesetze sind wie die Schwerkraft: Man kann Sie selbst nicht erkennen, wohl aber ihre Auswirkungen sehen. Wie die Schwerkraft funktionieren diese Grundsätze zu 100 Prozent immer gleich, ohne Ausnahme. Wenn Sie aus dem zehnten Stock eines Hauses in Frankfurt, Taipeh oder New York springen, fallen Sie, erreichen eine bestimmte Geschwindigkeit und landen unsanft auf dem Boden. Es spielt keine Rolle, ob Sie das Gesetz der Schwerkraft kennen oder jemand Ihnen davon erzählt hat. Es spielt auch keine Rolle, ob Sie nett und freundlich sind und die Sache Ihnen nicht ins Konzept paßt. Tatsache ist, wenn Sie ein Naturgesetz verletzen, müssen Sie immer einen Preis dafür zahlen. Wenn Sie mit überhöhter Geschwindigkeit eine Straße lang fahren und keinen Strafzettel bekommen, dann haben Sie ein von Menschen geschaffenes Gesetz übertreten. Brechen Sie jedoch ein Naturgesetz, dann müssen Sie in jeder Lebenssituation die Konsequenzen tragen, denn diese Gesetze treffen jederzeit zu 100 Prozent zu.

Lassen Sie uns nun einige dieser Naturgesetze des Geistes betrachten. Das erste – zugleich die Quintessenz dessen, was ich lehre – ist das Gesetz der Kontrolle. Das Gesetz der Kontrolle ist der Schlüssel zu geistigem Wohlbefinden und persönlicher Macht. Seine Botschaft: Wenn Sie sich selbst positiv wahrnehmen, haben Sie die Kontrolle über Ihr Leben. Wenn Sie eine negative Einstellung zu sich haben, besitzen Sie keine eigene Kontrolle, sondern sind fremdbestimmt.

Wenn Sie das Gefühl haben, am Steuer Ihres Lebens zu sitzen, dann fühlen Sie sich in Ihrem Leben wohl. Wenn Sie sich durch Ihren Chef, Ihre offenen Rechnungen oder irgendwelche äußeren Umstände beherrscht fühlen, trübt das Ihr Verhältnis zu sich als Person.

Psychologen haben sich jahrelang mit dem Thema Kontrolle beschäftigt. Sie fanden heraus, daß Menschen entweder einen inneren oder äußeren Sitz der Kontrolle haben. Die erste Gruppe fühlt sich für sich selbst verantwortlich, die zweitere bildet sich ein, daß andere Kontrolle über sie hätten. Bei einem inneren Sitz der Kontrolle ist Ihr Streßpegel niedrig, Sie zeigen Höchstleistungen und fühlen sich für sich selbst verantwortlich. Im zweiten Fall sind Sie streßanfällig, schlecht belastbar und nur in geringem Maße leistungsfähig. Kontrolle ist also der Schlüssel. Kontrolle bedeutet, daß Sie Ihr Leben selbständig steuern. Sie allein entscheiden über Ihr Schicksal.

Wir wissen, daß erfolgreiche Männer und Frauen ein hohes Maß an Selbstvertrauen, Selbstbestimmung, Selbstkontrolle und Selbstbeherrschung zeigen. Ihr Sinn für Kontrolle ist stark dadurch bestimmt, wie sie sich Dinge und Geschehnisse selbst erklären. Wir nennen das den Erklärungsstil. Wenn zum Beispiel etwas in Ihrem Alltag passiert und Sie es als gut interpretieren, reagieren Sie positiv, konzentriert und kontrolliert. Empfinden Sie die Sache jedoch als problematisch oder gar als ärgerlich, dann werden Sie argerlich, nervös, ängstlich und besitzen nur wenig Kontrolle. Kontrolle beginnt bei den Gedanken und greift von dort auf das Fühlen und Tun über. Denken Sie daran: Alles beginnt bei Ihren Gedanken. Ihre Art zu denken bestimmt, wie Sie sich fühlen. Wenn Sie mir eine Neuigkeit erzählen und ich zu dem Schluß komme, daß es eine tolle Neuigkeit ist, fühle ich mich gut. Wenn Sie mir die gleiche Information geben und ich sie als Rückschlag empfinde, dann fühle ich mich schlecht. Alles hängt von Ihrem Erklärungsstil ab, und den können Sie sehr wohl steuern.

Der Umkehrschluß dieses ersten Gesetzes der Kontrolle ist das Gesetz des Zufalls. Das Gesetz des Zufalls ist kein richtiges Gesetz, es sei denn, Sie leben danach und machen es sich zum

Gesetz. Es ist vielmehr ein metaphysisches Konzept, aber unglücklicherweise leben die meisten Menschen danach. Es besagt, daß alles nur zufällig passiert, Glückssache ist. Jemand arbeitet etwa 5, 10 oder 15 Jahre lang und ist irgendwann einmal erfolgreich, eben weil er hart arbeitet und sein Geld zusammenhält. Prompt drehen sich die Leute zu ihm um und behaupten: „Sie hatten aber ganz schön Glück, daß Sie in diesen Bereich einsteigen konnen!" Dabei handelt es sich aber nicht um Glück. Viele Menschen leben unabsichtlich nach dem Gesetz des Zufalls. Es ist ihnen oft nicht bewußt, daß durch ihre Einstellung Dinge außerhalb ihrer Kontrolle geschehen. Indem sie bei der Planung versagen, planen sie ihr Versagen. Indem sie es versäumen, sich klare Ziele zu setzen, werden sie niemals erfolgreiche Ziele für ihr Leben formulieren. Das Gesetz des Zufalls verhält sich vollkommen gegensätzlich zum Gesetz der Kontrolle. Dies ist der Grund, warum die meisten Menschen unglücklich, negativ und zynisch sind. Sie fühlen sich ohne Kontrolle ohnmächtig. Ihr Streßpegel ist hoch. Nach dem Gesetz des Zufalls zu leben, das bedeutet: Machtlosigkeit zu empfinden. Und dieses Gefühl wiederum ist eine Wurzel von Kriminalität, Gewalt, Armut und Krankheit. Wenn Sie das Gesetz des Zufalls für sich akzeptieren, führt es dazu, daß Sie sich hilflos und unfähig fühlen, Dinge in Ihrem Leben zu ändern oder zu verbessern. Psychologen sprechen von erlernter Hilflosigkeit, und die wiederum mündet in erlernten Pessimismus. Eine der wichtigsten Aufgaben ist es demnach, sich vom Gesetz des Zufalls loszusagen.

Das bringt uns zum Gesetz von Ursache und Wirkung, dem Uralt-Gesetz das seit jeher das Universum beherrscht. Sokrates erwähnte es als erster im Jahre 425 v. Chr.; in einer Zeit, in der die Menschheit an Götter glaubte, an Zeus und den Berg Olymp, sagte Sokrates, daß es einen Grund für alles geben müsse, einen Grund für jede Wirkung. Sokrates taufte es das Gesetz der Kausalität. Wir nennen es das Gesetz von Ursache und Wirkung: Alles passiert aus einem bestimmten Grund. Es gibt Gründe für Erfolg und Gründe für Mißerfolg. Es gibt Gründe für Krankheit und Gesundheit, Armut und Reichtum. All diese Dinge sind vorhersehbar, sie haben ganz bestimmte Ursachen, und Sie können ihre Wirkung auf Ihr Leben ändern, indem Sie diese Ursachen ändern. Wenn Sie eine gewünschte Wirkung vergrößern möchten, können Sie diese bis zur Entstehung zurückverfolgen. Sie finden jemanden, der an der gleichen Stelle begann und diese Wirkung erreicht hat. Tun Sie nun die gleichen Dinge wie diese Person, dann werden Sie auch die gleichen Ergebnisse erhalten. Jede Handlung hat eine Konsequenz. Alle Ursachen haben Wirkungen, aber auch Tatenlosigkeit hat Konsequenzen. Sowohl die Dinge, die wir tun, als auch die, die wir nicht tun, zeigen Konsequenzen. Und dies zu verstehen, erklärt eine Menge über Erfolg und Versagen. Wir wissen jetzt, daß nichts zufällig ist. Auch wenn wir die Gründe nicht kennen, warum etwas passiert, heißt das nicht, daß es keine Gründe dafür gäbe. In der Geschichte konnten wir immer Gründe entdecken, die bestimmte Entwicklungen beeinflußt haben. Die Menschheit hat niemals diese Urgesetze erfunden – in keinem Bereich. Alles, was wir tun können ist, sie zu entdecken und unser Leben mit ihnen in Einklang zu bringen. Intelligente Männer und Frauen akzeptieren das. Sie akzeptieren, daß wir in einem geordneten Universum leben, einem Universum, das durch Ursache und Wirkung erklärt werden kann.

Wie lautet nun die wichtigste Anwendung für das Gesetz von Ursache und Wirkung? Ganz einfach: Gedanken sind Ursachen und Umstände sind Wirkungen. Gedanken sind die primäre Ursache für sämtliche Lebensumstände. Wenn Sie Ihre Lebensumstände ändern wollen, dann müssen Sie zuerst den Grund, den Gedanken, der alles verursacht hat, ändern. Das Gute ist, daß Sie die Kontrolle über Ihre Gedanken haben. Sie haben die Freiheit, den Inhalt Ihrer Gedanken zu bestimmen, und somit kontrollieren Sie Ihr Leben. Das Gesetz von Ursache und Wirkung ist, wie Sie sehen, ohne weiteres mit dem Gesetz der Kontrolle vereinbar.

Wir leben in einem geordneten Universum, und wenn Sie Ihr Leben mit dem Gesetz von Ursache und Wirkung in Einklang bringen, werden Sie mehr Kontrolle und Macht besitzen. Sie werden sich an die Spitze durchsetzen. Damit sind wir beim vierten Gesetz, dem Gesetz des Glaubens. Dieses außerordentlich wichtige Gesetz besagt, daß alles, was Sie aus tiefstem Herzen glauben, Ihre Wirklichkeit wird. Ihr Glaube bildet das, was wir ein Schutzschild der Logik nennen. Dinge, die Sie nicht sehen wollen, werden ausgeblendet, und Sie bekommen eine Art Tunnelblick. Sie glauben nicht das, was Sie sehen, sondern sehen nur das, was Sie entschieden haben, über sich und andere denken zu wollen. Ihr Glaube bildet die Paradigmen Ihres Lebens, den Rahmen, in dem Sie Menschen, Situationen und Lebensumstände sehen wollen. Unglücklicherweise haben einige Menschen einen guten, andere einen schlechten Glauben. Ihr Glaube zensiert ankommende Informationen und macht Sie für bestimmte Inputs blind. Jeder von uns hat „blinde Zonen", weil wir beschlossen haben, die Dinge, die dort passieren, nicht zu glauben. Man entwickelt etwas, das selektive Wahrnehmung genannt wird: Manches, was man sieht, glaubt man, anderes zieht man vor, zu ignorieren. Wenn Sie in einem Bereich viel Talent besitzen, aber selbst nicht so ganz an Ihren Erfolg glauben, und jemand kommt und lobt Sie für Ihre gute Arbeit, dann erwidern Sie, daß es nichts weiter als Zufall war.

Eine 87jährige Frau, Laura Schultz aus Florida, war im Haus, als ihr Sohn, der sein Auto reparierte, plötzlich aufschrie. Sie lief hinaus und sah, daß ihr 55jähriger Sohn hilflos unter dem Auto lag. Der Wagenheber hatte sich gelöst, und das Auto war auf die Brust des Sohnes gefallen. Die Frau rannte zum Auto und hob das fast 1000 Kilogramm schwere Fahrzeug an, so daß er darunter hervorrutschen konnte. Auf die spätere Frage, wie sie das wohl geschafft habe, stritt sie ab, das schwere Auto jemals bewegt zu haben, obwohl die Nachbarn und der Sohn das eindeutig bestätigten. Der Punkt ist, daß man immer nur das glaubt, von dem man beschlossen hat, es glauben zu wollen.

Wenn Sie daran glauben, zum Erfolg bestimmt zu sein – egal, was passiert –, wird sich der Erfolg für Sie erfüllen. Wenn Sie wirklich daran glauben, wird es wahr werden. Wir können das aus der Geschichte belegen. Das Alte Testament sagt, wenn ein Mann in seinem Herzen denkt und fest genug glaubt, dann lebt er. Das Neue Testament sagt, daß alles, was einem geschieht, dem persönlichen Glauben entspricht. William James, Begründer der amerikanischen Philosophie und Psychologie, sagte, daß der Glaube die Realität schafft, weil man immer in Übereinstimmung mit dem Glauben handelt.

In *Psychology Today* erschien vor einiger Zeit ein Bericht über einen Jungen aus einer kleinen Stadt im mittleren Westen Amerikas. Dieser Junge hatte an der höheren Schule stets mit besten Noten geglänzt und wurde zu einem Aufnahmetest für die Universität gebeten. Wochen später erhielt er Nachricht, daß er eine 98 im Test erreicht habe und damit für die Universität zugelassen sei. Der Junge aber dachte, die Zahl 98 müsse sich auf seinen Intelligenzquotienten beziehen. Ihm war klar, daß dies unter dem Durchschnitt lag. So ging er zur Universität mit der Einstellung, daß er nicht fähig wäre, seine Kurse zu bestehen. Im Semester fiel er tatsächlich überall durch. Er ging zu seinem Studienberater, der ihn fragte, was los sei. Der Junge antwortete, daß er mit einem IQ von 98 nicht für die Ergebnisse verantwortlich gemacht werden könnte. Der Berater schaffte es, das Mißverständnis aufzuklären. Der Junge hatte den Test besser als 98 Prozent aller Bewerber abgeschlossen und war somit einer der intelligentesten Köpfe an der ganzen Universität. Nachdem er dies wußte, erzielte er nur noch Bestnoten.

Die wichtigste Botschaft im Gesetz des Glaubens lautet, daß Sie sich durch Ihren Glauben selbst beschränken. Denn dieser Glaube wird zur Realität – egal, ob er auf Fakten beruht oder nicht. Dieser selbsteinschränkende Glaube hält Sie davon ab, Ihr Potential auszuschöpfen. Denken Sie an ein beliebiges Ziel, das Sie immer erreichen wollten, und fragen Sie sich dann, warum Sie noch nicht dort angelangt sind. Diese hemmenden Gedanken existieren nur in Ihrer Vorstellung. Sie sind klug genug, all das zu tun, was Sie tun wollen. Sie sind kreativ genug, Lösungen für alle Probleme zu finden. Sie haben genug Talent, um jedes Ziel zu erreichen. Sie sind gut – wenn nicht sogar besser als andere –, aber Ihr Glaube hält Sie zurück. Gewiß gehört Mut dazu, sich damit auseinanderzusetzen. Wenn Sie sich aber dazu durchringen, können Sie Ihre Realität und Ihr Auftreten systematisch verändern. Es wird lange dauern, und es bedeutet ein hartes Stück Arbeit. Aber das Ergebnis wird Sie für alle Mühe entschädigen.

Das nächste Gesetz ist das der Erwartung. Was immer Sie zuversichtlich erwarten, wird zu Ihrer sich selbst erfüllenden Prophezeiung. Ihre Erwartungen bestimmen Ihre Ergebnisse. Es spielt keine Rolle, ob sie auf falschen Voraussetzungen gründen. Sie verhalten sich immer Ihren Erwartungen gemäß. Wir wissen, daß erfolgreiche Menschen eine positive Selbsterwartung haben. Sie erwarten im voraus, erfolgreich zu sein. Sie rechnen damit, daß die Dinge gut für Sie ausgehen. Sie erwarten es, gemocht zu werden und beliebt zu sein. Sie erwarten, erfolgreich zu sein – und sie sind es. Dr. Robert Rosenthal von der Havard University führte zahlreiche Experimente über den Zusammenhang zwischen Erwartungen und Ergebnissen durch. In der Nähe von San Franzisko initiierte er ein Experiment an einer Schule. Der Schulleiter bat drei Lehrer zu sich und teilte ihnen mit, daß sie aufgrund ihrer hervorragenden pädagogischen Leistungen jeder eine Klasse mit hochintelligenten Schülern bekommen sollten. Weder die Schüler, noch die Eltern sollten darüber informiert werden. Lehrmethoden und Lehrplan sollten so bleiben wie bisher. Natürlich ist es der Traum eines jeden Lehrers, eine Klasse mit hochintelligenten Kindern zu betreuen. Und so waren die ausgewählten Lehrer mit ganzem Herzen bei der Sache. Sie wollten auf jeden Fall zeigen, daß man mit ihnen die richtigen ausgewählt hatte. Am Ende des Schuljahres lagen die drei Klassen mit ihren Leistungen 20 bis 30 Prozent über dem Schuldurchschnitt. Man holte die Lehrer zusammen und meinte, daß sie ein fantastisches Jahr absolviert hätten. Die Lehrer erwiderten, diese Kinder seien einfach zu unterrichten und überdurchschnittlich aufnahmebereit gewesen. Daraufhin wurde ihnen eröffnet, daß diese „Elite" wahllos aus der Gesamtheit aller Schüler zusammengewürfelt worden waren. Man wußte nichts über den IQ der Schüler, die auf die drei Klassen verteilt wurden. Einer der Schüler konnte seinen IQ im Unterricht mit diesen in positiver Erwartung tätigen Lehrern um 25 Punkte verbessern. Wenn die Schüler sich so verbessert hatten, bemerkte ein Lehrer, dann müsse das wohl an den besonders guten Lehrern liegen. Der Schulleiter verriet daraufhin, daß man die drei Top-Lehrer nach dem Zufallsprinzip mit Kärtchen aus einem Hut gezogen hatte. Der wirklich interessante Faktor war, daß sich nur die Erwartungen geändert hatten. Die Erwartungen der Lehrer an sich selbst und an ihre Schüler basierten auf falschen Informationen, nämlich daß die Kinder wie auch die Lehrer extrem begabt wären.

Es gibt vier Hauptbereiche, in denen Erwartungen Ihr Leben beeinflussen. Da sind einmal die Erwartungen Ihrer Eltern. Wie immer diese auch aussahen, sie nahmen einen entscheidenden Einfluß auf die Person, die Sie heute sind – positiv oder negativ. Viele Menschen können sich Ihr Leben lang nicht von den Erwartungen ihrer Eltern freimachen. Als nächstes kommen Erwartungen Ihres Chefs oder anderer Respektspersonen. Auch von diesen Erwartungen werden Sie geprägt. Wir wissen, daß erfolgreiche Unternehmen von Menschen mit hohen Erwartungen an sich geführt werden, die wiederum Menschen mit dem Willen zur Höchstleistung um sich scharen. Der dritte Bereich sind die Erwartungen, die Sie Ihren Kindern, Ihrem Ehegatten, Mitarbeitern und anderen Menschen gegenüber an den Tag legen. All die Menschen, die zu Ihnen aufschauen. Und viertens geht es um die Erwartungen, die Sie an sich selbst stellen. Sie können niemals besser sein als Ihre eigenen Erwartungen. Ihre Erwartungen setzen die Grenzen für das, was Sie erreichen können. Beginnen Sie ab sofort jeden Tag mit den Worten: „Ich glaube, daß mir heute etwas Wundervolles passieren wird." Somit kreieren Sie ein Kraftfeld positiver Erwartungen, und Sie werden erstaunt sein, wieviele wundervolle Dinge tatsächlich passieren werden.

Das sechste Gesetz ist das der Anziehung. Ihm zufolge sind Sie ein Magnet, eine lebendige Radiostation, die ständig Gedankenkraft über weite Entfernungen sendet. Und Sie holen Menschen und Situationen in Ihr Leben, die mit Ihren wichtigsten Gedanken harmonieren. Mit Ihren Gedanken der Aufregung, des Enthusiasmus, des intensiven Begehrens, der Furcht und des Negativen ziehen Sie Menschen und Situation an. Musikalisch offenbart sich dieses Gesetz in der „sympathischen Resonanz". Wenn zwei Klaviere in einem großen Raum stehen und Sie zuerst auf dem einen, dann auf dem anderen die Taste C-Dur anschlagen, werden beide Klaviere in Harmonie vibrieren. Sie haben sicher auch schon vom Gesetz der Vibration gehört, demzufolge das gesamte Universum bewegte Energie ist und alles in ihm vibriert. Sogar Stahl und andere harte Materialien bestehen aus Molekülen und Atomen, die permanent in Bewegung sind. Das Gesetz der Vibration besagt also, daß alle Dinge vibrieren, und das Gesetz der Abstoßung geht davon aus, daß alle ungleichen Dinge sich abstoßen. Wenn Sie alle diese Gesetze mit dem Gesetz der Anziehung kombinieren, kommen Sie zu dem Ergebnis, daß die Gedankenenergie sich ebenfalls in einem Zustand der Vibration befindet, der durch Gefühle noch intensiviert wird. Diese Energie vibriert konstant. Sie beeinflußt die Menschen und Dinge in Ihrer Umgebung. Sie haben alles in Ihrem Leben angezogen, weil Sie der Mensch sind, der Sie sind. Und Sie können mehr in Ihrem Leben erreichen, weil Sie die Person, die Sie sind, kraft Ihrer Gedanken verändern können.

Das siebte Gesetz ist das Gesetz der Korrespondenz oder Entsprechung. Ihre äußere Welt ist meist ein Spiegel Ihrer inneren Welt. Wo immer Sie hingehen, treffen Sie sich selbst. Das Gesetz der Korrespondenz wird in Ihren Beziehungen, Ihrer Gesundheit, Ihrem Einkommen, Ihren Einstellungen deutlich. Wo immer Sie im Leben hinblicken, sehen Sie sich selbst. Was immer in Ihrem Inneren passiert, beeinflußt, was sich in Ihrem Umfeld abspielt. Mit anderen Worten: Um Ihre Außenwelt zu ändern, müssen Sie zuerst Ihr Innenleben ändern.

Zum Schluß eine Zusammenfassung der Gesetze des Geistes. Erstens: Alle Kausalität ist mental bedingt. Ihre Gedanken werden Ihre Wirklichkeit. Ihre Gedanken kontrollieren Ihr Leben. Zweitens: Sie werden in der Regel das, was Sie denken. Das wichtigste Gesetz von allen: Indem Sie Ihre Gedanken verändern, verändern Sie Ihr Leben. Wenn Sie Ihre Ansichten über sich selbst und Ihre Möglichkeiten ändern, wird sich daraufhin Ihr ganzes Leben verändern, um sich Ihrer neuen Denkweise anzupassen. Es gibt dann für Sie keinen anderen Weg als den des Erfolgs. Fangen Sie sofort an, und sagen Sie sich jeden Morgen: „Ich glaube, daß mir heute etwas Wundervolles geschehen wird.“ Sie werden staunen, was passiert!

Sehen Sie dazu auch die Übungen auf Seite 204ff.

3

Das Unterbewußtsein mit neuen Botschaften programmieren

Was verstehen wir unter dem Potential des Menschen? Wieviel Potential haben Sie persönlich? Ich habe eine einfache Formel für menschliche Potentiale entwickelt. Da sind einmal die „angeborenen Attribute", die ich AA nennen möchte. Sie beinhalten alle die Qualitäten, Fähigkeiten und Talente, mit denen Sie ausgerüstet sind, und wir wissen, daß jeder Mensch eine „Grundausstattung für den Erfolg" besitzt. Dann hätten wir die BA, die „benötigten Attribute". Hierbei handelt es sich um die Dinge, die Sie lernen. Da sind Ihre Erziehung, Ihre Erfahrungen, die Bücher, die Sie lesen, Ihre Gedanken und die Entscheidungen, die Sie treffen. Ihr individuelles menschliches Potential ergibt sich aus der Addition von AA und BA, multipliziert mit Ihrer Einstellung. Über die Einstellung wissen wir nur, daß sie größtenteils durch Ihre Erwartungen bestimmt wird. Wenn Sie erwarten daß die Dinge positiv verlaufen, dann haben Sie eine positive Einstellung. Rechnen Sie mit einem schlechten Verlauf, dann haben Sie eine negative Einstellung. Woher stammen Ihre Erwartungen? Ihre Erwartungen dringen direkt in den Kern Ihres Unterbewußtseins vor. Sie basieren auf Ihren Werten und Ihrem Glauben, was die Realität betrifft. Und woher kommt dieser Glaube? Ihr Glaube bildet sich schon sehr früh in Ihrem Leben und bestimmt Ihr Selbstkonzept. Ihr Selbstkonzept besteht aus einem Bündel von Ideen, Gefühlen und Überzeugungen. Alles, was Sie während Ihres Lebens als wahr akzeptiert haben – auch Dinge, die objektiv gesehen nicht wahr sind –, wird ein Teil Ihres Selbstkonzepts. Ihre Sichtweise der Welt gründet auf diesem Konzept. Die meisten Psychologen stimmen überein, daß das Selbstkonzept die wichtigste Entdeckung des 20. Jahrhunderts ist, denn es bietet eine umfassende Erklärung für alle menschlichen Verhaltensweisen. Ihr Selbstkonzept ist das Master-Programm Ihres Computers. Jede Ihrer Erfahrungen wird dauerhaft in Ihrem Unterbewußtsein gespeichert – alles, was Sie sehen, lesen, lernen, erfahren oder fühlen. Über Ihr Unterbewußtsein werden Ihre Handlungsweisen und Gefühle konditioniert.

Was wissen wir also über das menschliche Potential? Die größte Offenbarung war für mich, als ich erfuhr, daß der durchschnittliche Mensch nicht einmal zehn Prozent seines Potentials nutzt. Von Einstein wird gesagt, daß er während seines ganzen Lebens 15 Prozent genutzt hat, und er gilt als eines der größten Genies der Geschichte. Was ist dann mit den restlichen 90 Prozent? Die Arbeiten des Stanford Gehirnforschungsinstitutes gehen noch weiter. Sie ergaben, daß der Durchschnittsmensch nicht zehn Prozent, sondern sogar nur zwei Prozent seines Potentials nutzt. Aber lassen Sie uns großzügig sein. Trotzdem bleiben in jedem Fall 90 Prozent Ihres Potentials ungenutzt. Wir wissen, daß zwischen individuellem Potential und Selbstkonzept eine direkte Relation besteht. Ihr Selbstkonzept geht voraus und bestimmt Ihre Effektivität und Ihr Auftreten in allen Bereichen. Wir wissen, daß Ihr Selbstkonzept subjektiv ist, denn es basiert auf Ihrem Glauben, der richtig oder falsch sein kann. Da das Selbstkonzept jedes Menschen schwächer ist, als es sein sollte, ist Ihr Maß an Effektivität ebenfalls niedriger. Ferner eine Reihe von Mini-Selbstkonzepten, die Handlungen, Reaktionen, Denken und alles, was im Leben als wichtig empfunden wird, bestimmen. Hier ein Beispiel: Sie haben ein Selbstkonzept in bezug auf Ihre Klugheit oder fehlende Sportlichkeit. Oder ein Konzept bezüglich Ihres Körpergewichts, Ihrer Eignung als Elternteil oder Ehepartner, Ihrer Qualitäten als Sohn oder Tochter, Freund oder Freundin, Ihres Kreativitätslevels, Schreibtalents oder Ihrer Art, wie Sie Golf oder Tennis spielen. Sie haben ein Selbstkonzept für Ihr Einkommen. Fest steht, daß Sie nie mehr oder weniger können, als Ihr Selbstkonzept zuläßt. Wenn Sie Ihr Einkommen, Ihr Auftreten oder Ihre Ergebnisse verbessern wollen, müssen Sie Ihr Selbstkonzept in diesem Bereich vergrößern.

Unser Selbstkonzept läßt sich in drei Teile zerlegen. Diese Teile gleichen den Teilen eines aufgeschnittenen Kuchens, und jedes Teil beeinflußt das andere. Der erste Teil entspricht Ihrem Selbstideal. Es setzt sich zusammen aus Idealen, Zielen, Werten und Qualitäten, die Sie bei sich und anderen am meisten bewundern. Es besteht aus Ihren Sehnsüchten, Träumen, Hoffnungen und allen Qualitäten, die Sie besonders schätzen. Bekannt ist, daß erfolgreiche Menschen sehr klare Selbstideale besitzen, genau wissen, wer sie sind, was sie bewundern und wohin sie wollen. Hingegen haben wenig erfolgreiche Menschen sehr diffuse Ideale. Je klarer Sie sich über Ihr Selbstideal werden, um so selbstbestimmter, positiver und motivierter agieren Sie. Sie werden immer stärker zur Führungspersönlichkeit, weil Ihr Selbstkonzept Ihre Vision der idealen Zukunft spiegelt.

Der zweite Teil des Selbstkonzepts ist Ihr Selbstbild, die Art und Weise, wie Sie sich sehen und über sich denken. Die Psychologie weiß, daß wir nach außen stets so handeln, wie es unser inneres Bild verlangt. Wenn Sie Ihr inneres Bild im Hinblick auf besseres Auftreten, positivere Ausstrahlung, mehr Kontrolle, Kompetenz und Selbstvertrauen verändern, werden Sie auch nach außen besser auftreten. Alle sehr erfolgreichen Männer und Frauen haben sehr positive Selbstbilder. Und das führt dazu, daß sie wesentlich erfolgreicher in ihrem Alltag sind als andere. Sie können Ihr Selbstbild optimieren, indem Sie die Art, wie Sie sich sehen und über sich denken, verbessern. Der dritte und wichtigste Teil des Selbstkonzepts ist Ihr Selbstbewußtsein. Das Selbstbewußtsein bestimmt Ihre Persönlichkeit, Energie und Ihre Gefühle. Es bestimmt den Effekt, den Sie auf andere Menschen haben. Ihr Selbstbewußtsein hängt davon ab, wie sehr Sie sich mögen. Wie sehr Sie sich als Sportler, Elternteil, Verkäufer, Manager oder Golfer mögen. Wie sehr Sie sich selbst als wertvolle und umgängliche Person mögen. Je mehr Sie sich selbst mögen und respektieren, um so besser kommen Sie mit Ihrem Leben zurecht. Der einfachste Weg besteht darin, neue positive Botschaften in Ihr Unterbewußtsein zu senden und sich davon zu überzeugen, daß Sie sich mögen. Sobald Sie sagen „Ich mag mich!“, werden Sie sich selbst mehr mögen. Sie werden auch andere mehr mögen, und umgekehrt werden andere Menschen Sie mehr schätzen. Sie werden mit Ihrer Umwelt besser zurechtkommen. Ich selbst habe diese Worte vor Jahren gelernt und sage sie jeden Tag unzählige Male: „Ich mag mich!“ Wann immer Sie diese drei Worte aussprechen, wird Ihr Selbstkonzept davon profitieren. Sie werden in Beruf, Freizeit und Familienleben besser werden, Ihre Gesundheit und Kreativität steigern. Sie werden besser schlafen und länger leben. Es wird Ihnen einfach alles gelingen. „Ich mag mich!“ – wiederholen Sie diese Worte immer und immer wieder.

Kommen wir zum Ursprung des Selbstkonzepts. Kinder werden ohne ein Selbstkonzept geboren. Die gute Neuigkeit ist, daß Sie mit vollem Potential auf die Welt kommen. Bei Ihrer Geburt waren Sie mit einer Menge Fähigkeiten ausgestattet und hatten keine Ahnung, was Sie damit anfangen sollten. Sie hatten keine Vorstellung von Ihrem Selbstkonzept oder Ihren Fähigkeiten. Alles, was Sie heute sind, haben Sie sich im Laufe Ihres Lebens angeeignet. Ein Neugeborenes hat ein extremes Bedürfnis nach Liebe und Berührung. Es braucht Liebe, so wie eine Rose Wasser braucht. Welche Persönlichkeit es entwickelt, hängt von der Qualität und Quantität der Liebe ab, die es in den ersten drei bis fünf Lebensjahren empfängt. Je mehr Liebe ein Kind bekommt, um so gefestigter wird seine Persönlichkeit. Fehlt es dem Kind an Liebe, wird das Fundament seiner Persönlichkeit rissig sein. Sie können dieses Fundament reparieren, indem Sie sich ständig sagen: „Ich mag mich!“

Kinder werden mit zwei fantastischen Eigenschaften geboren. Erstens kennen sie keine Angst. Fast alle Ängste, die wir als Erwachsene haben, wurden uns anerzogen. Zweitens sind Kinder vollkommen spontan und unbelastet, wenn sie auf die Welt kommen. Haben Sie jemals einen negativen Säugling erlebt? Ein Kind lacht, schreit, weint, gurgelt, schläft und macht, was immer es will. Es fühlt sich vollkommen frei von Zwängen. Dann beginnt das Kind auf zwei verschiedene Arten zu lernen. Einmal lernt es durch Imitation. Es imitiert die Eltern bzw. den Elternteil, der für es dominanter ist. Zwei unserer Kinder imitieren mich und zwei imitieren meine Frau Barbara. Der zweite Weg zu lernen ist für Kinder der Wechsel von Unwohlsein zu Wohlbefinden. Der Grund, warum ein Kind etwas tut, zum Beispiel die

Toilette benutzen, ist der, daß es die nasse oder schmutzige Windel als unangenehm spürt. Es strebt immer in Richtung Genuß und Wohlgefühl. Sigmund Freud sprach von den Prinzipien des Vergnügens und fügte hinzu, es handele sich um die Hauptmotivationsprinzipien im Leben erwachsener Menschen. Kinder lernen sehr früh negative Verhaltensmuster. Sie sind das Ergebnis von Fehlern, die Eltern in der Erziehung machen, besonders was emotionale und physische Bestrafungen angeht. Die größte Strafe, die einem Kind widerfahren kann, ist Liebesentzug, der als Hauptursache für die meisten Probleme im Erwachsenenalter angesehen wird. Auf Liebesentzug, die Distanzierung oder Verärgerung der Eltern reagiert das Kind traumatisch und ängstlich. Es paßt sein Verhalten zwanghaft an, um die Liebe seiner Eltern zurückzuerobern. Auch destruktive Kritik raubt den Kindern ihre Spontanität und Furchtlosigkeit, besonders wenn sie von den Eltern kommt. Destruktive Kritik schwächt das Selbstkonzept des Kindes, ebenso sein Selbstbewußtsein und seine Effektivität. Wenn ein Kind in jungen Jahren sehr viel negative Kritik erfährt, wird es das kritisierte Verhalten im Erwachsenenalter unter allen Umständen vermeiden. Infolge mangelnder oder verweigerter Liebe und destruktiver Kritik lernen Kinder zwei negative Verhaltensmuster, die uns das ganze Leben begleiten. Das erste negative Verhaltensmuster ist die Angst vor dem Versagen. Wir fühlen uns gehemmt. Jedes Kind hat den Drang, zu entdecken, zu berühren, zu schmecken, Dinge zu versuchen und herauszufinden, was in seiner Welt alles vor sich geht. Ungeduldige Eltern bremsen ihr Kind in solchen Momenen, indem sie sagen: „Laß das! …“ „Geh weg da! …“ „Stop! …“ „Hör auf! …“ Das Kind wird diese Botschaft schnell akzeptieren. Jedesmal, wenn es etwas versucht, wird es gebremst oder bestraft. Es muß daran liegen, daß es unfähig ist. In diesem Gefühl der eigenen Unzulänglichkeit wurzeln die Versagensängste vieler Erwachsener. Das zweite negative Verhaltensmuster ist die Folge konditionierender Liebe. Anstatt es bedingungslos zu lieben, sagen Eltern ihrem Kind, daß es ihre Liebe nur bekommt, wenn es etwas Bestimmtes dafür tut. Oder sie entziehen ihre Liebe, wenn sie mit einem Verhalten nicht einverstanden sind. Das Kind wird sehr bald lernen, daß es vor Liebesentzug nur sicher ist, solange es tut, was Mama und Papa von ihm verlangen. „Ich werde nur geliebt, solange ich ihre Erwartungen erfülle. Was immer sie wollen, muß ich tun! Ich muß ihnen gefallen." Die Angst vor dem Versagen und die Angst vor Zurückweisung führen zu Verlustangst, Angst vor Schande, Angst vor Lächerlichkeit, Angst vor der Zukunft, Angst vor Veränderungen. Sie alle basieren auf der Angst vor Versagen und Zurückweisung. Wir wissen, daß negative Verhaltensmuster physisch erfahren werden. Wir spüren unsere Hauptängste und emotionalen Schmerzen körperlich. Als erstes spüren wir Druck und Angst vor Versagen im Solarplexus, dem emotionalen Zentrum des Körpers. Mit wachsender Angst wird der Herzschlag schneller, Sie schwitzen, Mund und Hals werden trocken, Sie bekommen Kopfschmerzen und Ihre Blase meldet sich. Die Angst vor der Zurückweisung wird ebenfalls körperlich erfahren, und zwar primär im Rückenbereich. Ausgehend von Nacken und Schultern bewegt sich der Schmerz den Rücken hinunter. Alle Muskeln im Rücken verhärten sich, Sie fühlen sich nervös und angespannt. Der Druck „Ich muß!" kann zu Krampfadern, Magengeschwüren und einer Palette anderer Krankheiten führen. Destruktive Kritik reduziert das Selbstkonzept eines Menschen. Deshalb muß mit hypersensiblen Erwachsenen, die als Jugendliche heftig kritisiert wurden, sehr vorsichtig umgegangen werden. Nehmen Sie sich Zeit, um ihr Vertrauen zu gewinnen. Diese Menschen ertragen keinerlei Kritik. Versuchen Sie, ihren Blick auf die Zukunft zu senken. Schlagen Sie vor, daß sie in einer bestimmten Situation diese oder jene Sache einmal versuchen. Richten Sie den Fokus nicht auf ihre Person, sondern auf ihre Handlungen und wie sie diese optimieren können – eine wundervolle Möglichkeit, neue Verhaltensmuster zu entwickeln. Diese werden durch Wiederholung immer wieder neu erlernt und bilden den Schlüssel zu einer vielversprechenden Zukunft. Den Schlüssel zu Spitzenleistung und zum Glücklichsein. Den Schlüssel, um sich absolut gut zu fühlen. Die Methode ist einfach. Ihr Bewußtsein nimmt Informationen von außen auf. Diese Informationen werden verarbeitet und wandern in Ihr Unterbewußtsein, das wie eine riesige Datenbank sämtliche Informationen und Erfahrungen speichert, mit denen Sie je konfrontiert waren. Wenn Sie Ihr Selbstkonzept ändern und neue positive Gedanken- und Verhaltensmuster entwickeln wollen, müssen Sie deren Inhalte vom bewußten in den unterbewußten Bereich transportieren.

Diese neuen Botschaften sind das genaue Gegenteil Ihrer alten negativen Verhaltensmuster. Das negative Muster, die Angst vor dem Versagen, blockiert: „Ich kann nicht!“ Statt dessen sagen Sie, wann immer Sie etwas tun wollen: „Ich kann! Ich kann alles, was ich will!“ Wann immer Sie sich unter Druck fühlen nach dem Motto: „Ich muß!“, reagieren Sie, indem Sie sagen: „Ich muß nicht! Ich muß nicht tun, was ich nicht möchte!“

Sie werden neue positive Verhaltensmuster entwickeln, indem Sie sich eintrichtern: „Ich kann es, wenn ich es will, und ich muß nicht, wenn ich es nicht will!“ Am stärksten profitiert Ihr Selbstbewußtsein aber von der Erinnerung: „Ich mag mich! Ich mag mich! Ich mag mich!“ Wiederholen Sie es immer wieder: „Ich mag mich!“ – 50-, 100-mal am Tag, so lange, bis es in Ihrem Unterbewußtsein verankert ist. Der Schlüssel zu Spitzenleistungen besteht darin, Ihre neuen Ziele und Ideen mit Gedanken an Vergnügen und Erfolg, nicht an Schmerz und Verlust zu verbinden. Denken Sie nur an das, was Sie wollen, und weigern Sie sich, über das zu sprechen, was Sie nicht wollen. Und wiederholen Sie im gesamten Tagesverlauf: „Ich mag mich! Ich mag mich! Ich mag mich wirklich!“

Sehen Sie dazu auch die Übungen auf Seite 206f.

4

Verantwortung übernehmen

Eine bedeutende Eigenschaft von Spitzenleistern ist Selbstbewußtsein: Wie sehr mögen Sie sich selbst? Und die zweite Eigenschaft, die ebenso wichtig ist, ist Selbstverantwortung: Wie sehr übernehmen Sie die Verantwortung für Ihr Leben? Selbstverantwortung ist eine Schlüsselqualität von Personal Leadership. Führungskräfte, die nicht bereit sind, Selbstverantwortung zu tragen, sind undenkbar. Die Akzeptanz persönlicher Verantwortung ist essentiell für einen hohen Grad an Selbstbewußtsein, Selbstwertgefühl und persönlichem Stolz. Für Ihr Leben Verantwortung übernehmen bedeutet, daß Sie fest am Lenkrad Ihres Lebens sitzen und für alles, was passiert, einstehen. Diese Eigenverantwortung ist unverzichtbar, um Spitzenleistungen zu erbringen.

Selbstverantwortung macht den Unterschied aus zwischen der Aktion, Ihr Leben in die Hand zu nehmen und der Reaktion, ein passives Opfer Ihres Lebens zu sein. Die Primärfrage, die Sie sich stellen sollten, lautet: „Wer ist für mein Leben verantwortlich?“ Ihr Chef, Ihre Eltern, Ihr Bankkonto, die Regierung oder Sie selbst? Wer ist für Ihr Leben verantwortlich? Die Antwort ist eindeutig: Sie sind für Ihr Leben verantwortlich! Die Rolle Ihrer Eltern war es, sie von der Kindheit über die Jugend bis zu dem Punkt zu erziehen, an dem Sie vollkommen selbstverantwortlich – Ihr eigener Chef – sind. Egal, ob Ihre Eltern diese Rolle gut erfüllt haben oder nicht – ab dem 18. Lebensjahr sind Sie nach dem Gesetz für sich selbst verantwortlich – für alle Ihre Entscheidungen, für den Rest Ihres Lebens. Und alles, was Ihnen passieren wird, das bestimmen Sie. Die Kontrolle können Sie abgeben, aber niemals die Verantwortung. Sie können die Kontrolle abgeben, indem Sie versuchen, andere für die Probleme in Ihrem Leben verantwortlich zu machen, ihnen die Schuld geben,

Kritik üben und sich beschweren. Eine der großen Erfolgsregeln lautet: Keine Beschwerden und keine Rechtfertigungen! Überlegene, erfolgreiche Menschen beschweren sich nicht. Wenn sie mit einer Situation nicht zufrieden sind, dann tun sie etwas dagegen. Aber sie beschweren und rechtfertigen sich nie. Die Akzeptanz der Verantwortung ist beides: angsteinflößend und erheiternd zugleich – ein verblüffendes Gefühl.

Ich erinnere mich, als ich 21 war, saß ich in meinem kleinen Appartement mutterseelenallein. Ich hatte keine Ausbildung, keine Arbeit und keine besonderen Fähigkeiten. Ich hatte kein Geld und keine Zukunft. Genau in diesem Moment, ich erinnere mich genau, wurde mir klar, daß ich allein für den Rest meines Lebens verantwortlich bin – was für ein aufregendes Gefühl! Ebenso sind Sie die primäre kreative Kraft in Ihrem Leben, die die Dinge geschehen macht. Und alles, was Sie jemals in Ihrem Leben wollen, ist insoweit möglich, wie Sie akzeptieren, daß nur Sie verantwortlich sind. Die Übernahme der Verantwortung markiert einen Wechsel von der Unreife zur Reife. Um Ihren Grad an Verantwortlichkeit zu testen, denken Sie an etwas, das Sie in Ihrem Leben wollen. Möchten Sie gesund sein? Glücklich? Finanziell unabhängig? Wollen Sie eine gute Arbeit haben? Dann fragen Sie sich selbst, warum Sie all das noch nicht sind oder haben? Wenn Sie gesund und schlank sein wollen, warum sind Sie es nicht schon? Wenn Sie finanziell unabhängig sein wollen, warum haben Sie nicht bereits genügend Geld?

Was immer Sie darauf antworten, es wird Ihre liebste Entschuldigung sein, auf die Sie sich immer wieder bequem zurückziehen. Aber das alles sind bloß Entschuldigungen. Auch hier gibt es einen guten Weg, diese zu testen. Fragen Sie sich, ob es noch jemanden auf dieser Welt gibt, der die gleichen Probleme oder Begrenzungen hat wie Sie und trotzdem erfolgreich ist? Sicher gibt es jemanden, und wenn Sie ehrlich sind, müssen Sie zugeben, daß es Tausende gibt, denen es sogar noch viel schlechter geht und die mit ihrem Leben sehr gut zurechtkommen. Was sagen Sie jetzt?

Entschuldigungen zu suchen ist eine Gewohnheit. Sie lernen es von Eltern und Freunden, und relativ schnell praktizieren Sie es immer öfter, irgendwann haben Sie dann die Entschuldigungskrankheit. In Entschuldigungen zu versinken führt unvermeidlich zu Versagen. Ein Indiz für Reife ist, zu erkennen, daß niemand zu Ihrer Rettung unterwegs ist. Niemand wird kommen, um sie zu retten. Ihre Situation ist, wie sie ist, und nichts wird sie ändern. Lassen Sie mich Ihnen ein Beispiel geben. Ich nenne es das „Tal der Entschuldigungen". Was heißt das? Sie wachsen heran – erst ein Baby, dann ein Kleinkind, und nähern sich immer mehr diesem Tal. Sie werden älter, reifer und übernehmen ein wenig Verantwortung. Sie werden ein Teenager und tragen mehr Verantwortung. Sie werden 18, erwachsen und sind jetzt vollkommen verantwortlich. Auf der einen Seite haben wir das Land der Kindheit und der Unreife, auf der anderen Seite das Land der Erwachsenen und der Reife. Wenn Sie nun zu diesem Tal kommen, ist es Ihre Aufgabe, tief einzuatmen, die Luft anzuhalten und das Tal zu überspringen, um auf der anderen Seite der Reife zu landen und dort mit dem Rest Ihres Lebens weiterzumachen. Sie sind verantwortlich. Was meinen Sie, was die meisten Menschen an dieser Klippe tun? Anstatt mutig zu springen, drehen sie sich erst einmal um und gehen zurück. Viele versuchen es mit zwei Sprüngen. Aber natürlich kann man ein Tal nicht mit zwei Sprüngen überqueren. Diese Menschen landen dann mitten im Tal der Entschuldigungen. Und dort werden Sie für den Rest ihres Lebens kleben bleiben. Sie stecken im Tal der Entschuldigungen und finden weiter Entschuldigungen, warum sie nicht erfolgreich sind. Erkennen Sie, wann Sie die volle Verantwortung für Ihr Leben übernehmen müssen! Springen Sie über das Tal, und Sie werden sehen: Auf der anderen Seite angekommen, gehen Sie nie mehr zurück.

Vor einigen Jahren gewann ein überaus heller Kopf namens Arnold Toynbee den Nobelpreis für Literatur. Toynbee schrieb und forschte in der Mitte dieses Jahrhunderts über eine Reihe erstaunlicher Dinge. Er beschäftigte sich mit dem Aufstieg und Fall von Zivilisationen, studierte den Lebenszyklus von rund 30 großen Zivilisationen. Seine Erkenntnis, daß Zivilisationen einen Zyklus durchlaufen, nannte er die Herausforderung-Antwort-Theorie der Geschichte. Die Herausforderung-Antwort-

Theorie der Geschichte ist deshalb faszinierend, weil sie auch den Lebenszyklus von uns Menschen beschreibt. Sie beschreibt den Pfad Ihres und meines Lebens und enthält eine sehr wichtige Lektion. Toynbee fand heraus, daß Zivilisationen im kleinen manchmal mit einer einzigen Familie begannen, die dann an Herausforderungen geriet, meistens in Gestalt äußerer Bedrohungen. Diese Zivilisation mußte sich neu organisieren, um sich den Herausforderungen stellen zu können. Wenn Sie sich effektiv organisierte und die Herausforderungen meisterte, entwickelte sich diese Zivilisation weiter. Wenn sie aber wuchs, dann traf sie unweigerlich auf immer größere Herausforderungen, die wiederum zu Reorganisationen führten, zum Beispiel einen Stadtstaat zu bilden, Mauern zu errichten, Armeen aufzustellen, die Verteidigung auszubauen. Je mehr die Zivilisation sich vergrößerte, um so mehr neue Herausforderungen kamen auf sie zu. Wann immer eine Zivilisation an einen Punkt gelangte, an dem sie sich den notwendigen Herausforderungen nicht mehr stellte, begann Sie, wie etwa das große Römische Reich, zu zerfallen.

Eine wichtige Lektion für uns Menschen: Wir beginnen ebenfalls jung, klein und unreif. Wenn wir älter werden, treffen wir auf Herausforderungen. Sofern wir auf diese Herausforderungen reagieren, „wachsen" wir weiter, werden stärker, weiser, cleverer und reifer. Wir werden bessere Menschen, entwickeln Tiefe und Charakter. Und schon wartet die nächste Herausforderung! Das gesamte Leben ist eine Serie von Herausforderungen und Reaktionen. Und solange Sie auf diese richtig „antworten", werden Sie eine reifere und bessere Persönlichkeit. Hier ist ein entscheidender Punkt: Als intelligenter Mensch werden Sie alles tun, um Herausforderungen, Schwierigkeiten, Problemen jeglicher Art aus dem Weg zu gehen. Aber egal, wie sehr Sie sich bemühen – Herausforderungen, Schwierigkeiten, Rückschläge und Probleme sind auf Dauer unvermeidlich. Das einzige, was Sie kontrollieren und steuern können, ist Ihre Antwort auf die Herausforderungen, die sich Ihnen tagtäglich bieten. Effektiv und kreativ zu reagieren, das bedeutet kontinuierliches Wachstum in Sachen Reife und Weisheit. Wie ein Reich werden auch Sie wachsen und wachsen – solange Sie effektiv reagieren. Wir nennen das den Grad der Verantwortung, und nur den können Sie kontrollieren. Indem Sie Ihre Reaktionen kontrollieren, lenken Sie Ihr gesamtes Leben. Und in Ihren Reaktionen sind Sie stets frei. Wenn Sie ärgerlich werden, ist das Ihre Entscheidung, wenn Sie unglücklich werden ebenso. Reagieren Sie kreativ, ist das Ihre Entscheidung. Sie haben immer die Freiheit zu wählen.

Heute wird in der Politik weltweit über Verantwortlichkeit und Unverantwortlichkeit debattiert. Menschen suchen nach Sicherheit in Ihrem Leben und blicken dabei auf die Regierung. Als sie Kinder waren, kümmerten sich ihre Eltern um sie, als Erwachsene wollen sie, daß die Regierung oder – manchmal auch die Firma – sich um sie kümmern. Aber jedesmal, wenn sie die Regierung bitten, sie unter die Fittiche zu nehmen, geben sie ihre Freiheit und Kontrolle auf, behalten aber trotzdem 100 Prozent ihrer Verantwortung. Niemand kümmert sich wirklich um Sie, wenn Sie es nicht selbst tun. Unser Rechtssystem und unser Strafsystem basieren auf dem Prinzip der Unverantwortlichkeit. Einer verklagt den anderen und macht andere verantwortlich für Negatives, das ihm widerfährt. Jemand geht aus, betrinkt sich, kommt von der Straße ab, wird verletzt und versucht prompt den Automobilhersteller oder das Straßenbauunternehmen zu verklagen. Vielleicht versucht er sogar, den Barbesitzer, der ihm die Getränke verkauft hat, oder die Brauerei zu verklagen.

Wenn in unserem Strafrechtssystem ein offensichtlich Schuldiger geschnappt wird, dann sagt derjenige gewiß: „He, wartet mal! Ich bin nicht verantwortlich, weil ich eine schlimme Kindheit hatte.“, oder: „Ich war teilweise nicht zurechnungsfähig, und so könnt Ihr mich nicht zur Verantwortung ziehen, daß ich getötet, betrogen, gestohlen oder sonst etwas verbrochen habe.“ Und viele Gerichte sprechen solche Menschen tatsächlich frei! In unserem medizinischen System gibt es mehr Kranke und Übergewichtige denn je. Dabei waren Medikamente, Ärzte und Krankenhäuser zu keiner Zeit besser. Wie kann das angehen? Weil Menschen sich weigern, die Verantwortung für ihre eigene Gesundheit zu übernehmen. Die meisten Gesundheitsprobleme werden durch schlechte Gewohnheiten verursacht, die absolut in der Kontrolle des einzelnen liegen. Verantwortung ist heute keine Option, sondern obligatorisch. Es ist nicht etwas, für das man sich vielleicht entscheidet oder auch nicht. Sie sind verantwortlich für Ihre Familie, Ihre Finanzen, Ihre Gesundheit, Ihre Karriere, Ihr Einkommen. Sie sind verantwortlich für jeden Bereich Ihres Lebens. Sie sind, was Sie sind, weil Sie die Person sind, die Sie sind. Sie haben eine Entscheidung getroffen, dort zu stehen, wo Sie heute stehen. Sie stehen dort aufgrund Ihrer eigenen Entscheidungen und Wahlmöglichkeiten.

Was sind die Merkmale einer durch und durch verantwortlichen Persönlichkeit? Erst einmal ist ein verantwortlicher Mensch eher positiv als negativ, eher aktiv als passiv. Er übt die Kontrolle aus, statt kontrolliert zu werden. Er sucht nach Lösungen – nicht jemanden, dem er die Schuld in die Schuhe schieben kann. Eine verantwortliche Person macht Fortschritte, eine unverantwortliche Person gebraucht Ausreden. Der verantwortliche Mensch ist reif, der unverantwortliche ist unreif; er lebt noch immer wie ein Kind, stets hoffend, daß die Eltern, eine Regierung oder irgend jemand sich seiner annimmt. Und schließlich wissen wir, daß verantwortungsvolle Menschen eher Führer als Gefolgschaft sind. Der Schlüssel zu Spitzenleistungen und Personal Leadership sind Selbstverantwortung und Selbstbewußtsein. Selbstverantwortung ist die Basis für Spitzenleistungen. Sie erzeugt einen hohen Grad an Selbstbewußtsein, Selbstwertgefühl und persönlichem Stolz. Man kann sich niemanden vorstellen, der ein großes Selbstwertgefühl hat und nicht gleichzeitig selbstverantwortlich handelt. Genausowenig ist jemand vorstellbar, der stolz, aber nicht selbstverantwortlich ist. Das Wundervolle daran ist: Je mehr Verantwortung Sie übernehmen, um so mehr respektieren Sie sich und um so mehr Stolz entwickeln Sie. Unser ganzes Leben wird durch Auswahl und Entscheidungen bestimmt. Sie sind, was Sie sind. Und Sie sind es aufgrund der Auswahl und Entscheidungen, die Sie in Ihrem bisherigen Leben getroffen haben. Natürlich haben Sie die Möglichkeit, neue, bessere und andere Entscheidungen zu treffen. Damit heute zu beginnen – darin liegt der Schlüssel zu Spitzenleistung und Personal Leadership. Vergessen Sie nie, daß Sie ganz allein für Ihr Leben verantwortlich sind. Alles, was Ihnen passiert, hängt von Ihnen ab. Wenn Sie uneingeschränkte Selbstverantwortung übernehmen, gibt es keine Grenzen bei dem, was Sie erreichen wollen und werden.

Sehen Sie dazu auch die Übungen auf Seite 207.

5

Lösen Sie Ihre Bremsen!

Wir wissen, daß Selbstverantwortlichkeit essentiell für Spitzenleistungen ist. Wir können uns niemanden vorstellen, der erfolgreich ist, der andere Menschen inspiriert, der sein Leben im Griff hat – und der keine Selbstverantwortung zeigt! Wir wissen auch, daß diese Verantwortung die Basis für ein hohes Maß an Selbstbewußtsein, Selbstwertgefühl und persönlichem Stolz ist, die wiederum für ein glückliches und erfolgreiches Leben prädestinieren. Selbstverantwortung gilt als Schlüssel zu einem Gefühl der Kontrolle und persönlicher Kraft. Je verantwortlicher Sie werden, um so besser fühlen Sie sich, desto mehr haben Sie Ihr Leben im Griff und um so mehr werden Sie von anderen Menschen bewundert. Ein hohes Maß an persönlicher Verantwortung bedeutet ein hohes Maß an Kontrolle, und ein hohes Maß an Kontrolle führt zu einem Gefühl von Freiheit. Dieses Freiheitsgefühl wiederum bedingt eine positive mentale Haltung, die sich aus positiven Gefühlen zusammensetzt. Umgekehrt geht ein Gefühl von Verantwortungslosigkeit mit mangelnder Kontrolle einher. Und mangelnde Kontrolle bedeutet auch, daß wir die Freiheit vermissen. Mangelnde Kontrolle und Freiheit führen zum Schlimmsten überhaupt: negative Emotionen.

Wenn wir über Verantwortung sprechen, reden wir in erster Linie über den Unterschied zwischen positiven und negativen Gefühlen. Wir reden sogar über mehr als das. Wir reden über das, was wirklich den Mittelpunkt des Lebens ausmacht. Ich habe mich viele, viele Jahre damit beschäftigt und war überwältigt von der Erkenntnis, daß Verantwortungslosigkeit die Wurzel aller negativen Gefühle ist. Sie ist die Wurzel von Unglück und Ärger, negativer Ausstrahlung sowie geistiger und physischer Krankheiten. Negative Gefühle können einen Menschen depressiv machen, das Immunsystem schwächen und Ihr System für viele Arten von Krankheiten anfällig machen. Negative Gefühle verzerren die Persönlichkeit und sind der Hauptgrund für Probleme in persönlichen Beziehungen. Negative Gefühle sind das Schlimmste, das uns in unserem Leben widerfahren kann. Thomas Saz, ein bedeutender Psychoanalytiker, sagte, daß es so etwas wie negative Emotionen überhaupt nicht gäbe, sondern nur verschiedene Stufen der Verantwortung oder Verantwortungslosigkeit. Menschen, die viel Verantwortung zeigen, agieren sehr positiv und kontrolliert. Sie sind Spitzenleister und haben trotzdem einen niedrigen Streßpegel. Menschen, die Verantwortungslosigkeit an den Tag legen, sind negativ und unglücklich. Auf der einen Seite haben wir mentale Gesundheit, auf der anderen mentale Krankheit. Dr. Carl Meninger meinte, zwischen mentalen, geistigen und sonstigen Krankheiten gäbe es keinen Unterschied. Physische Krankheiten lauerten überall, sie würden durch verschiedenste Viren und Bakterien ausgelöst. Aber geistige Krankheiten, so behauptete er, entstünden entlang eines Spektrums hoher Verantwortungsgrade bis hin zur Verantwortungslosigkeit.

Sprechen wir über den „Baum der negativen Emotionen“. Dieser Baum ist sehr bekannt. Hunderttausende von Menschen haben ihn bereits gesehen. Der Baum der negativen Emotionen hat Früchte wie ein Apfelbaum. Diese Früchte stehen beispielsweise für Zweifel und Furcht, die ich als Paar sehe. Dann gibt es Neid und Groll, die auch wie ein Zwillingspärchen zusammen hängen. Und dann haben wir Eifersucht und Gier und noch einen Haufen – sagen wir vielleicht 60 oder 70 – anderer negativer Gefühle.

Alle diese negativen Gefühle verbinden sich zu einem ultimativen Sammelgefühl, dem Ärger. Ärger ist der ultimative Ausdruck negativer Emotionen, ein Gefühl, das sich wie ein Feuer durch Ihr Leben bewegt. Wenn Sie Ihre negativen Gefühle loswerden wollen, müssen Sie an ihre Wurzel gelangen. Das Wurzelsystem, das den Baum der negativen Emotionen stützt, teilt sich in zwei Zweige. Der erste ist die Rechtfertigung. Es ist unmöglich, negative Gefühle zu nähren, ohne sich zu rechtfertigen, ohne andere Menschen zu verurteilen oder gar zu verdammen.

Ich bin sauer, weil er oder sie dies oder das gemacht hat. Ich bin ärgerlich, weil dies oder jenes passiert ist. All das sind Rechtfertigungen und eine Hauptstütze der negativen Emotionen. Der zweite Wurzelzweig ist die Identifikation, wenn wir uns mit einer bestimmten Situation identifizieren. Es ist fast unmöglich, ein negatives Gefühl zu nähren, wenn wir einen Sachverhalt nicht persönlich nehmen oder uns persönlich davon betroffen fühlen. Wenn Sie hören, daß in Afrika ein Flugzeug abgestürzt ist und über zwei Dutzend Menschen ums Leben kamen, dann betrifft es Sie nicht unmittelbar. Hätte sich aber ein geliebter Mensch unter den Opfern befunden, wären Sie massiv getroffen. Mit anderen Worten: Solange Sie sich nicht mit einem Menschen oder einer Situation identifizieren, sind Sie auch emotional nicht verwickelt und empfinden keine negativen Gefühle.

Wie entledigen wir uns unserer negativen Gefühle? Ein Beginn könnte das Aushungern der Baumwurzeln sein. Trocknen Sie die Wurzeln aus, und der Baum der negativen Emotionen stirbt. Die erste Voraussetzung: Urteilen Sie nicht! Sie werden erstaunt sein, wie schwierig es dann ist, negative Gefühle zu haben. Wenn Ihnen etwas mißfällt, sollten Sie, statt ärgerlich zu werden, sagen: „Ach, laßt uns das doch erst einmal objektiv betrachten. Wir sollten uns die Sache einmal leidenschaftslos ansehen." Sich des Urteils zu enthalten ist der Beginn der Eliminierung negativer Gefühle. Der zweite Schritt, den Sie tun können, ist loszulassen. Im Buddhismus wird das Loslassen gelehrt. In der Psychologie sprechen wir von „Deidentifikation". Sie weigern sich, die Dinge persönlich zu nehmen, sich in Situationen einfangen zu lassen. Sagen Sie: „Laßt uns ein Stück zurücktreten und die Sache ruhig und gelassen betrachten." Das ist übrigens der Grund, warum man nie als sein eigener Rechtsanwalt auftreten sollte. Vor Gericht ist man gefühlsmäßig so involviert, daß man sich selbst nicht qualifiziert vertreten kann. Eine Deidentifikation findet nur sehr begrenzt statt. Deshalb beauftragen wir eine objektivere Person mit unserer Verteidigung.

Der Stamm des Baumes der negativen Emotionen heißt Schuld. Der schnellste Weg zur Eliminierung negativer Emotionen besteht darin, den Baum abzusägen. Stellen Sie sich diesen

Baum als Ihren Weihnachtsbaum vor. Die negativen Emotionen sind wie elektrische Kerzen an Ihrem Weihnachtsbaum, die eingeschaltet sind. Nun ziehen Sie den Stecker aus der Wandsteckdose. Was passiert, wenn Sie den Stecker herausziehen? Richtig: Alle Lichter gehen gleichzeitig aus. Sobald Sie den Stecker aus Ihrem Baum der negativen Emotionen herausziehen, indem Sie aufhören, die Schuld auf andere zu schieben, stoppen Sie alle negativen Gefühle automatisch. Der Schlüssel, negative Emotionen zu stoppen und positiv zu denken, ist das Gesetz der Substitution, das besagt, daß Sie niemals zwei konträre Gedanken gleichzeitig im Kopf haben können. Sie können nur einen Gedanken festhalten, und der ist entweder positiv oder negativ. Eine positive Affirmation schlägt alle anderen Gedanken in die Flucht. „Ich bin verantwortlich! Ich bin verantwortlich!" – das sind die wohl machtvollsten Worte, mit denen Sie negative Gedanken überwinden können. Wenn Sie diese Worte sagen, können Sie nicht negativ, ärgerlich, urteilend, zurückweisend, eifersüchtig, ängstlich oder zweifelnd sein. Sie können sich nicht einmal Sorgen machen. „Ich bin verantwortlich" – damit ziehen Sie den Stecker aus dem Baum Ihrer negativen Emotionen und machen Schuldzuweisungen unmöglich. Negative Gefühle resultieren zu 99 Prozent daraus, anderen Menschen die Schuld an etwas zuzuweisen.

Negative Gefühle lähmen Ihre Weiterentwicklung, Ihr Wachstum und Ihre Fortschritte. Sie sind der Hauptgrund, weshalb Menschen sich nicht zu ihrem vollen Potential entwickeln. Negative Gefühle sind wie Bremsen, die Sie an einem Ort festhalten und Ihr Vorankommen blockieren. Wie fangen Sie es an, Ihre negativen Gefühle abzuwerfen? Als erstes hören Sie mit den Schuldzuweisungen auf. Dann übernehmen Sie Ihre gesamte Verantwortung, und als nächstes vermeiden Sie das Ausdrücken negativer Emotionen. Das Ausdrücken negativer Emotionen – negativ reden, erzählen, denken – führt zu einer Verbreitung der negativen Emotionen wie bei einem Lauffeuer, das schließlich außer Kontrolle gerät. Gewiß haben Sie Leute sagen hören, negative Gefühle seien normal und natürlich, ein Teil des Lebens. Falsch! Nur positive Gefühle sind im Unterbewußtsein verankert, nur positive Gefühle bringen Ihr Leben voran. Wenn behauptet wird, negative Dinge seien die Triebfeder für bestimmte Taten, dann stimmt das. Aber es sind nur die positiven Dinge, die Sie tun und die Ihr Leben verbessern. Das schaffen Sie auch ohne negative Emotionen. Fassen Sie Ihre negativen Emotionen nicht in Worte. Wenn etwas Negatives geschieht, sagen Sie: „Was nicht geheilt werden kann, muß eben ausgehalten werden." Wenn jemand einen anderen kritisiert, erwidern Sie: „Dieser Mensch hat andere, gute Qualitäten." Wenn Probleme auftauchen, dann fragen Sie sich: „Was kann ich daraus lernen?" Finden Sie Gründe, um keine negativen Emotionen zu äußern. Sie sollten von Beginn an negative Emotionen vermeiden, damit wie bei einer Kerze die Flamme erlischt. Der Ärger kann nicht wachsen, wenn er Ihren Geist nicht ausfüllt. Finden Sie Gründe, ihn nicht auszudrücken.

Eine der wichtigsten Methoden, negative Gefühle loszuwerden, besteht, wie wir es nennen, im Lösen der Bremsen. Dieses Bild ist sehr anschaulich. Stellen Sie sich vor, Sie haben ein brandneues Auto gekauft, ein erstklassig designtes Fahrzeug, wunderschön und perfekt in jeder Hinsicht. Bei einem Vorderrad sind die Bremsen blockiert. Stellen Sie sich vor, Sie sitzen in diesem Auto und wollen losfahren. Aber das Vorderrad ist blockiert, die Bremse löst sich nicht. Sie starten den Motor, legen den Gang ein und treten auf das Gaspedal. Was passiert? Na klar, das Auto dreht sich immer im Kreis, bewegt sich immer nur um das defekte Vorderrad. Verstehen Sie den Vergleich? Sie tragen eine negative Restemotion in sich, die dazu führt, daß sie sich in Ihrem Leben im Kreis bewegen. Die meisten Menschen sind bereit, ihre negativen Gefühle aufzugeben – ganz einfach, so nebenbei. Gleichzeitig wenden Sie ein: „Ich gebe alle meine negativen Gefühle auf, nur eins nicht. Auf dieses eine habe ich ein Anrecht. Ich habe dafür bezahlt. Ich habe dafür gelitten. Ich werde es nicht aufgeben." Behalten Sie aber nur ein negatives Restgefühl zurück, kann das Ihre gesamte Zukunft sabotieren. Ein einziges negatives Gefühl kann Sie auf Jahre blockieren und Ihre Räder durchdrehen lassen. Wenn Sie einem netten Menschen begegnen, der aber nur Probleme zu haben scheint, hält dieser mit Sicherheit ein negatives Gefühl in seinem Unterbewußtsein verankert. Lassen Sie Ihre negativen Gefühle hinter sich, und machen Sie weiter mit dem Rest Ihres Lebens.

Sie sollten andere Menschen ebenfalls zur Verantwortung ermutigen. Denken Sie daran: Indem Sie andere ermutigen, motivieren Sie auch sich selbst. Menschen lieben es, zu leiden, trennen sich ungern von ihren Leiden. Helfen Sie ihnen ihre Leiden aufzugeben. Hier ein Beispiel: die Straße des Lebens. Als Kind kennen Sie keine negativen Emotionen. Wenn Sie etwas älter werden, entwickeln Sie ein paar negative Emotionen, die Sie mit Ihren Freunden bereden. Als Teenager haben Sie Ärger mit der ersten Liebe, mit Ihren Eltern usw. Sie sammeln negative Emotionen und fangen an, sie wie in einem Sack mit sich herumzutragen. Sie schleppen einen großen Sack voll negativen Emotionen mit, und wann immer Sie jemanden treffen, der bereit ist, Ihnen Zeit und Aufmerksamkeit zu schenken, stellen Sie Ihren Sack wie auf einem Basar aus. Sie geben all Ihre negativen Gefühle, schrecklichen Erfahrungen, Konflikte mit Vorgesetzten, Finanzprobleme, Ehe- und Beziehungsschwierigkeiten, Gesundheitsängste preis. Aber das kann nicht die Antwort sein. Wenn Sie erwachsener geworden sind, sollten Sie diese negativen Gefühle wie einen Haufen Müll am Rande der Straße absetzen. Und dann gehen Sie weiter und sind frei für den Rest Ihres Lebens. Das ist der Schlüssel zum Erfolg. Als junger Mann entwickelte ich eine Technik, die ich den „Rat“ nannte, und die Sie mit allen Ihren Freunden praktizieren können. Sie werden dann bald herausfinden, wer Ihre wahren Freunde sind. Hier also mein Rat: Wenn jemand Ihnen sein Problem verrät, sagen Sie: „Das ist sehr interessant. Aber Du bist dafür verantwortlich. Was wirst Du jetzt tun?“ Heute benutzen viele Menschen ihre negativen Emotionen und Probleme als Mittel, das Gespräch zu dominieren. Sie sind nicht wirklich an Lösungen interessiert, sie wollen nur reden. Diese Menschen benutzen ihre Probleme, und Sie als sympathischer Mensch hören brav zu. Sie kommen jede Woche wieder mit den gleichen Problemen, den gleichen Schwierigkeiten, manchmal jahrelang. Sie werden als Müllschlucker mißbraucht. Wenn das das nächstemal passiert, dann geben Sie den Rat: „Das ist sehr interessant, aber weißt Du was? Du bist verantwortlich. Was wirst Du jetzt tun?“ Ihre wahren Freunde werden zustimmen. „Du hast Recht. Ich bin verantwortlich!“ Und sie werden ihr Schicksal in die Hand nehmen. Die anderen werden sagen: „Ich weiß nicht, ob ich mit Dir noch reden will.“ Sie werden sich verabschieden und nicht wiederkommen.

Zum Schluß des Kapitels möchte ich herausstreichen, daß jeder Mensch eine Reihe wunder Punkte hat, Erinnerungen an negative Erfahrungen. Sobald Sie an sie denken, setzen sie negative Gefühle in Gang. Menschen, Beziehungen, Ehe, Kindheitserinnerungen, Politik, Religion, Weltanschauungen oder Meinungen – wann immer die wunden Punkte berührt werden, reagieren Sie ärgerlich. Sie brausen auf, werden defensiv. Emotionen, die sich aufbauen, kann man nicht mehr aufhalten. Wir können nur die Reaktion auf diese Emotionen kontrollieren. Sie sollten sich auf diese Gefühle vorbereiten wie auf einen athletischen Wettbewerb, eine Präsentation oder ein Interview. Am besten bereiten Sie sich vor, indem Sie sich die Situation vorstellen, die Sie ärgerlich, wütend oder depressiv macht. Dann stellen Sie sich vor, daß Sie ruhig, voller Vertrauen, positiv reagieren. Sie denken an einen Namen, einen Menschen, eine Situation, aber es berührt Sie nicht. Sie bleiben gelassen. Sie nehmen einen tiefen Atemzug, und wenn die Situation dann tatsächlich auf Sie zukommt, sind Sie bereit.

Die große Entscheidung im Leben lautet: Wollen Sie Recht haben oder glücklich sein? Alle negativen Emotionen sind mit Rechthaberei verbunden, mit Urteilen und mit Schuld. Wenn Sie rechthaberisch argumentieren, dann sagen Sie, daß Sie anderen überlegen sind. Wenn Sie über einen Menschen urteilen, bedeuten Sie ihm, daß Sie besser sind als er. Wenn Sie jemandem die Schuld zuweisen, dann lösen Sie bei sich selbst negative Gefühle aus und stimmen sich ärgerlich. Aber Ihr Ziel im Leben als Spitzenleister, als „Personal Leader“ heißt: ruhig, vertrauensvoll, positiv, glücklich und effektiv zu sein. Es ist nicht Ihre Aufgabe, recht zu haben. Der Schlüssel zu Selbstbewußtsein, Selbstwertgefühl und persönlichem Stolz liegt darin, Ihre Bremsen zu lösen – rückhaltlos. Wenn Sie Ihre Bremsen lösen – egal, was passiert, welche negativen Emotionen in Gang kommen –, können Sie sie einfach ausblenden oder neutralisieren, indem Sie sagen: „Ich bin verantwortlich! Ich bin verantwortlich!“

Sehen Sie dazu auch die Übungen auf Seite 207f.

6

Loslassen und vergeben lernen

Welches Hauptziel verfolgen Sie in Ihrem Leben? Eine Ihrer wichtigsten Aufgaben sollte sein, daß Sie eine Führungspersönlichkeit werden, die im beruflichen, sozialen und privaten Bereich Spitzenleistungen vollbringt. Versuchen Sie, alles das zu werden, wozu Sie fähig sind! Sie können das, wenn Sie sich nur dazu entschließen. Voraussetzung ist, daß Sie vollkommene Kontrolle über Ihre Gefühle erlangen. Wenn Sie überragende Persönlichkeiten auf der ganzen Welt betrachten – egal auf welchem Gebiet – sehen Sie, daß diese einen Punkt erreicht haben, an dem sie die vollständige Kontrolle über sich, speziell über ihre negativen Emotionen, besitzen. Das einzig Gute an negativen Emotionen ist, daß Sie erlernt werden und nicht dauerhaft sind. Ich nenne Sie deshalb auch flüchtige Emotionen. Sie kampieren in Ihrem Unterbewußtsein und wandern umher, jedoch ohne permanente Bleibe. Sogar Freud betonte, daß negative Emotionen keinen festen Platz im Unterbewußtsein haben. Hätten Sie einen solchen ständigen „Wohnsitz", wäre es nicht möglich, sie loszuwerden. Glücklicherweise sind sie jedoch erlernt, und Sie können sie wieder loswerden. Um negative Emotionen und Reaktionen zu eliminieren, können Sie positive Gefühle und Verhaltensmuster erlernen – so wie Sie besser Schreibmaschineschreiben, Golf- oder Tennisspielen lernen. Sie können alles lernen und besser darin werden, wenn Sie immer und immer wieder üben. Unabdingbar ist dabei das Verständnis, daß der Ursprung der negativen Emotionen in Ihrem Unterbewußtsein liegt.

Doch woher kommen die negativen Emotionen genau und wie kamen sie dort hin? Psychologen wissen, daß negative Emotionen sich vorrangig aus Frühkindheitserlebnissen entwickeln, die vor dem sechsten Lebensjahr erfahren wurden. Vor dem sechsten Lebensjahr, das als Anfangspunkt bewußten Handelns und Denkens gilt, erinnern Sie sich an kaum etwas, danach an umso mehr. Alles, was man Ihnen sagt, wird von Ihrem Unterbewußtsein zunächst als Fakt akzeptiert. Ihr Bewußtsein hat dann die Fähigkeit zum Werten und Sortieren. Wenn Ihre Eltern schimpfen, Sie seien ein böser Junge, dann sagen Sie: „In Ordnung, ich bin ein böser Junge!“ Sie mögen diskutieren, aber Ihr Unterbewußtsein akzeptiert diese Aussage als Realität. Wenn jemand sagt, daß Sie ein schlechtes Mädchen, faul, chaotisch oder verlogen sind, haben Sie bis zum sechsten Lebensjahr keinerlei Möglichkeiten, dem zu widersprechen. Diese Informationen treten in Ihr Unterbewußtsein ein und setzen sich dort fest. Die Programmierung ist besiegelt, wenn Sie später in der Phase des Bewußtseins vergessen haben, was damals passiert ist.

Wir wissen, daß negative Emotionen Automatismen in Gefühl und Reaktion auslösen. Der Reiz tritt auf, und Sie reagieren negativ. Sie haben oft keine Ahnung, warum Sie so reagieren. Das Verhalten ist in Ihrem Unterbewußtsein programmiert, aber es gibt einen Weg, wie Sie diese Programmierung ausradieren können. Negative Gefühle beginnen mit zwei Dingen. Da ist zum einen die destruktive Kritik. Destruktive Kritik ist die Hauptursache für die verschiedensten negativen Emotionen. Sie hat mehr Menschen zerstört als alle Kriege der Weltgeschichte zusammengenommen. Denn destruktive Kritik wird von Kindern bis zum Alter von sechs Jahren als gerechtfertigt akzeptiert. Die Programmierung manifestiert sich für den Rest ihres Lebens. Der zweite Faktor, der zu negativen Emotionen führt, ist das Fehlen von Liebe. Wir wissen, daß das Vorenthalten von Liebe die Wurzel für das Gras der emotionalen Probleme ist, die Erwachsene in ihrem späteren Leben erfahren. Viele Eltern sagen, daß sie ihre Kinder lieben. Ich frage: „Sagen Sie dem Kind, daß Sie es lieben, schätzen und stolz auf es sind?“ Die Eltern antworten meist: „Nein. Meine Kinder wissen das. Ich muß ihnen das nicht erst sagen!“ Woher sollen sie es aber wissen?! Kinder brauchen Liebe. Sie ist essentiell für das gesunde Wachstum ihrer Persönlichkeit. Sie würden von einer Pflanze auch nicht erwarten, daß sie wächst, wenn Sie sie nur einmal im Jahr gießen.

Kinder brauchen häufige Liebesbezeugungen. Ich habe vier Kinder und sage ihnen oft, wie sehr ich sie liebe, daß sie wundervoll sind, intelligent, lieb und daß ich stolz auf sie bin. Ich sage ihnen das immer und immer wieder. Glauben Sie, daß das einen Einfluß auf Ihre Persönlichkeit hat? Ich versichere Ihnen: Es hat einen wunderbaren Einfluß.

Damit Kinder sich wirklich geliebt fühlen, wenn sie als kleine soziale Wesen aufwachen, müssen drei Fakten gegeben sein. Erst einmal müssen die Eltern sich selbst lieben. Eltern mit gutem Selbstbewußtsein erziehen Kinder mit gutem Selbstbewußtsein. Sie können Ihren Kindern nicht geben, was Sie selbst nicht haben. Zweitens müssen die Eltern sich gegenseitig lieben und diese Liebe füreinander ausdrücken. Kinder lernen zu lieben, indem sie ihre Umgebung beobachten. Wenn sie in ihrer Umgebung keine Liebe erleben, können sie nicht nachvollziehen, was Liebe ist. Als Erwachsene wissen sie nicht, wie sie den Partner behandeln sollen, weil sie es nie mitbekommen haben. Der dritte Fakt, der gegeben sein muß, ist, daß die Eltern ihr Kind wirklich und aufrichtig lieben. Viele Eltern denken, daß sie ihre Kinder lieben. Aber wie buchstabiert ein Kind Liebe? Ein Kind buchstabiert: Z-E-I-T. Wenn Eltern sehr beschäftigt sind oder ihre eigenen Probleme – auch mit dem Ehepartner – und ungelösten Konflikte haben, nehmen sie sich oft nicht die Zeit, ihr Kind wirklich zu lieben. Das Kind wächst auf in dem tiefen Gefühl, nichts wert, nicht wirklich liebenswert zu sein. Destruktive Kritik und fehlende Liebe, die leider allzuoft in Kombination auftauchen, führen dazu, daß ein Kind sich unzureichend und minderwertig fühlt. Das Kind sagt: „Ich weiß nicht, warum Mama und Papa mich nicht lieben und sich nicht um mich kümmern. Es muß daran liegen, daß ich nicht gut bin, nichts wert, ein nutzloses Kind. Ich bin nicht gut genug!" – als Erwachsene kämpfen wir unermüdlich, dieses Gefühl zu übertünchen, abzulegen oder irgendwie zu überwinden. Das Gefühl der Unzulänglichkeit ist ein Ergebnis von destruktiver Kritik und fehlender Liebe und vor allem ist es die Wurzel von Schuld.

Schuld zeichnet sich als Hauptproblem des 21. Jahrhunderts ab – als Hauptursache für Geisteskrankheiten, Selbsthaß und

Selbstverdammung. Schuld und Schande, die großen Zerstörer, sind die bedeutenden emotionalen Probleme unserer Zeit. Das Schuldspiel wird oft mit Kindern praktiziert, und zwar aus zwei Gründen. Eltern, die das Schuldprinzip, auf ihre Kinder anwenden, haben es in ihrer Kindheit selbst erfahren. Es ist für sie also vollkommen natürlich. Sie denken nicht einmal darüber nach. Der erste Grund, warum Eltern damit arbeiten, ist der Aspekt der Bestrafung. Emotionale Bestrafung. Die Kinder werden bestraft, damit sie sich schlecht fühlen, und das funktioniert auch in der Regel. Die Kinder hören, wie schlecht sie sind und wieviele Probleme sie verursachen. Die Eltern „impfen" das Kind mit Schuldkomplexen und unterdrücken seinen Willen. Der zweite Grund, warum Eltern mit Schuld arbeiten, ist der Aspekt der Kontrolle. Es wird einfacher, das Kind zu manipulieren . Es zu Dingen zu bewegen, die es sonst nicht tun würde. Außerdem ist es überaus bequem, mit Schuld zu arbeiten. Man braucht noch nicht einmal aufzustehen. Man kann sie über das Telefon und in fast allen Lebenslagen mit minimalem Aufwand einsetzen. Jedesmal, wenn Sie jemandem erlauben, Sie zu manipulieren, damit Sie sich schuldig fühlen sind Sie als Folge zukünftig noch einfacher zu manipulieren. Wenn Sie als Kind destruktive Kritik und fehlende Liebe erfahren haben, manifestieren sich in Ihrem Erwachsenenleben höchstwahrscheinlich Gefühle von Schuld.

Was sind die Hauptmanifestationen von Schuld im Leben von Erwachsenen? Auf Platz eins steht das Gefühl der Unterlegenheit. Sie empfinden Unzulänglichkeit. Sie haben den Eindruck, daß Sie die guten Dinge, die Ihnen widerfahren, nicht verdienen. Sie fühlen sich machtlos, hilflos. Sie vergleichen sich mit anderen Menschen und meinen, daß Sie nicht gut genug oder nicht so gut wie diese sind. Oder kein Recht haben, Schönes zu erleben. Auf Platz zwei rangiert die destruktive Selbstkritik: Sie machen sich selbst nieder, verkaufen sich unter Preis. Sie behaupten, dies oder jenes nicht zu können, furchtbar vergeßlich zu sein, notorisch zu spät zu kommen und keinerlei Disziplin zu besitzen. Sie erzählen allen Menschen, wie schlecht Sie sind, was Ihre Schuld- und Minderwertigkeitskomplexe selbstverständlich untermauert. Der dritte Punkt ist der, daß Sie durch die Schuld selbst bereitwillig manipulierbar werden. Menschen können an Ihren Schuld-Fäden ziehen. Sie werden zur Marionette. Sogar Menschen, die Sie gar nicht kennen, die Sie im Flugzeug oder Restaurant treffen, können veranlassen, daß Sie sich schuldig fühlen. Auf die Frage „Haben Sie noch einen Wunsch?“ antworten Sie mit Nein, obwohl Sie noch hungrig oder durstig sind. Menschen, die Sie noch nie getroffen haben, erkennen, daß Sie durch Schuld manipulierbar sind, und betätigen Ihre Fäden. Die vierte Manifestation von Schuld ist ihr Gebrauch bei anderen. Wenn bei Ihnen als Kind das Schuldprinzip benutzt wurde, dann werden Sie es vermutlich auch bei anderen benutzen. Weil es funktioniert, einfach und effektiv, automatisch. Die fünfte Manifestation von Schuld hängt mit Ihrer Sprache zusammen. Sie benutzen eine Sprache, die Sie als Opfer entlarvt. Ich bin ein Opfer. Ich bin schuldig. Ich bin wertlos. Ich bin machtlos. „Ich kann nicht. Ich kann nicht. Ich will, aber ich kann nicht!“ – Solche Sätze drücken aus, daß Sie hilflos sind, wie ein Kind, ein Baby. Anstatt zu sagen, daß Sie etwas können, geben Sie vor, es sei Ihre Entscheidung, es nicht zu tun, weil Sie es nicht wollen. Sagen Sie nicht: „Ich kann das nicht.“ Ihr Unterbewußtsein merkt sich das und spürt Ihre Machtlosigkeit, und das wird Sie dann in anderen Bereichen wirklich machtlos machen. Die zweite „Opfer-Formulierung“ lautet: „Ich würde gerne dies machen, aber ich muß das machen!“ Damit suggerieren Sie, keinerlei Kontrolle oder Wahlmöglichkeit zu haben. Sagen Sie nicht: „Ich muß!“ Sagen Sie, daß es Ihre Entscheidung oder eben nicht Ihre Entscheidung ist, etwas zu tun. Ein anderer gängiger Gebrauch der Opfer-Sprache lautet: „Ich werde es versuchen!“ Wenn Sie etwas versuchen wollen, dann entschuldigen Sie sich damit im Vorfeld für Ihr Versagen. Haben Sie jemals jemanden zu einer Party oder Besprechung eingeladen und als Antwort erhalten, daß dieser versuchen würde, zu kommen? Später sagten Sie dann, daß Sie mit seinem Erscheinen gerechnet haben und hören als Antwort: „Ich habe doch gesagt, daß ich es versuchen werde!“ Das bedeutet, wenn man etwas versucht, ist das Scheitern vorprogrammiert, und später kann sich niemand beschweren, denn man hat es ja versucht. Benutzen Sie diese Worte nicht! Sagen Sie „Ich werde es tun!“, und verlangen Sie auch von anderen die gleiche Verbindlichkeit. Das letzte Merkmal der Opfer-Sprache sind die Worte: „Ich wünschte …“, „Ich wünschte, ich könnte“, „Ich wünschte, ich könnte mehr Geld verdienen.“ Die unausgesprochene Fortsetzung lautet: „… aber ich weiß, daß es nicht möglich ist, weil ich nicht gut genug bin, wertlos, ein Nichtskönner“. Sagen Sie statt dessen: „Ich werde“ oder „Ich werde nicht“. Sagen Sie aber nicht: „Ich kann nicht“, „Ich muß“, „Ich wünschte oder ich versuche“ – all diese Formulierungen verschlimmern Ihre Schuldgefühle.

Wie werden Sie jetzt aber Ihre Schulgefühle los und gewinnen neue Kraft? Da gibt es einige sehr einfache Wege: Erstens sollten Sie auf jede destruktive Selbstkritik verzichten. Erlauben Sie sich nicht, negative Dinge über sich selbst zu sagen. Und auch anderen sollten Sie es nicht gestatten. Fordern Sie auf: „Sprich nicht so über mich.“ „Nicht so über Dich reden?“ „Nein, rede nicht so über mich!“ Das gilt übrigens auch, wenn Ihr Vorgesetzter Sie abkanzelt. Klären Sie ihn auf: „Bitte sprechen Sie nicht so über mich. Das trifft meine Persönlichkeit und mindert meine Effektivität. Reden Sie mit anderen so, aber nicht mit mir.“ Wissen Sie, was dann passiert? Ihr Chef wird Ihre Haltung akzeptieren und bald auch Ihren Kollegen mehr Respekt entgegenbringen. Denken Sie daran: Es gibt immer Leute, die keiner herumschubst. Zu denen müssen Sie gehören! Der zweite Weg, Gefühle der Schuld zu eliminieren, besteht darin, sich den Schuldzuweisern zu verweigern. Lassen Sie nicht an Ihren Fäden ziehen! Lassen Sie nicht zu, daß andere Ihnen Schuldgefühle einjagen. Hier sind Abwehrmethoden aus dem Argumentationstraining. Erstens: Bleiben Sie vollkommen still, wenn jemand versucht, Ihnen ein Schuldgefühl zu vermitteln. Sagen Sie nichts. Verweigern Sie eine Reaktion oder Antwort. Darauf angesprochen, ob Sie nicht irgendetwas dazu sagen wollen, erwidern Sie einfach: „Nein! Nein, ich werde darauf nicht antworten.“ Fragt man nun weiter „Was ist mit diesem oder jenem?“, dann können Sie die zweite Methode anwenden, indem Sie sagen: „Entschuldigung, Sie versuchen doch nicht gerade, mir ein Schuldgefühl einzureden? Oder?“ Gibt Ihr Gegenüber das irgendwann zu, stellen Sie unumstößlich fest: „Das wird aber nicht funktionieren." Und von diesem Augenblick an verbieten Sie jedem, Ihnen Schuld aufzuladen. Sobald es jemand versucht, sagen Sie: „Einen Moment mal. Sie versuchen doch nicht gerade, mir Schuld zuzuweisen? Hören Sie auf damit!" Sprengen Sie das Muster Ihrer Generation! Der nächste Weg besteht darin, andere von Schuld und Schande zu verschonen. Weigern Sie sich, jemandem Schuld in die Schuhe zu schieben – in Gesprächen, am Arbeitsplatz, im sozialen Leben, im Familienkreis. Verzichten Sie auf Klatsch und Tratsch. Hören Sie auf, schlecht über andere Leute zu reden oder sie zu kritisieren. Keine Klagen oder Beschwerden mehr! Erinnern Sie sich: Sich beschweren, kritisieren und verurteilen schafft den Nährboden auf dem negative Emotionen wachsen. Werden Sie ab sofort eine durch und durch positive Person!

Das wichtigste Prinzip, um negative Emotionen und Schuldgefühle zu eliminieren, ist Vergebung. Wir sprechen sogar vom Gesetz der Vergebung. Die Fähigkeit zu vergeben ist ein Gradmesser für mentale Gesundheit. Sie zeigt ebenso klar den Grad der Integration als Mensch. Wenn Sie Menschen, die Sie verletzt haben, nicht vergeben können, verleihen Sie ihnen die Kontrolle über Ihre Gefühle – sogar auch über weite Entfernungen. Jemand, der tausende Kilometer entfernt wohnt, kann Sie ärgerlich und nervös stimmen, nur, weil Sie an ihn denken. Er kann an Ihren Fäden ziehen, ohne eine Ahnung zu haben, wo Sie sind und was Sie tun. Der Komödiant Buddy Hackett hat einmal gesagt, daß er niemals Groll empfindet. Denn während er seinen Groll hegt, würden die anderen tanzen! Um Ihr ganzes Potential freizusetzen, müssen Sie vergeben und vergessen können. Nur so können Sie ein hohes Maß an Selbstbewußtsein, Selbstwertgefühl und persönlichem Stolz genießen. Fangen Sie frühzeitig damit an. Verzeihen Sie jedem in Ihrem Leben, der Sie jemals verletzt hat. Denn während Sie grollen, tanzen die anderen! Wenn Sie an einen Menschen oder eine Erfahrung denken und dabei ärgerlich oder traurig werden, dann sagen Sie einfach: „Ich vergebe alles!" Lassen Sie los!

„Ich vergebe ihr oder ihm, und ich lasse los." Diese Worte fallen anfangs sehr schwer. Je öfter Sie sie aber üben, um so kleiner wird Ihr Ärger. Das negative Gefühl wird erst gar nicht aufflammen, sondern wie ein Feuer, das keine Luft bekommt, bald erlöschen. Beginnen Sie jetzt! Wem sollten Sie vergeben? Vergeben Sie Ihren Eltern! Ihr reifes Erwachsensein beginnt erst, nachdem Sie Ihren Eltern jeden Fehler, den sie in Ihrer Erziehung begingen, verziehen haben. Sobald Sie ihnen vollständig vergeben haben und loslassen, werden Sie erwachsen. Bis dahin bleiben Sie das ärgerliche Kind. Ich habe Menschen getroffen, die 40 oder 50 Jahre alt und immer noch ärgerliche Kinder waren. Weil sie ihren Eltern nicht vergeben hatten. Wie stellen Sie es an, wenn Sie Ihren Eltern vergeben wollen? Ganz einfach: Sie können ihnen in Ihrem Herzen vergeben. Oder Sie greifen zum Telefon: „Ich möchte, daß Ihr wißt, daß ich Euch jeden Fehler verzeihe, den Ihr gemacht habt und Euch immer noch liebe!“ Sie können sie natürlich auch besuchen oder einen Brief schreiben. Am wichtigsten ist, daß Sie Ihren Eltern vergeben und alles vergessen, was sie Ihnen jemals angetan haben. Von diesem Moment an wird sich die Beziehung zu Ihren Eltern dramatisch verbessern. Und sollten Sie bereits tot sein, so werden Sie sich plötzlich von Ihrer Vergangenheit befreien können. Nachdem Sie Ihren Eltern vergeben haben, vergeben Sie allen anderen Personen, die Sie jemals in irgendeiner Weise verletzt haben, ob im privaten Bereich, im geschäftlichen Leben, in der Ehe, egal, in welcher Beziehung. Vergessen Sie alles, was vorgefallen ist und Sie immer noch ärgerlich macht. Denn all das hält Sie von der Erfüllung Ihres Potentials ab. Sie sind verantwortlich für jede Situation, in die Sie als Erwachsener geraten und womöglich länger stecken als notwendig. Nur Sie sind verantwortlich. Sie sind wütend, aber einer der Hauptgründe, warum Sie noch wütend sind, ist, daß Sie sich überhaupt in diese Situation laviert haben. Sie müssen sich gefühlsmäßig da herausholen, indem Sie vergeben. Sie können die betreffenden Personen anrufen, ihnen schreiben oder sie persönlich treffen.

Vielleicht nutzen einige, die eine schlechte Beziehung hatten, das, was ich den Brief nenne. Der Brief wurde bereits von unzähligen Männern und Frauen auf der ganzen Welt genutzt, um sich vom negativen Nachhall gescheiterter Beziehungen oder

Ehen zu befreien. Er besteht aus drei Teilen und ist sehr einfach zu realisieren. Im ersten Teil schreiben Sie, daß Sie die vollständige Verantwortung für alles, was passiert ist, übernehmen: „Ich akzeptiere die komplette Verantwortung für unsere Beziehung. Ich habe mich da selbst hineingeritten und gebe niemandem die Schuld." Im zweiten Teil des Briefes schreiben Sie: „Ich vergebe Dir hundertprozentig für alles, was Du jemals getan und mir damit an Verletzung zugefügt hast." Ein wichtiger Punkt, denn so können Sie loswerden, was exakt Sie dem anderen vorwerfen. Einer meiner Freunde hat seiner Ex-Frau acht Seiten voll geschrieben mit Dingen, die er ihr vergeben hat. Wichtig ist zu betonen, daß Sie hundertprozentig vergeben, und das auch niederzuschreiben. Der dritte Teil des Briefes ist der wohl schwierigste. Sie schreiben: „Ich wünsche Dir alles Gute." Damit signalisieren Sie, daß Sie die Verantwortung akzeptieren. „Ich vergebe Dir alles. Ich wünsche Dir alles Gute." Dann schreiben Sie die Adresse auf den Umschlag, kleben die richtige Briefmarke drauf und werfen den Brief bei der Post ein. Glauben Sie mir: Sobald der Brief aus Ihrer Hand ist, wird sich Ihr ganzes Leben ändern. Sie werden ein wahnsinniges Gefühl der Freiheit und Erleichterung spüren. Ich habe Männer und Frauen getroffen, deren Leben sich über Nacht geändert hat. Nur, weil sie diesen Brief geschrieben und ihn zur Post gebracht haben. Auch Sie müssen sich zu diesem Brief durchringen. Manchmal wenden Leute ein: „Was ist, wenn der andere den Inhalt falsch aufnimmt oder die Beziehung wieder aufleben lassen will?" Das ist sein Problem, nicht Ihres. Ihre Angelegenheit ist es, durch den Brief frei zu werden. Frei zu werden, indem Sie loslassen. Die dritte Stelle, der Sie nun vergeben müssen, sind Sie selbst. Sie müssen sich jede sinnlose, blöde, alberne, hirnlose, hinterhältige Sache, die Sie jemals gemacht haben, vergeben. Sie müssen sich jeden Fehler vergeben. Sie müssen den Mut aufbringen, sich selbst zu verzeihen. Erinnern Sie sich: Bedauern ist die Weigerung, sich selbst zu vergeben – eine schwache und negative Emotion. Die meisten nutzen sie, um sich gegen Veränderungen zu sperren. Nicht Sie! Vergeben Sie sich! Sagen Sie: „Ich habe einen Fehler gemacht. Das war damals. Jetzt ist jetzt. Ich habe gelernt. Ich werde es nicht wieder tun." Und dann fahren Sie mit dem Rest Ihres Lebens fort.

Der letzte Punkt zum Ausmerzen von negativen Emotionen und Schuldgefühlen ist die Entschuldigung. Wenn Sie jemandem etwas angetan haben und sich immer noch schlecht fühlen, gehen Sie zu dem Menschen hin, den Sie verletzt haben, und sagen Sie: „Es tut mir leid." Das sind so kraftvolle Worte. 99 Prozent der Menschen, zu denen Sie hingehen und sich entschuldigen, werden Ihre Entschuldigung annehmen. Und Sie werden Ihren Mut und Charakter anerkennen. Ich habe Freundschaften gesehen, die nach jahrelanger Funkstille innerhalb von Minuten wieder in Ordnung waren, nur weil einer den ersten Schritt getan hat: „Es tut mir leid, was passiert ist." Beziehungen zwischen Eltern und Kindern, Ex-Ehemännern und -Ehefrauen, die plötzlich gekittet waren, nur weil ein Mensch sich für seine Fehler entschuldigt hat. Alle Probleme sind mit einem Mal Schnee von gestern. Sobald Sie gelernt haben, sich zu entschuldigen, bringen Sie es Ihren Kindern, Ihren Mitarbeitern und anderen Menschen bei. Bringen Sie ihnen bei, daß es in Ordnung ist, sich zu entschuldigen – das ist eine Stärke, keine Schwäche. Erinnern Sie sich: Es ist Ihre Aufgabe, sich Ihren Seelenfrieden, Ihr Glück und das Erzielen von Spitzenleistungen als höchste Ziele zu setzen. Lassen Sie den Rest los. Vergebung, das Loslassen negativer Emotionen, die Befreiung von eigenen Schuldgefühlen ist der wahre Schlüssel zu Selbstbewußtsein, Selbstwertgefühl und persönlichem Stolz und damit die Basis für Spitzenleistungen und Personal Leadership.

Sehen Sie dazu auch die Übungen auf Seite 208f.

7

Programmieren Sie Ihre Psyche auf Erfolg

William James formulierte 1905 eine der größten Entdeckungen der Psychologie des 20. Jahrhunderts. Er betonte, die größte Revolution seiner Generation sei die Erkenntnis, daß man seine äußeren Lebensumstände ändern kann, indem man seine Geisteshaltung ändert. Er meinte, daß man dort ist, wo man ist, und so ist, wie man ist, einfach aufgrund der Art und Weise wie man denkt. Ihre gesamte Welt wird durch Ihr Denken bestimmt. Wenn Sie Ihre äußere Welt verändern wollen, müssen Sie Ihr Denken im Innern verändern. Das Gesetz der Korrespondenz besagt, daß die äußere Welt ein Spiegelbild der Innenwelt ist. Beziehungen, Einstellungen, Reichtum, Gesundheit – jeder Teil Ihres Lebens spiegelt sich dort wider. Wenn Sie Ihre äußere Welt ändern wollen, wenn Sie ändern wollen, was sich Ihnen widerspiegelt, dann müssen Sie sich selbst ändern. Das Gesetz der Anziehung besagt, daß wir wie ein Magnet Menschen, Umstände, Ideen und Mittel in unser Leben ziehen, die in Harmonie mit unseren Hauptgedanken stehen. Sie denken an einen Menschen – und das Telefon klingelt. Sie denken an etwas, das Sie haben wollen, und jemand gibt es Ihnen. Sie ziehen immer sowohl positive als auch negative Menschen und Umstände in Ihr Leben. Je emotionaler Ihre Gedanken sind, um so schneller ziehen Sie die Dinge in Ihr Leben. Das Gesetz der Konzentration besagt, wenn Sie Ihre Aufmerksamkeit auf etwas richten, permanent darüber nachdenken, wird es in Ihrem Leben wachsen und sich ausbreiten. Sie werden mehr und mehr davon bekommen. Indem Sie intensiv über etwas nachdenken und der größte Teil Ihrer mentalen, unterbewußten Kraft gebunden ist, findet eine Fixierung auf diese Sache statt. Die Erkenntnis, daß man das, worüber man in regelmäßigem Turnus nachdenkt, auch bekommen kann, markierte für mich einen großen Durchbruch. Denken Sie einfach mal darüber nach. Der beste Test, ob Sie tatsächlich etwas haben wollen, die Entscheidung, ob es wirklich so wichtig für Sie ist, ergibt sich aus Ihrer Fähigkeit, permanent und „exklusiv“ darüber nachzudenken. Wichtig ist, nicht über viele andere Dinge nachzudenken, vor allem nicht über Dinge, die im absoluten Gegensatz zu dem stehen, was Sie wirklich wollen. Denken Sie nur über das nach, was Sie wollen, visualisieren Sie es, stellen Sie es sich im Detail vor. Jede Veränderung in Ihrem Leben beginnt mit einer Veränderung Ihres Selbstkonzepts – der Art, wie Sie sich selbst sehen, mögen und zufrieden mit sich sind.

Tatsächlich gibt es in der Psychologie einen Bereich, der als Psychologie des Werdens bezeichnet wird. Diese Psychologie des Werdens geht davon aus, daß jeder von uns sich im Rahmen permanenten Wachstums hin zu seinen dominanten Gedanken entwickelt. Es ist so, als wären Sie ein Raumschiff und befänden sich auf dem Weg zu einem entfernten Planeten. Wo immer der Planet liegt, Sie bewegen sich stets in seine Richtung. Woran Sie immer wieder denken, das zieht Sie unablässig in seine Richtung. Wenn Sie positive, glückliche und erhebende Gedanken haben, bewegen Sie sich in diese positive Richtung. Wenn Sie negative, angstvolle, ärgerliche Gedanken haben, tendieren Sie in diese negative Richtung. Sicher ist, Sie befinden sich in einem kontinuierlichen Prozeß der Evolution und des Wachstums. Hier offenbart sich uns ein wichtiges Gesetz: das Gesetz der Gewohnheit. Alles, was Sie tun, denken und sagen, resultiert aus Gewohnheit. Die Zahncreme, die Sie kaufen, die Nahrung, die Sie essen, den Weg, den Sie zur Arbeit nehmen, was Sie antworten, wenn jemand Sie fragt, wie es Ihnen geht – alles Gewohnheit. Jeder Aspekt Ihres Lebens basiert auf Gewohnheit. 90 Prozent von dem, was Sie tun, erfolgt automatisch. Wir wissen: Eine der großen Erfolgsregeln besteht darin, gute Gewohnheiten zu entwickeln und diese zu perfektionieren. Es ist schwierig, gute Gewohnheiten zu entwickeln, aber einfach, mit ihnen zu leben. Schlechte Gewohnheiten sind dagegen leicht zu formen, aber es ist schwer, mit ihnen zu leben. Die gute Nachricht: Alle Gewohnheiten sind erlernbar. Keine der Gewohnheiten, die Sie heute haben, hatten Sie, als Sie geboren wurden. Das bedeutet, daß Sie neue Gewohnheiten, die Sie als wichtig oder wünschenswert erachten, jederzeit erlernen können. Wenn Sie zum Beispiel lernen wollen, positiv zu denken, dann üben Sie positives Denken und Handeln. Sie können lernen, kreativer zu werden, indem Sie kreative Denkpraktiken trainieren. Sie können lernen, gesünder, glücklicher, freundlicher zu werden. Sie können lernen, netter und liebevoller zu werden, indem Sie diese Gewohnheit auf dem selben Weg entwickeln, wie Sie alle anderen entwickelt haben. Das bringt uns zum Gesetz der Übung. Alles, was Sie wieder und wieder üben, entwickelt sich zu einer neuen Gewohnheit. Mit anderen Worten: Sie bilden sämtliche Gewohnheiten, indem Sie bestimmte Dinge wiederholt praktizieren. Diese neuen ersetzen irgendwann Ihre alten Gewohnheiten. Was die Entwicklung neuer Gewohnheiten angeht, so unterscheide ich vier „D-Kriterien". Das erste „D" steht für *DESIRE*, englisch für Verlangen. Das heißt: Menschen wollen wirklich neue Gewohnheiten des Denkens und Handelns entwickeln. Das zweite „D" steht für *DECISION*, englisch für Entscheidung. Treffen Sie eine Entscheidung – und zwar jetzt! Treffen Sie eine klare, unzweideutige, unumstößliche Entscheidung, daß Sie etwas machen, sein oder erreichen werden. Wußten Sie, daß der Hauptunterschied zwischen Erfolg und Mißerfolg im Leben der ist, daß erfolgreiche Menschen die Entscheidung treffen, erfolgreich zu sein, und nicht erfolgreiche Menschen diese Entscheidung niemals treffen? Das dritte „D" bedeutet *DETERMINATION*, englisch für Entschlossenheit. Es bedeutet Willenskraft, die Konsequenz, Dinge so lange zu tun, bis sie sich als Gewohnheit etabliert haben. Das vierte „D" steht für *DISCIPLINE*, englisch für Disziplin. Das heißt, beharrlich zu üben, auch wenn Sie sich nicht danach fühlen. Es ist eine Kunst, die neue Gewohnheit im Denken und Handeln zu üben, wenn Sie keine Lust dazu haben. Aber gerade dann werden Sie die größten Perioden des Wachstums und der Evolution Ihrer Persönlichkeit erfahren!

Es gibt sechs Schlüssel für den Aufbau positiver, neuer Gewohnheiten. *Erstens:* Wenn Sie sich entschieden haben, fangen Sie an. Tun Sie es sofort, ohne Aufschub. *Zweitens:* Erzählen Sie anderen von Ihrem Vorhaben, daß Sie Gewicht verlieren wollen, mit dem Rauchen aufhören, früher aufstehen, eine nettere, sanftere Persönlichkeit oder geduldiger werden wollen. Sagen Sie anderen, was Sie beabsichtigen. Sie werden sehen: Das ist eine ausgezeichnete Kontroll- und Motivationshilfe. Man wird Sie nämlich an Ihre Worte erinnern! Und gestatten Sie sich von Anfang an keine Ausrutscher! *Drittens:* Gedanken ohne Handlungen sind witzlos. Nur Handlungen setzen Veränderung in Gang. Handeln Sie! *Viertens:* Erfahrungswerte liefern Feedback. Sie versuchen etwas, Sie erhalten Feedback, Sie verändern und lernen. *Fünftens:* Sie modifizieren Ihr Verhalten. Alle Untersuchungen zeigen, daß die Verhaltenskorrektur und -anpassung nach Feedback ein Merkmal von Spitzenleistern ist. Denken Sie daran: Sie werden eine Menge Fehler machen, aber die sind bei Ihrem langfristigen Ziel, eine außergewöhnliche Persönlichkeit zu werden, unvermeidlich und wichtig. Das Merkmal eines Spitzenleisters ist nicht, daß er hinfällt, sondern daß er immer wieder aufsteht. *Sechstens:* Bleiben Sie beharrlich bis sich Ihre neue Gewohnheit fest verankert hat. Beharrlichkeit ist die eiserne Qualität des Erfolgs. Wenn Sie beharrlich sind, werden Sie schlanker, positiver, konzentrierter, rundum besser und erfolgreicher in allen Lebensbereichen. Lassen Sie uns nun über das Gesetz des Gefühls sprechen.

Das Gesetz des Gefühls, das Ihre Psyche auf Erfolg programmiert, besagt folgendes: Sie werden in allem, was Sie tun oder sagen, zu 100 Prozent vom Gefühl dominiert – nicht zu 50, 70 oder 80 Prozent. Sie sind zu 100 Prozent gefühlsgesteuert! Wir behaupten, daß Sie Entscheidungen nicht rationell, sondern gefühlsmäßig treffen – instinktiv. Erst danach rechtfertigen Sie diese Entscheidungen logisch. Alles wird vom Gefühl bestimmt. Der Grund für Erfolg und Mißerfolg im Leben rührt daher, daß erfolgreiche Menschen stärkere Gefühle für den Erfolg haben und diese schwächere Gefühle, die sie hätten zurückhalten können, übertrumpfen. Nicht erfolgreiche Menschen haben ihre intensivsten Gefühle in der Angst vor Versagen und Zurückweisung. Und diese bremsende Übermacht ersetzt die schwächeren Gefühle ihrer Bedürfnisse nach Erfolg und Veränderung. Die stärksten Gefühle im Leben sind die Angst vor und der Wunsch nach etwas. Auf der einen Seite des Spektrums sind die Emotionen, die Ihr Verhalten lähmen, weil Sie Angst haben, auf der anderen Seite die Dinge, die Sie motivieren, weiter vorwärts zu gehen. Was auch immer stärker ist – Furcht oder Verlangen bestimmt Ihr Verhalten. Wenn die Furcht größer ist, entscheidet sie, was Sie tun, denken und wie Sie sich verhalten. Wenn das Verlangen intensiver ist, überwindet es Ihre Furcht und bestimmt, was Sie sagen, denken und fühlen. Was Sie tun müssen ist, Ihr Verlangen mit dem Gesetz der Konzentration zu füttern. Beharren Sie auf Ihrem Verlangen und lassen Sie Ihre Angst absterben. Wenn Sie aufhören über die Dinge, die Sie fürchten, nachzudenken, weil Sie zu beschäftigt sind, an das zu denken, wonach Sie sich sehnen, wird Ihre Angst mangels Aufmerksamkeit sterben. Das, worauf Sie sich konzentrieren, wird wachsen. Beginnen Sie mit einem kleinen Wunsch, an den Sie die ganze Zeit denken. Denken Sie an die Belohnungen, das Vergnügen des Erfolgs, und bieten Sie sich Gedanken an Schmerzen oder Strafen des Versagens. Je mehr Sie an die Belohnungen des Erfolgs denken, um so motivierter und positiver werden Sie. Je mehr Sie sich von den Gedanken an Mißerfolge überwältigen lassen, an die daran gekoppelten Schmerzen oder Zurückweisungen, um so negativer werden Sie. Erfolgreiche Menschen sagen: „Toll, wenn das funktioniert!“ Der Rest zweifelt: „Und wenn es nicht funktioniert?“ Sie sollten sagen: „Was ist, wenn es funktioniert?“

Das Gesetz der Umkehrbarkeit ist ein wichtiges Gesetz. Seine Botschaft: Der subjektive Status, so wie Sie sich fühlen, schafft den objektiven Status dessen, was in Ihrer Welt passiert. Erinnern Sie sich, was wir beim Gesetz des Glaubens gesagt haben? Was immer Sie gefühlsmäßig glauben, wird zu Ihrer Realität. Umgekehrt funktioniert diese Regel auch. Wenn Sie einen äußeren, objektiven Status kreieren, dann kreieren Sie damit auch ein Gefühl. Wenn Sie sich positiv, glücklich, konzentriert fühlen und danach handeln, werden Sie ein entsprechendes Ergebnis erhalten. Wenn Sie sich nicht sonderlich positiv, enthusiastisch oder couragiert fühlen und nur so tun als ob, dann wird

Ihr Ergebnis Ihr tatsächliches Fühlen reflektieren. Das Handeln erzeugt die Gefühle. Wenn Sie in einer bestimmten Art und Weise handeln, erzeugen Sie Gefühle, die mit Ihrem Handeln übereinstimmen. Ihr Handeln obliegt Ihrer eigenen Kontrolle. Sie können den Weg zum Gefühl schneller über das Handeln erreichen als umgekehrt. Dazu später mehr.

Eine der kraftvollsten Techniken, die jemals von Erfolgstrainern eingesetzt wurde, wird als „Ende-des-Films-Technik" bezeichnet und gelingt sehr einfach. Stellen Sie sich vor, Sie wollen einen Film besuchen und kommen im Kino an, bevor der vorhergehende Film zu Ende ist. Anstatt im Foyer zu warten, gehen Sie in den Vorführraum und sehen sich die letzten zehn Minuten des Films an. Am Ende treten Sie wieder ins Foyer, um sich danach den Film erneut in ganzer Länge anzusehen. Achten Sie darauf, was in Ihrem Kopf passiert. Sie haben das Ende des Films bereits gesehen. Sie kennen die Auflösung, wissen, daß die Heldin oder der Held triumphierten und der Bösewicht am Ende besiegt wurde. Wenn Sie nun den Film noch einmal von Anfang sehen, können Sie vollkommen entspannt sein, denn Sie kennen ja den Ausgang. Diese Technik für Ihr Leben umzumünzen ist sehr einfach: Stellen Sie sich für sich selbst ein ideales Ende vor! Positiv, vertrauensvoll, sicher, konzentriert, optimistisch, erfolgreich, glücklich, gesund, geliebt – alle diese Attribute malen Sie sich aus, als ob sie tatsächlich schon eingetreten wären. Dann betrachten Sie vollkommen entspannt Ihr Leben, denn Sie wissen, daß alles gut ausgeht, und um so schneller wird dieses positive Resultat eintreten. Das größte Hindernis für positive Veränderungen in Ihrem Leben ist Ihre Bequemlichkeitszone, in der Sie sich, oft unbewußt, gegen Veränderungen wehren. Viele Menschen verharren lieber in dieser Bequemlichkeitszone, in der sie aber auch nicht glücklich sind, als sich in fremde Bereiche vorzuwagen. Ihr Bedürfnis nach Beständigkeit führt zu einer Starre, der Sie sich keinesfalls ergeben dürfen. Ralph Waldo Emerson hat einmal gesagt: „Dumme Beständigkeit öffnet die Hölle für kleine Geister." Sie müssen ferner einer Psychosklerose – einer Verhärtung Ihrer Einstellungen – widerstehen. Vier Aussagen helfen Ihnen, mental flexibler und offen für Veränderungen und neue Möglichkeiten zu sein. Die erste Aussage lautet: „Ich habe einen Fehler gemacht.“ Wenn Sie einen Fehler gemacht haben, dann geben Sie ihn auch zu. Das ist für die meisten Menschen furchtbar schwierig. Erinnern Sie sich: 70 Prozent aller Entscheidungen, die Sie treffen, werden sich als falsch herausstellen. Seien Sie also nicht ängstlich und gestehen Sie für den Rest Ihres Lebens jeden Fehler ein. Vermeiden Sie es, Fehler totzuschweigen! Die zweite Aussage, die hilft: „Ich hatte unrecht!“ „Es erschien damals als gute Idee, aber ich hatte unrecht.“ Oder Sie können sagen: „Ich habe meine Meinung geändert.“ „Ja, aber sagten Sie nicht…?“ „Ja, aber ich habe trotzdem meine Meinung geändert!“ Wenn Sie Ihre Meinung ändern, kann niemand Sie davon abhalten. Die vierte Aussage, die Sie offen hält: „Ich weiß es nicht.“ „Was ist mit diesem oder jenem?“ „Ich weiß es nicht. Wenn es wichtig ist, kann ich es herausfinden.“ Haben Sie keine Angst zuzugeben, daß Sie etwas nicht wissen. „Ich habe einen Fehler gemacht. Ich hatte unrecht. Ich habe meine Meinung geändert. Ich weiß es nicht!“ – bleiben Sie mit diesen Aussagen flexibel – jetzt und in Zukunft.

Die Kraft der Suggestion ist eine universelle Kraft, die ständig auf uns einwirkt. Sie beeinflußt und formt unsere Gedanken, Gefühle und Einstellungen. Wir werden von allem beeinflußt, was auf unser Unterbewußtsein und unser Bewußtsein trifft – von allem, was wir sehen, hören, beobachten. Was immer in ihren Kopf kommt, was immer Sie denken, beeinflußt Sie im Schlechten und im Guten. Die Kraft der Suggestion manifestiert sich in dem, was Sie reden, lesen, worüber Sie nachdenken, womit Sie ihren Geist regelmäßig füttern. Es ist absolut wichtig, daß Sie die Kontrolle über Ihre suggestive Außenwelt haben, bei allem, was um Sie herum vorgeht, was Sie sehen, lesen und hören, sollten Sie den Überblick bewahren. Nur so wissen Sie, daß Ihre Außenwelt Sie positiv beeinflußt im Hinblick auf die Persönlichkeit, zu der Sie sich entwickeln wollen. Den größten Einfluß auf die Persönlichkeit übernimmt wohl die Macht der Liebe. Sie formt Persönlichkeit, Haltung, Gefühle, Verhalten. Alles, was wir im Leben tun, geschieht entweder, um Liebe zu empfangen oder um für den Mangel an Liebe entschädigt zu werden. Alle emotionalen Probleme haben nach Ansicht der Psychologen ihre Wurzeln im Vorenthalten von Liebe – dem Vorenthalten von Liebe oder der Furcht vor dem Verlust der Liebe unserer Eltern oder anderer Menschen in unserem Leben. Es ist absolut wichtig, ja sogar lebensnotwendig, daß Sie die Qualität und Quantität der Liebe in Ihrer suggestiven Umgebung kontrollieren. Viele Geschehnisse haben mit der Liebe zu tun, die Sie geben, die wiederum bestimmt, was Sie an Liebe zurückbekommen. Machen Sie eine 20tägige mentale Einstellungs-Diät. Denken und reden Sie zwanzig Tage lang nur über das, was Sie wollen. Weigern Sie sich, an etwas anderes zu denken oder darüber zu sprechen. Warum 20 Tage? Ganz einfach: Es dauert 20 Tage, bis ein Huhn ein Ei ausgebrütet hat – 20 Tage Geduld und Wärme. Am 21. Tag schlüpft das Küken.Wir sind davon überzeugt, wenn eine Henne mit ihrem erbsengroßen Gehirn 20 Tage lang klaglos auf einem Ei hockt, daß wir Menschen es schaffen müssen, in 20 Tagen eine neue Gewohnheit zu entwickeln. Tatsächlich dauert der Vorgang 14 bis 20 Tage. Aber: Denken oder reden Sie in dieser Zeit nur über die Dinge in Ihrem Leben, die Sie aktiv wollen. Weigern Sie sich, darüber zu sprechen oder zu diskutieren, was Sie nicht wollen. Sie besitzen die vollständige Kontrolle über den Inhalt Ihres Bewußtseins. Wenn Sie die vollständige systematische, bewußte und absichtsvolle Kontrolle über Ihr Denken auch ausüben, können Sie neue, positive Verhaltensmuster entwickeln und Ihre Psyche auf Erfolg programmieren – ohne jegliche Grenzen.

Sehen Sie dazu auch die Übungen auf Seite 209.

8

So ändern Sie Ihr Selbstkonzept

Ein Hauptziel in Ihrem Leben sollte darin bestehen, eine positive Persönlichkeit zu werden. Dieses Bestreben wird jeden Teil Ihres Lebens auf eine gesunde Art und Weise beeinflussen. Ihr Ziel sollte es sein, kreativer zu werden und Ausschau zu halten nach Möglichkeiten, sämtliche Lebensbereiche effektiver zu meistern. In diesem Kapitel erfahren Sie, wie Ihnen das gelingt. Wir wissen bereits, daß alle Verbesserungen im Leben mit einer Verbesserung des Selbstkonzepts beginnen, indem Sie sich besser fühlen, mehr von sich halten, weil Sie stets im Einklang mit Ihrem Selbstkonzept, Ihrer Programmierung, Ihrem Inneren handeln. Sobald Sie sich innerlich ändern, werden dramatische äußerliche Veränderungen sichtbar.

Wie ändern Sie nun Ihr Selbstkonzept? Der Anfang ist ganz einfach, er setzt nur Bereitschaft voraus. Sie würden staunen, wieviele Menschen überlegen, positiver, kreativer, produktiver, glücklicher, gesünder und beziehungstauglicher zu sein, dann aber innehalten: „Ich weiß nicht, ob ich anders sein möchte." Sie sagen sich: „Das ist einfach die Art, wie ich bin" oder „Ich bin schon immer so gewesen." Ihre bewußte Ratio meint, gern etwas ändern zu wollen, aber im Unterbewußtsein sind sie nicht bereit, diese Änderungen vorzunehmen. Seien Sie bereit, sich zu ändern, Ihr altes Ego loszulassen. Zögern Sie nicht, alte, negative, unproduktive Gewohnheiten gegen neue, kreative Verhaltensweisen einzutauschen. Weiterhin müssen Sie bereit sein, sich anzustrengen, am Ball zu bleiben, bis Ihre Wandlung komplett ist. Menschen sind die einzigen Wesen im Universum, die sich allein kraft ihres Willens ändern können. Wenn Sie beschlossen haben, sich zu ändern, beginnen Sie sich vorzustellen, wie Ihr neues Ich aussehen, fühlen, denken, sich verhalten würde. Stellen Sie sich die neue positive Persönlichkeit vor, die Sie werden möchten.

Napoleon meinte, Imagination regiert die Welt. Und auch Einstein hielt die Vorstellungskraft für kraftvoller als Fakten. Wir wissen, daß unsere Phantasie eine Leitfunktion für unser Unterbewußtsein erfüllt. Denken Sie an andere Menschen, die Qualitäten besitzen, die Sie selbst gern hätten, und sagen Sie: „Ich werde wie dieser Mensch werden." Sie stellen sich bereits vor, dieser Mensch zu sein. Vergessen Sie nicht: Was immer ein anderer erreicht hat, auch er hat bei Null angefangen und es dorthin gebracht, wo er heute steht. Was andere geschafft haben, das können Sie auch. Sobald Sie Ihre Phantasie spielen lassen, beginnt der Prozeß der Gestaltung Ihres neuen Selbstideals. Das Ideal des Menschen, der Sie sein wollen, mit den Qualitäten, die Sie bewundern, den Attributen, die Sie sich am meisten wünschen.

Die nächste Stufe ist das Verbalisieren. Artikulieren Sie Ihre Wünsche eindeutig und klar. Worte sind Werkzeug des Denkens. Je besser und positiver Ihre Worte sind, je genauer Sie denken, um so schneller werden Sie Dinge erreichen. Am meisten Kraft entfalten die Worte, die Sie sich selbst sagen. Sie sind kraftvoller als irgend etwas, das Sie auf Papier geschrieben sehen. Wir wissen ferner: Laut Ausgesprochenes ist ungleich wirkungsvoller. Wenn Sie sich vor einem Spiegel laut sagen, daß Sie sich toll fühlen, prima aussehen, sich mögen, alles können, das ist viel effektiver, als wenn Sie es nur im Geiste sagen. Sie verstehen alles nur bis zu einem bestimmten Grad deutlich, zu dem Sie es in Worten erklären können. Je eindeutiger Sie Ihre Ziele und Ambitionen verbalisieren, um so schneller kann Ihr Unterbewußtsein mit der Arbeit beginnen und sie in die Realität umsetzen. Affirmationen sind extrem hilfreich. Es handelt sich um Befehle, die Sie vom Bewußtsein ins Unterbewußtsein schicken und damit Ihre gesamte Zukunft neu programmieren. Ein Schriftsteller gestand vor kurzem: „Ich beginne lieber einen Morgen ohne Frühstück als ohne Affirmationen." Die Art, wie Sie zu sich selbst sprechen, bestimmt Ihre Gefühle, Ihren Grad an Enthusiasmus, an Optimismus, kurz: Ihr Glück. 95 Prozent Ihrer Gefühle werden geprägt durch die Art, wie Sie regelmäßig mit sich selbst reden. Mit Affirmationen können Sie Ihr Unterbewußtsein programmieren und Ihre Persönlichkeit positiv verändern.

Um das Werkzeug der Affirmationen optimal zu nutzen, müssen Sie die drei „P" beachten. Die drei „P" ermöglichen den Zugang zu Ihrem Unterbewußtsein. Das Unterbewußtsein kann nur Informationen aufnehmen, die in einer bestimmten Sprache formuliert sind. **P**ersönlich, im **P**räsens und **P**ositiv – so muß die Sprache sein. „Persönlich" heißt, daß Sie das Wort „Ich" benutzen müssen. „Ich mag mich!" Wann immer Sie zu sich selbst reden, benutzen Sie das Wort ICH. „Ich mag mich. Ich verdiene diese Anerkennung. Ich gefalle mir. Ich mag mich." Ihr Unterbewußtsein hört ICH und akzeptiert es als Kommando. Verwenden Sie die Gegenwartsform: „Ich bin verantwortlich", nicht „Ich werde verantwortlich sein." Die vage Zukunft interessiert Ihr Unterbewußtsein nicht. Es kann nur Befehle aus dem Jetzt, dem Präsens, der Gegenwart annehmen – als wären Sie schon die Person, die Sie sein wollen. Schließlich müssen Affirmationen positiv formuliert sein. Sie dürfen nicht sagen „Ich rauche nicht mehr!"; statt dessen sagen Sie: „Ich bin Nichtraucher!" Wenn Sie Ihre Befehle persönlich, im Präsens und positiv formulieren, wandern Sie direkt in Ihr Unterbewußtsein und beeinflussen Ihre Gefühle und Ihr Verhalten unmittelbar. Eine weitere Stufe zur Änderung Ihres Selbstkonzepts ist die Visualisierung – ein Werkzeug, wie Sie es sich effektiver kaum erträumen können. Visualisierungen sind der Schlüssel für Ihre Zukunft, denn Ihre mentalen Bilder werden von Ihrem Unterbewußtsein als Kommandos akzeptiert. Sie handeln immer in Übereinstimmung mit den Bildern, die Sie in sich tragen. Sobald Sie Ihre inneren Bilder ändern, ändern Sie damit Ihre sichtbare Handlungsweise und deren erkennbare Ergebnisse. Ihr Unterbewußtsein bemüht sich, Ihre Worte und Taten in Übereinstimmung mit Ihrem Selbstkonzept zu bringen. Es erkennt nicht den Unterschied zwischen etwas, das Sie sich nur lebhaft vorstellen, und etwas, das tatsächlich geschehen ist. Wenn Sie sich lebhaft ausmalen, erfolgreich zu sein, dann wird Ihr Erfolg von Ihrem Unterbewußtsein als wahr akzeptiert. Sobald das Unterbewußtsein ein Bild als wahr akzeptiert, aktiviert es das Gesetz der Attraktionen, indem es neue Menschen und Umstände in Ihr Leben zieht. Es aktiviert das Gesetz der Erwartungen: Sie beginnen, Gutes zu erwarten.

Und es aktiviert das Gesetz der Korrespondenz: Ihre äußere Welt wird mehr und mehr zum Spiegel Ihrer Innenwelt. Sämtliche Verbesserungen im Leben beginnen mit einer Optimierung Ihrer mentalen Bilder. Wenn Sie Ihre mentalen Bilder verbessern, profitiert gleichzeitig jeder Aspekt Ihres Lebens. Nichts spricht Ihr Unterbewußtsein stärker an als Emotionen. Es gibt eine einfache Formel: Gedanken mit Emotionen multipliziert ist gleich Realität. Bei Gedanken ohne Emotionen bleiben Sie unbeeinflußt. Bei Emotionen ohne Gedanken fehlt Ihnen die Richtung. Wenn Sie aber einen klaren Gedanken, ein klares Bild mit intensiven Emotionen multiplizieren, bereiten Sie damit Ihre unmittelbare Realität vor. Je intensiver Ihre Gefühle sind, um so schneller werden Sie Ihre Ziele erreichen. Man könnte sie als Gaspedal Ihrer unterbewußten Fähigkeiten bezeichnen. Auf Ihre Gefühle zu achten steigert Ihren Enthusiasmus und Ihre Überzeugung und bringt Sie schneller ans Ziel. Alle Ihre mentalen Kräfte sind aktiviert. Sie nähern sich Ihrem Ziel, und Ihr Ziel nähert sich Ihnen – mit raschem Tempo.

Lassen Sie mich anhand des Beispiels öffentliches Reden demonstrieren, wie Sie Ihr Selbstkonzept via mentale Programmierung ändern können. Den meisten jagt der Gedanke an öffentliches Reden wahnsinnige Angst ein, sie werden nervös, wenn sie nur daran denken, aufstehen und vor einer Gruppe reden zu müssen. Wir wissen, daß es sich hierbei um eine erlernte Angst handelt. Kein Kind kommt mit Angst vor dem öffentlichen Reden auf die Welt. Ihr erstes öffentliches Statement gaben Sie wenige Sekunden nach Ihrer Geburt splitterfasernackt, mit dem Kopf nach unten, in einem Raum voller Fremder ab. In den ersten fünf, sechs Jahren Ihres Lebens haben Sie gelacht, gerufen, geschrien, Sie haben mit jedem geplappert und hatten überhaupt keine Angst. Erst als Sie zur Schule gingen und unter dem Spott und Hohn anderer Kinder gelitten haben, wurden Sie unsicher. Jetzt sind Sie erwachsen und können dieser Angst, die Sie in der frühen Kindheit entwickelt haben, eine klare Absage erteilen. Nun entscheiden Sie, ein guter öffentlicher Redner zu werden. Wenn ich ungehemmt reden könnte, könnte ich besser mit meinen Geschäftspartnern, vor meinen Vereinskameraden sprechen. Ich hätte mehr Vertrauen, wäre effektiver im Umgang mit anderen. Ich könnte viel mehr aus meinem Leben machen, wenn ich nicht soviel Angst hätte, mich größeren Gruppen zu stellen. Jetzt beginnen Sie den Prozeß. Sie visualisieren sich als perfekter Redner. Sie sehen sich Menschen im Fernsehen, Kino, in Seminaren und Kursen an und sagen sich: „Ich kann das auch. Alles, was die können, kann ich auch." Hier ein kleines Geheimnis, das Sie vielleicht überrascht: Jeder gute Redner kennt Ihre Ängste und hat sie überwunden. Viele waren so ängstlich, daß sie noch nicht einmal ein stilles Gebet in einer Telefonzelle sprechen konnten. Heute stehen sie auf und sprechen ohne Probleme vor hunderten Menschen. Sie können das auch! Es beginnt damit, daß Sie sich in der Rolle des erfolgreichen Redners vorstellen. Auf der zweiten Stufe kommt das Verbalisieren. Sagen Sie: „Ich lerne, gut zu reden." Damit haben Sie Ihr Ziel in Worte gefaßt und konkretisiert: „Wenn andere gut sprechen, kann ich das auch. Wenn andere die Kluft zwischen Angst und Selbstvertrauen überbrücken, kann ich das auch. Es ist nur eine Frage der Zeit." Als nächstes formulieren Sie eine positive, im Präsens gehaltene und persönliche Affirmation über die Person, die Sie sein wollen, mit allen Talenten und Fähigkeiten, die Sie sich wünschen. Zum Beispiel: „Ich bin ein exzellenter Redner. Ich spreche selbstbewußt und kompetent vor Publikum." Sie kreieren eine Affirmation, wiederholen sie und schicken sie in Ihr Unterbewußtsein. Als nächstes füttern Sie Ihr Gehirn mit neuen Informationen, Sie studieren öffentliche Reden. Sie besorgen sich Bücher, besuchen Kurse, Sie lesen über öffentliches Reden. Sie üben vor Testpublikum und nutzen das Feedback, das Sie bekommen. Sehen Sie sich als guten Redner. Es gibt zwei Arten, neue Verhaltensweisen zu visualisieren. Die erste wird persönliche Visualisierung genannt. Dabei sehen Sie sich durch Ihre eigenen Augen. Sie stellen sich ein Publikum vor, das Ihnen aufmerksam zuhört, lächelt, applaudiert und Ihren Vortrag genießt. Das alles sind Ihre Freunde und sie wollen, daß Sie Ihre Sache gut machen. Ihnen gefällt alles, was Sie sagen. Sie sehen das durch Ihre eigenen Augen, und Sie füttern Ihr Gehirn mit diesen Bildern. Denken Sie daran: Ihr Unterbewußtsein akzeptiert diese

Bilder, als wenn sie bereits real wären. Die zweite Art der Visualisierung ist die unpersönliche. Sie sind in der Beobachterrolle. Es ist, als ob Sie im Hintergrund stünden und sich selbst als guten Redner erlebten. Sie überzeugen sich davon, daß Sie gut reden. Betrachten Sie die Art, wie Sie dort stehen. Beobachten Sie Ihre Bewegungen. Nehmen Sie Ihre Stimme und Ihr Gesicht wahr. Füttern sie diese Bilder ebenfalls Ihrem Unterbewußtsein. Wechseln Sie zwischen persönlicher und unpersönlicher Sichtweise, und geben Sie diese Bilder an Ihr Unterbewußtsein weiter. Dann rufen Sie Ihre Emotionen auf den Plan. Schaffen Sie in sich ein brennendes Verlangen, ein genialer Redner zu sein. „Ich kann es! Ich kann es! Ich mag mich! Ich liebe es, vor Publikum zu sprechen!" Sie peitschen Ihre Motivation mit Emotionen hoch. Wenn Sie Ihre Worte und Bilder mit Emotionen und Enthusiasmus vermischen, wird Ihr Unterbewußtsein um so schneller reagieren. Und schließlich erkennen Sie an, daß Sie eine neue Realität für sich erschaffen haben. Eines Tages finden Sie sich vor einem Publikum wieder – genauso, wie Sie es sich vorgestellt haben!

Wenn Sie lernen wollen, öffentlich zu sprechen, oder sich irgendeine andere positive Qualität aneignen möchten, verhalten Sie sich, als ob Sie bereits die Person wären, die Sie gern sein möchten. Handlungen erzeugen Gefühle, genauso wie Gefühle Handlungen erzeugen. Verhalten Sie sich, als hätten Sie bereits eine Reputation als guter Redner oder eine andere Reputation, die Sie begehren. Stellen Sie sich vor, daß Sie eine Rolle in einem Stück spielen und gehen Sie auf die Bühne als souveräner Redner. Tun Sie als ob, bis Sie es tatsächlich können! Verhalten Sie sich, als ob Sie bereits die Person wären, die Sie sein wollen, bis das neue Gefühl und das neue Verhalten „einrasten" und automatisch werden. Sobald dieser Automatismus einklickt, werden Sie sich als vollständig neuen Menschen wahrnehmen. Und das funktioniert oft schneller, als Sie glauben!

Sehen Sie dazu auch die Übungen auf Seite 210.

9

Die neue mentale Diät und ihre Zutaten

Wenn ich Sie auffordern würde, Ihre Ernährungsweise umzustellen – eine andere Diät zu praktizieren –, dann hätte das natürlich Auswirkungen auf Ihren Körper. Angenommen, Sie würden Makrobiotiker im nächsten Jahr und nur makrobiotischen Reis oder vielleicht nur Obst, etwa Weintrauben, essen? Und wenn ich Ihnen dann erzählte, daß Sie damit jede einzelne Zelle Ihres Körpers und seine gesamte chemische Struktur verändern würden, dann würden Sie sagen: „Na klar, das weiß doch jeder!" Wenn Sie Ihre physische Diät umkrempeln, wird sich allmählich jeder Teil Ihres Körpers verändern. Genauso funktioniert es bei einer mentalen Diät. Wenn Sie Ihre mentale Diät radikal umstellen und das lange genug, dann wird das jeden Aspekt Ihrer Persönlichkeit verändern – Ihre Beziehungen, Ihre Ergebnisse, Ihre Gesundheit und Ihr Glück. Alles, was Ihnen passiert, kann mit einer neuen mentalen Diät beeinflußt werden.

Ihr Ziel ist es, eine außergewöhnliche Persönlichkeit zu werden – ein Rollenmodell im Berufs- und Privatleben. Als „Leader" praktizieren Sie Qualitäten wie visionäre Kraft, Realismus und Verantwortung. Sie haben eine Vision, wohin Sie möchten. Sie haben den Mut, diese Vision zu verfolgen. Sie sind realistisch, ehrlich mit sich selbst und Sie akzeptieren Verantwortung. Mehr noch: Auf dem Weg zur außergewöhnlichen Persönlichkeit sind Sie positiv, kreativ, konstruktiv und hilfsbereit in Ihrer Interaktion mit anderen Menschen. Als ein Ergebnis genießen Sie ein hohes Maß an Selbstbewußtsein, Selbstwertgefühl und persönlichem Stolz.

Eines der Prinzipien der neuen mentalen Diät, die Ihnen hilft, Ihre Persönlichkeit zu verändern, ist das Gesetz der Akkumulation. Es besagt, daß jedes große Ziel, das wir im Leben erreichen, die Summe von hunderten, ja tausenden Versuchen ist. Niemand hat sie je ernsthaft gezählt oder geschätzt. Das Gesetz der Akkumulation, bezogen auf die persönliche Entwicklung, sagt aus, daß Ihre Wandlung zur außergewöhnlichen Persönlichkeit ein langer, langer Prozeß ist. Und für diesen Prozeß gibt es eine eiserne Regel: Alles zählt. Nicht nur das, von dem Sie möchten, daß es zählt. Alles zählt. Nichts ist unbedeutend oder neutral. Einige der klügsten Köpfe der Geschichte sind zu dem Schluß gelangt, das Leben sei sehr fair, denn alles, was man tue, habe einen Effekt. Sie erkannten, daß der Teufel im Detail steckt. Alles hilft oder schadet. Alles addiert sich auf oder wird abgezogen. Alles nähert oder entfernt Sie von Ihrem Ziel. Bei der neuen mentalen Diät füttern Sie Ihren Geist kontinuierlich mit positiven Einflüssen und Botschaften. Sie wissen, daß alles, wovon er beeindruckt ist, auch wieder nach außen gestrahlt werden kann. Was immer Sie in Ihren Geist schleusen, wird sich in Ihrer Realität wieder zeigen. Stellen Sie also sicher, daß Sie, wie bei der Nahrung, Einflüsse zuführen, die positiv auf Ihre Gedanken, Ihre mentale Gesundheit und alles, was um Sie herum passiert, wirken. Ernähren Sie Ihren Geist mit mentalem Protein statt mit mentalen Süßigkeiten. Führen Sie ihm nur Stoffe zu, die nahrhaft und gut für Sie sind, für Ihr momentanes Leben und für Ihre Zukunft. Meiden sollten Sie hohle, negative, zeitverschwendende Informationen, die Ihnen keinerlei Nutzen bringen.

Beginnen Sie mit 30 bis 60 Minuten aufbauender oder erzieherischer Lektüre jeden Morgen. Diesen Rat habe ich vielen Menschen über Jahre hinweg gegeben. Und viele teilten mir mit, diese Gewohnheit habe ihr Leben verändert. Zusammengerechnet ergibt die allmorgendliche Lektüre pro Woche ein Buch. Pro Jahr sind das schon gut 50 Bücher. Und diese 50 Bücher im Jahr bringen Sie in die Spitzenliga unserer Gesellschaft. Wir befinden uns im Informationszeitalter und die Fähigkeit, weiterhin zu lernen, ist ein Schlüssel für den Erfolg. Lesen ist für den Geist, was Sport für den Körper ist. Wenn Sie Ihren Geist aufbauen, ihn stark, flexibel und positiv machen wollen, müssen Sie ihn regelmäßig mit Informationen versorgen. Hören Sie sich im Auto Audiokassetten an, schließlich verbringen Sie unzählige Stunden pro Jahr hinter dem Steuer. Das reicht, um Sie zu einem Experten auf jedem gewählten Gebiet zu machen. Führen Sie sich Audio-Studienprogramme zu Gemüte. Machen Sie Ihr Auto zu einer Universität auf Rädern, zu einem Lernmobil oder besuchen Sie regelmäßig Seminare – der andere Weg, Ihren Geist zu nähren. Nehmen Sie alle Trainings wahr, die Ihnen angeboten werden. Denken Sie daran, Bücher, Bänder und Trainings sind konzentriertes Leben. Sie ersparen Ihnen Wochen, Monate und Jahre, in denen Sie sich das gebotene Wissen mühsam selbst erarbeiten müßten. Verwöhnen Sie Ihr Gehirn mit mentalem Protein! Die Spitzenleister unserer Gesellschaft verbringen jedes Jahr zwei, drei oder vier Wochen mit Trainingsprogrammen. Die am höchsten dotierten Köpfe, die Top-Leute in ihren Bereichen, investieren mindestens soviel Zeit in ihren Geist und ihre Fortbildung wie in ihre Arbeit. Finden Sie heraus, wer die Experten sind, von denen Sie am meisten lernen können. Und dann gehen Sie in ihre Seminare, lesen ihre Bücher, hören ihre Audiokassetten an. Wenn Sie können, stellen Sie ihnen Fragen. Lesen Sie alle Artikel und Interviews, die Sie in die Finger bekommen. So stellen Sie sicher, daß Sie stets mit neuen Informationen versorgt sind. Der wahre Unterschied zwischen erfolgreichen und erfolglosen Menschen liegt darin, daß erfolgreiche Menschen extrem handlungsorientiert sind. Sie hören eine gute Idee und handeln sofort. Erfolglose Menschen sind Zauderer. Sie hören die gleiche gute Idee, schieben aber auf: „Vielleicht mache ich später etwas daraus." Dabei ist die Gefahr groß, daß die Idee vergessen und nie genutzt wird.

Umgeben Sie sich mit den richtigen Menschen – eine wichtige Zutat der neuen mentalen Diät. Suchen Sie Kontakt zu Menschen, von denen Sie etwas lernen können. Dr. David McClellan von der Harvard University hat 25 Jahre über das Thema Erfolg und Perfektion geforscht. Er fand heraus, daß die Menschen, mit denen wir regelmäßig zusammenkommen, im wesentlichen über Erfolg oder Versagen im Leben bestimmen. Er fand weiterhin heraus, daß 90 Prozent von allem, was uns im Leben passiert, durch die Leute bestimmt ist, mit denen wir täglich umgehen. Wir denken, reden, kleiden uns, haben die gleichen Meinungen und Einstellungen wie die Menschen, mit denen wir die meiste

Zeit verbringen. Erfolgreiche Menschen suchen Kontakte, die mit ihrer Arbeit zu tun haben. Sie bilden Netzwerke. Sie lassen sich ein auf Aktivitäten in ihren Verbänden, Vereinen, Clubs etc. Sie übernehmen freiwillig Aufgaben. Sie gehen nicht nur einfach zu Treffen und sitzen passiv herum. Sie melden sich freiwillig, mischen aktiv mit. Gemäß dem Gesetz der Attraktionen wird sich Ihr Leben ändern, sobald Sie sich mit Leuten verbinden, die auf Erfolgskurs sind. Bilden Sie Master-Mind-Gruppen mit Menschen, die Ziele haben. Menschen aus Ihrem Bereich oder aus fremden Bereichen. In jahrelanger Forschung haben wir festgestellt, daß Ihr Leben dann eine Wendung nimmt, wenn Sie sich mit zwei oder mehreren Gleichgesinnten zusammenschließen, sich regelmäßig mit ihnen treffen und reden. Das Master-Mind-Prinzip ist ein Erfolgsprinzip. Werden Sie selektiv in Ihren Beziehungen, denn diese nehmen erheblichen Einfluß auf Ihre Persönlichkeit. Die Menschen, mit denen Sie reden, arbeiten und leben, bestimmen, ob Sie glücklich oder traurig sind, positiv oder negativ, kreativ oder destruktiv, ob Sie den Weg zu Ihren Zielen fortsetzen oder auf der Hälfte stecken bleiben. Sie bestimmen nahezu alles, was in Ihrem Leben passiert. Selektive Beziehungen sind ein Eckpfeiler Ihrer neuen mentalen Diät.

Eine der Hauptregeln des Erfolgs lautet, daß es uninteressant ist, woher Sie kommen – wichtig ist nur, wohin Sie gehen. Löschen Sie alle negativen Aussagen über sich selbst. Sagen Sie nichts, von dem Sie nicht wollen, daß es wahr wird. Bei Fehlern sagen Sie beispielsweise: „In der Vergangenheit war ich immer zu spät bei Terminen, aber jetzt bin ich sehr pünktlich.“ Oder: „Früher konnte ich morgens schlecht aufstehen. Aber heute stehe ich auf und bin putzmunter.“ „In der Vergangenheit habe ich nicht viel Zeit mit meiner Selbstentwicklung verbracht, aber heute ist Sie ein fester Bestandteil in meinem Leben.“ Sehen Sie sich so, wie Sie in Zukunft sein wollen, nicht so, wie Sie in der Vergangenheit waren. Sie wissen ja: Die Bilder, die Sie Ihrem Geist vermitteln, werden von Ihrem Unterbewußtsein akzeptiert. Diese Bilder werden zu Ihrer Persönlichkeit, Ihrem Image, der Art, wie Sie reden, gehen, sich verhalten. Erwarten Sie vertrauensvoll, daß Ihre Interpretation Ihre Gefühle determiniert. Die

Art, wie Sie die Dinge auslegen, bestimmt Ihre Gefühle. Mit anderen Worten: Wenn Sie eine Erfahrung als positiv bewerten, werden Sie positive Gefühle haben. Im umgekehrten Fall sind Ihre Gefühle negativ. Ihre Emotionen werden durch die Art, wie Sie mit sich selbst sprechen, manipuliert. Und diesen inneren Dialog können Sie kontrollieren.

Zu Ihrer neuen mentalen Diät gehört auch, daß Sie „revers paranoid" werden. Wie Sie wissen, nennt man Menschen paranoid, die überzeugt sind, daß eine Konspiration gegen sie im Gange ist. Machen Sie es umgekehrt! Seien Sie überzeugt, daß die ganze Welt konspiriert, um Ihnen zum Erfolg zu verhelfen. Sehen Sie in allem und jedem nur das Gute. Jemand hat einmal gesagt, wenn Gott ein Geschenk schicken möchte, dann wickelt er es in ein Problem ein. Je größer das Problem ist, mit dem Sie zu kämpfen haben, um so größer wird das Geschenk sein, das es verbirgt. Erfolgreiche Menschen haben dieses Geheimnis verstanden. Bei jedem Rückschlag oder Nachteil halten sie nach einem ebenso großen oder größeren Nutzen Ausschau. Wenn auch Sie diese Haltung entwickeln können, eher nach Lösungen zu suchen, als sich von Problemen aus der Bahn werfen zu lassen, eher auf das zu achten, was positiv ist, als das, was negativ ist, überzubewerten, dann werden Sie immer etwas Gutes finden. Suchen Sie die Lektion in jeder Erfahrung: „Was kann ich daraus lernen, damit ich beim nächsten Mal besser bin?" Das Wichtigste im Leben ist, aus Erfahrungen zu lernen. Sehen Sie, jeder von uns macht Fehler. Der einzige Unterschied ist, „daß manche aus ihren Fehlern lernen und sie nicht wiederholen, während andere nichts lernen, die gleichen Fehler wieder und immer wieder begehen.

Über Sie jeden Morgen das schriftliche Affirmieren – eine effektive Technik in Ihrer neuen mentalen Diät. Sie sollten sich jeden Morgen mit einem Notizblock bewaffnet hinsetzen und Ihre Ziele aufschreiben. Das dauert nur fünf bis zehn Minuten, programmiert aber Ihren Geist für den ganzen Tag. Diese Technik aktiviert Ihr Unterbewußtsein. Sie aktiviert das Gesetz der Attraktion. Sie macht Sie zu einer positiven und zentrierten Persönlichkeit. Notieren Sie Ihre Ziele im Präsens, in einem persönlichen und positiven Ton, so als wären sie schon Realität. Ich wiege x Kilo. Ich verdiene x Mark. Ich habe x Qualitäten. So bald Sie Ihre Ziele schriftlich fixiert haben, visualisieren Sie sie. Stellen Sie sich vor, Sie wären bereits erreicht. Je mehr Enthusiasmus Sie entwickeln, um so wahrscheinlicher ist es, daß Sie während des Tages Chancen in Ihr Leben ziehen, die diese Ziele Realität werden lassen.

Ein weiteres wichtiges Werkzeug der neuen mentalen Diät ist: das mentale Proben, das seit Jahrzehnten vor allem von Sportlern eingesetzt wird. Hierbei wird ein bevorstehendes Ereignis – Wettkämpfe, Prüfungen, Jobinterviews, Präsentationen – im voraus mental „geprobt", bis es perfekt läuft. Dann wird das ideale Ergebnis verbal bestätigt. Sie sagen: „Dieses Treffen wird in jeder Hinsicht perfekt laufen." Sie visualisieren sich selbst als ruhig und entspannt. Sie haben alles unter Kontrolle. Andere Menschen reagieren positiv auf Sie. Als Verkäufer stellen Sie sich vor, wie Ihr Kunde den Vertrag unterschreibt. Im Bewerbungsgespräch fühlen Sie, daß Sie gut ankommen. Sie nehmen das Gefühl des Erfolgs vorweg – ein Gefühl des Glücks, Vergnügens und der Befriedigung.

Das letzte Rezept der mentalen Diät ist, einfach zu entspannen und loszulassen. Und dann zu handeln in dem absoluten Vertrauen, daß sich die Situation genau so entwickeln wird, wie Sie sie im Geist geplant haben.

Tausende von Menschen haben dies als eine überaus effektive Technik erlebt, die bei Wettkämpfen, Vorträgen, Verkaufspräsentationen und Verhandlungen gleichermaßen funktioniert. Wenn Sie an eine Herausforderung denken, die Sie nervös macht, visualisieren Sie ihren perfekten Ausgang.

Und noch etwas: Sie sollten versuchen, andere auf den Geschmack der neuen Diät zu bringen. Denn Sie werden, was Sie lehren. Seien Sie ein Vorbild für Ihre Familie, Freunde, Ihre Kollegen und Mitarbeiter. Führungspersönlichkeiten gehen stets mit gutem Beispiel voraus. Auf sie blickt jeder, weil sie so sind, wie andere sein wollen. Je mehr Sie lehren, um so schneller werden Sie selber lernen. Starten Sie jeden Tag mit Ihrer neuen mentalen Diät. Frühmorgens ist Ihr Geist offener und empfänglicher als zu jeder anderen Tageszeit. Bevor Sie abends einschlafen, schicken Sie Befehle in Ihr Unterbewußtsein, sagen etwa so: „Ich wache morgen auf und fühle mich prächtig. Morgen funktioniert alles perfekt, in jeder Hinsicht." Wenn Sie am nächsten Morgen wach werden, werden Sie sich prächtig fühlen und sagen: „Ich fühle mich prächtig. Ich fühle mich prächtig." Wiederholen Sie den Satz, bis Sie das Gefühl deutlich spüren. Nutzen Sie die goldene Stunde, die erste Stunde des Tages, um Ihren Geist mit positiven, inspirierenden und motivierenden Gedanken zu füllen. Schreiben Sie regelmäßig Ihre Hauptziele auf. Bewegen Sie sich vom Unglauben zum Glauben.

Sobald Sie mental glauben, die Person – mit den Qualitäten – zu sein, die Sie sein wollen, wird Ihr Glaube Realität werden. Erinnern Sie sich: Ihr Glaube muß vorausgehen. Erst dann kann sich die entsprechende Realität einstellen. Sie müssen Ihren Geist ändern, bevor Sie die Welt um sich herum ändern können. Mit den Programmierungstechniken der neuen mentalen Diät ist Ihr Potential unbegrenzt. Sie können alles tun, was Sie wollen. Sie können jedes Ziel, das Sie sich setzen, erreichen, solange es klar genug formuliert ist und Sie kontinuierlich daran arbeiten.

Sehen Sie dazu auch die Übungen auf Seite 210.

10

Ziele stecken – die sieben wichtigsten Regeln

Die Fähigkeit, Ziele zu setzen und schriftliche Pläne ihrer Verwirklichung zu erstellen, ist eine elementare Voraussetzung des Erfolgs – die wichtigste Sache, die Sie jemals lernen. Ich habe diese Fähigkeit den Absolventen renommiertester Universitäten beigebracht. Und wissen Sie was? Die meisten hielten sie für wichtiger als jahrelanges berufliches Training. Wenn Sie natürlich diese Fähigkeit plus jahrelange berufliche Erfahrung vorweisen können, dann gibt es keine Grenzen mehr für das, was Sie zu tun in der Lage sind. Erfolg haben heißt: Ziele haben – alles andere ist nur Verzierung. Mit Zielen können Sie Außergewöhnliches erreichen, ohne sie fast nichts. Zielorientierung ist eine Qualität aller Spitzenleister, egal auf welchem Gebiet. Die gute Nachricht: Sie sind bereits eine zielorientierte, sinnerfüllte Persönlichkeit. Denn Sie sind nur glücklich, wenn Sie einen eindeutigen Sinn im eigenen Tun finden. Wenn es Ihr Ziel ist, abends nach Hause zu kommen und fernzusehen, Zeitung zu lesen, dann sind Sie am Ziel angelangt. Wenn Sie jedoch große, aufregende Ziele verfolgen, werden Sie auch diese erreichen. Alles, was Sie tun, ist grundsätzlich zielorientiert. Sie bewegen sich immer auf ein Ziel zu. Ein Erfolgsprinzip besagt, daß Glück die progressive Realisation eines erstrebenswerten Ziel oder Ideals ist. Sie sind nur dann glücklich, wenn Sie sich vorwärts bewegen, um etwas zu erreichen, das für Sie wichtig ist. Ziele entfesseln Ihre mentalen Kräfte und aktivieren sämtliche Gesetze der Attraktion, Erwartung, Reversibilität, Gewohnheiten, Emotionen. Sie geben ein Gefühl von Kraft und Sinn im Leben. Sie bewirken, daß Sie sich stärker fühlen und Ihr Schicksal in die Hand nehmen. Ziele setzen einen permanenten Energiefluß im Körper frei. Sie wissen noch nicht einmal, woher diese Energie kommt. Wenn Sie klare Ziele haben, werden Sie schier sprudeln vor lauter Ideen, die in Ihrem Kopf kreisen und zur schnelleren Verwirklichung Ihrer Pläne beitragen. Sie werden kreativer sein als jemals zuvor. Ziele bauen Schwung auf, bedeuten aber auch zähe Beharrlichkeit. Sie werden ein stärkerer Charakter, wenn Sie klare Ziele haben und genau wissen, wie Sie sie realisieren. Jeder Mensch besitzt beides, einen Versagens- und einen Erfolgsmechanismus, die beide in der Kindheit wurzeln. Ihr Versagensmechanismus ist Ihre Bequemlichkeitszone – die natürliche Tendenz, den Weg des geringsten Widerstandes zu gehen, das Einfache dem Schwierigen vorzuziehen. Es handelt sich um einen Automatismus, weshalb die meisten Menschen versagen, ohne zu wissen warum. Auch der Erfolgsmechanismus funktioniert automatisch, aber er wird durch ein Ziel ausgelöst. Ihr Erfolgsmechanismus schaltet sich ein, sobald Sie für sich selbst ein klares Ziel gesteckt haben, und er schließt die Möglichkeit des Versagens aus. Deshalb gibt es viele Leute, die ihr Leben lang gut zurechtkommen, unauffällig, ohne große Glanztaten, und mit einem Mal haben Sie eine Vision vor Augen. Das ist der Moment, wo ihr Leben in eine neue Dimension abhebt. Ziele sind essentiell für ein glückliches Leben – die Grundlage für ein hohes Maß an Selbstbewußtsein, Selbstwertgefühl und persönlichem Stolz. Je mehr Sie sich Ihren Zielen nähern, desto mehr werden Sie sich selbst mögen. Wenn Sie Ihre Ziele erreichen, wächst Ihr Selbstwertgefühl und damit der Respekt, den andere Ihnen entgegenbringen.

1953 wurden die Abgänger der berühmten Yale Universität befragt, wieviele klare, niedergeschriebenen Ziele oder Pläne sie für die Zukunft hätten. Nur 3 Prozent verfügten über schriftlich fixierte Ziele. 13 Prozent hatten ihre Ziele nicht schriftlich fixiert. 84 Prozent hatten überhaupt keine Ziele. 20 Jahre später wurden dieselben Personen nach ihrer Lebenssituation befragt. Die drei Prozent, die zum Zeitpunkt ihres Examens schriftliche Ziele hatten, waren finanziell wesentlich besser gestellt, als die restlichen 97 Prozent. 1979 stellte man den Abgängern der Harvard Business School die gleiche Frage. 3 Prozent der Befragten hatten ihre Ziele schriftlich fixiert, 13 Prozent hatten nicht fixierte Ziele und 84 Prozent hatten gar keine Ziele. Und auch die erneute Befragung zehn Jahre später ergab verblüffenderweise identische Prozentzahlen wie beim Yale-Experiment. Die drei Prozent mit schriftlichen Zielen waren zehnmal wohlhabender und finanziell erfolgreicher als die übrigen 97 Prozent, die sich keine Ziele gesteckt oder sie nicht schriftlich fixiert hatten. Jeder Mensch bewegt sich automatisch auf die Erreichung seiner Ziele hin. Wir wissen, daß es in unseren Köpfen eine Art Leitrakete gibt – eine kybernetische Zielsuchfunktion. Wir bewegen uns auf unser Ziel zu, bekommen zwischendurch Feedbacks und ändern unseren Kurs entsprechend. Es gibt zwei Kreaturen auf der Welt, die mit dieser kybernetischen Zielsuchfunktion ausgestattet sind: Menschen und Brieftauben. Man kann eine Brieftaube in einen verhüllten Käfig setzen und tausend Kilometer vom heimatlichen Schlag entfernt freilassen. Die Taube wird in die Luft steigen, einige Male kreisen und schnurstracks nach Hause fliegen. Sie verfügen über denselben kybernetischen Mechanismus. Wenn Sie es nur klar genug formulieren, werden Sie sich schnurgerade auf Ihr Ziel zubewegen, und Ihr Ziel wird sich auf Sie zubewegen. Ziele zu erreichen ist nicht das Problem – das funktioniert mehr oder weniger automatisch. Ich habe Menschen viele Jahre lang beobachtet, um herauszufinden, warum sie sich keine Ziele setzen – selbst dann nicht, wenn man ihnen sagt, wie wichtig diese sind. Wie gesagt: Nur drei Prozent besitzen schriftlich festgehaltene Ziele. Warum so wenige? Ich unterscheide vier Hauptgründe.

Der erste Hauptgrund ist die simple Tatsache, daß sie die *Wichtigkeit von Zielen* nicht erkennen. Wenn Sie in einer Familie aufgewachsen sind oder in einem Umfeld verkehren, wo Ziele keine Rolle spielten bzw. spielen, haben Ziele, soweit es Sie betrifft, nichts mit Ihrem Leben zu tun. Sie haben nie gesehen, wie man sich Ziele steckt und waren nie Zeuge, daß diese etwas taugen. Zweitens wissen die meisten nicht, wie der *Prozeß funktioniert*. Sie können 10 oder 15 Jahre auf den besten Schulen verbracht, die besten Noten bekommen und niemals auch nur eine Unterrichtsstunde erlebt haben, die erklärt hätte, wie Ziele gesetzt werden. Ich persönlich denke, daß man diese Fähigkeit in jeder Schule und Universität lehren sollte, weil Ziele alles in Bewegung bringen. Aber das wissen die meisten Leute nicht, und weil sie es nicht wissen, bleibt alles beim alten. Der dritte Grund ist die *Furcht vor Zurückweisung* und Lächerlichkeit. Kinder plappern ihre Ziele unerschrocken heraus: „Ich will dies tun" oder „ich will das werden". Prompt kritisiert man sie, nimmt sie nicht ernst – „wie albern!" – oder lacht sie aus. Wenn sie ihre Ziele nicht erreichen, lacht man sie wieder aus, und sehr bald erkennen sie, daß Ziele keine gute Sache sind. Merken Sie sich: Wenn Sie als Erwachsener anfangen, Ziele zu setzen, erzählen Sie keinem davon! Alle erfolgreichen Menschen haben gelernt, ihre Ziele zunächst vertraulich zu behandeln. Sie sollten nur den Auserwählten von Ihren Zielen erzählen, die Ihnen helfen, sie zu erreichen: Ihrem Ehepartner, Vorgesetzten, Ihrem Master-Mind-Netzwerk oder Freunden, die Sie unterstützen wollen. Sonst erzählen Sie niemandem davon. Anderen Menschen berichten Sie erst von Ihren Zielen, wenn diese Realität geworden sind. Der vierte und schlimmste Grund ist die Angst vor dem Versagen – die Hauptursache für Mißerfolge im Erwachsenenalter. Dabei geht es nicht um das Versagen an sich: Jeder von uns versagt täglich in irgendeiner Form. Viele Menschen haben so oft versagt, daß sie es gar nicht mehr zählen können. Versagen bringt Sie nicht um – es macht Sie sogar stärker. Aber die *Angst vor dem Versagen* wirkt lähmend und hält Sie ab, sich überhaupt Ziele zu setzen. Was denken Sie, wie oft versucht jemand, ein gestecktes Ziel zu erreichen, bevor er aufgibt? Die Antwort: Im Durchschnitt weniger als einmal, weil die meisten schon vor dem ersten Versuch aufgeben. Der Grund, warum Menschen Angst vor dem Versagen haben, liegt darin, daß Sie eine Tatsache nicht erkennen: Versagen ist unabdingbar für den Erfolg. Sie können keinen Erfolg haben, ohne hin und wieder zu scheitern. Der Umstand, daß Sie scheitern und lernen, garantiert, daß Sie dem Erfolg immer näherkommen. Aber Sie dürfen nicht im Versagen „schwelgen", nicht ständig daran denken. Henry Ford ging dreimal Pleite, bevor er das Automobil erfand, und wurde dann einer der reichsten Männer der Welt. Seine Devise: „Versagen ist eine Gelegenheit, noch einmal intelligenter anzufangen!" Versagen ist einfach eine Lernerfahrung, die Sie befähigt, noch einmal –

klüger – von vorne zu beginnen. Thomas J. Watson Senior, der aus dem National Cash Register herausgeworfen worden war, gründete IBM und wurde ebenfalls einer der reichsten Männer der Welt. Einmal fragte ihn ein junger Mann: „Wie kann ich schneller erfolgreicher werden?" Watson antwortete: „Wenn Sie schneller erfolgreicher werden wollen, verdoppeln Sie Ihre Versagensquote!" Was er sagen wollte: Je schneller Sie versagen, um so schneller lernen Sie die Lektion, die garantiert, daß Sie letztendlich Erfolg haben werden. Thomas Edison, der vielleicht größte Erfinder der Neuzeit, hatte beschlossen, die elektrische Glühbirne zu erfinden. Er führte Tausende von Experimenten durch, bevor er beim elftausendsten Experiment die richtige Lösung fand. Nach fünftausend Fehlversuchen wurde er von einem Journalisten interviewt: „Mister Edison, warum machen Sie weiter nach fünftausend Mißerfolgen?" Daraufhin erwiderte Edison: „Junger Mann, Sie verstehen nicht. Ich habe nicht im geringsten versagt. Ich habe lediglich 5000 Wege gefunden, wie es nicht funktioniert. Dies wiederum bringt mich 5000-fach näher dahin, wie es funktioniert." Das war Edisons Philosophie. Mit dem Ziel vor Augen mußte er einen Prozeß des Eliminierens durchlaufen – alle Wege finden, wie es nicht funktionierte, bis er auf den einen stieß, der funktionierte. Am Ende gelang ihm der große Coup – die elektrische Glühbirne. Erinnern Sie sich, daß auch Sie viele Mißerfolge in Ihrem Leben erlebt haben. Aber jeder einzelne Mißerfolg war eine Lernerfahrung, die Sie Ihrem jeweiligen Ziel ein gutes Stück nähergebracht hat.

Es gibt sieben Regeln, die Sie beachten sollten, wenn Sie sich Ziele setzen. Die erste hat mit dem Phänomen der Veränderung zu tun. Veränderungen sind unvermeidlich in unserem Leben und oftmals angsteinflößend. Menschen haben Angst vor Veränderungen, aus Furcht, die Situation könnte nachher schlimmer sein als vorher. Keiner fürchtete sich vor Veränderungen, die zu einer Verbesserung der Lage führt. Mit Zielen können Sie Ihre Veränderungen im Leben so lenken, daß sie in die positive Richtung gehen, die Ihnen vorschwebt. Ziele geben Kontrolle und Kraft. Die zweite Regel bezieht sich auf Ihr spezielles Begabungsgebiet. Sie tragen natürliche Talente und Begabungen in sich, die Sie entwickeln müssen und zur Blüte bringen. Fragen Sie sich, welche Talente für Ihre bisherigen Erfolge im Leben verantwortlich waren? Welche Dinge wecken Ihre Aufmerksamkeit und Ihr Interesse, nehmen Sie völlig gefangen? Fragen Sie Ihre Mutter: „Was habe ich als Kind gern gemacht? Gib es etwas, bei dem ich mein Zeitgefühl vollkommen verloren habe?" Das könnte Ihr spezielles Begabungsgebiet sein. Das dritte Prinzip schickt Sie auf Diamantsuche. Es besagt, daß die großen Chancen möglicherweise, ohne daß Sie es wissen, unter Ihren Füßen liegen. Ausgangspunkt ist die Geschichte eines alten afrikanischen Bauern, der fortzog, um Diamanten zu suchen. Er fand sie nie und ist schließlich arm und einsam gestorben. Der neue Bauer, der sein Land und Anwesen erwarb, entdeckte, daß der Boden hier voller Diamanten steckte. Wo versteckt sich Ihr Diamantschatz? Bedenken Sie: Ihre großen Chancen können in Ihrem momentanen Beruf, in der Branche, in der Sie tätig sind, in Ihrer jetzigen Position liegen. Sie müssen also unter Umständen gar nicht weit suchen. Hier die vierte Regel: Ziele müssen harmonisch miteinander vereinbar sein, dürfen sich nicht gegenseitig ausschließen. Sie können nicht jeden Nachmittag Golf spielen wollen und gleichzeitig eine Karriere anstreben. Ihre Ziele sollten Sie herausfordern, aber auch realistisch und glaubwürdig sein. Die besten Ziele, die man sich anfangs setzen kann, sind die mit 50/50 Erfolgschancen. Angenommen, Sie wollen zehn Kilogramm abnehmen: Setzen Sie sich ein Kilogramm als Ziel. Das ist etwas, das Sie gut erreichen können. Sobald Sie ein Kilogramm abgenommen haben, nehmen Sie noch ein Kilogramm mehr ab und so weiter. Wenn Sie sich Ziele setzen, bei denen die Erfolgschancen 50/50 stehen, wächst das Vertrauen in Ihre Fähigkeiten. Mit mehr Vertrauen können Sie sich immer größere, schwierigere Ziele setzen, und Sie werden immer daran glauben, auch diese erreichen zu können. Regel fünf hängt mit dem Zeitraum zusammen. Sie brauchen kurzfristige Ziele – 30, 60 oder 90 Tage. Und Sie brauchen langfristige Ziele – 18 Monate, zwei, drei Jahre, auch fünf bis zehn Jahre, wenn Sie so weit im voraus denken können. Die sechste Regel fordert, daß Sie unterschiedliche Ziele haben, die sich in einem ausgewogenen

Gleichgewicht befinden sollten. Man unterscheidet drei Haupttypen von Zielen: Da sind zuallererst Ihre familiären und persönlichen Ziele – das „Warum" Ihres Lebens. Ihre familiären und persönlichen Ziele sind der primäre Grund, weshalb Sie morgens aufstehen. Bleiben Sie sich stets bewußt, „warum" Sie etwas tun und „was" Sie tun. Als nächstes kommen dann Ihre Karriere, Ihre materiellen und finanziellen Ziele. Das sind die „Was"-Ziele, die Sie benötigen, um Dinge zu erreichen, die Sie das „Warum" Ihrer familiären und persönlichen Ziele genießen lassen. Was wollen Sie in Ihrer Karriere erreichen? Was wollen Sie finanziell erreichen? Was wollen Sie umsetzen? Der dritte Typ sind persönliche und berufliche Ziele des Wachstums und der Weiterentwicklung – das „Wie". Sie hängen damit zusammen, wie Sie Fähigkeiten und Fertigkeiten entwickeln, um das „Was" erreichen und das „Warum" genießen zu können. Zwischen allen drei Zieltypen sollte eine Balance bestehen. Schließlich besagt die siebte Regel, daß Sie einen Primärzweck im Leben haben müssen, ein übergeordnetes, allerwichtigstes Ziel. Diesen Primärzweck müssen Sie erst finden, und sobald Sie ihn gefunden haben, können Sie alle anderen Ziele um ihn herum organisieren. Ihr Primärzweck ist das organisierende Prinzip in Ihrem Leben. Wenn Sie ihn realisieren, werden Sie auch die meisten Ihrer anderen Ziele erreichen.

Was ist also Ihr Primärzweck im Leben? Lassen Sie uns sehen, ob wir ihm gemeinsam auf die Spur kommen können. Hier einige Fragen und eine Übung, die Sie regelmäßig durchführen sollten. Ich habe diese Frage mittlerweile Hunderttausenden von Menschen gestellt, und in vielen Fällen veränderten sie ihr Leben. Fangen Sie mit dieser Frage an: Welches sind die fünf grundlegendsten Werte und Tugenden in Ihrem Leben? Wofür stehen Sie? Woran glauben Sie am meisten? Ehrlichkeit? Liebe? Mitgefühl? Großzügigkeit? Mut? Beharrlichkeit? Integrität? Ihre grundlegenden Werte und Tugenden bilden den Kern Ihrer Persönlichkeit – das Fundament, auf dem Sie ein herausragendes Leben aufbauen können. Spitzenleister sind sich über ihre Werte absolut im klaren. Für die zweite Frage haben Sie eine halbe Minute Zeit. Listen Sie Ihre drei wichtigsten Ziele auf.

Wenn Sie nur 30 Sekunden Zeit haben, filtert Ihr Unterbewußtsein alles Unwichtige aus, und nur Ihre drei wichtigsten Ziele treten an die Oberfläche. Sie können diese Frage auch Ihrem Ehepartner, Ihren Kollegen, Kindern oder anderen Menschen stellen. Geben Sie Ihnen ein Blatt Papier in die Hand, 30 Sekunden Zeit für die Antwort. Eine weitere aufschlußreiche Frage: Was würden Sie tun, wenn man Ihnen heute sagte, daß Sie nur noch sechs Monate zu leben hätten? Sechs perfekt gesunde Monate, bevor Sie tot umfallen? Wie würden Sie diese letzten sechs Monate Ihres Lebens verbringen wollen? Wie auch immer die Antwort ausfällt – an ihr erkennen Sie, was in Ihrem Leben wirklich wichtig für Sie ist. Die nächste Frage, die Sie stellen können, lautet: Was würden Sie verändern, wenn Sie morgen eine Million im Lotto gewinnen würden? Sie hätten eine Million Mark auf dem Konto und könnten alles tun, wonach Ihr Herz gelüstet. Mit anderen Worten: Wenn Sie alle Zeit und alles Geld der Welt hätten, Ihr Leben perfekt nach Ihren Wünschen zu gestalten, was würden Sie anders machen? Die fünfte Frage: Was wollten Sie im Leben schon immer einmal tun, hatten aber immer zuviel Angst davor oder wurden sonstwie gebremst? Wollten Sie sich um eine höhere Position bewerben? Einen Titel ergattern? Vorträge halten? Ein Geschäft eröffnen? Was wollten Sie schon immer tun, waren aber bisher zu ängstlich? Egal, was es ist – es könnte Ihr Diamantschatz sein, Ihr spezielles Begabungsgebiet. Auch die nächste Frage ist interessant: Welche Aktivitäten in Ihrem Leben gaben Ihnen das größte Gefühl von Bedeutung? Was gewährt Ihnen den höchsten Grad an Selbstbewußtsein, Selbstwertgefühl und persönlichem Stolz? Es könnte sich um einen Hinweis handeln, wozu Sie in Ihrem Leben bestimmt sind. Die siebte Frage ist meine Lieblingsfrage. Stellen Sie sich vor, es gäbe eine Zauberpille. Wenn Sie diese Pille nehmen, ist Ihnen jeder Erfolg auf der Welt garantiert. Hier meine Frage: Was würden Sie zu träumen wagen, wenn Sie wüßten, Sie können nicht versagen? Welches große Ziel würden Sie sich setzen – kurz- oder langfristig, groß oder klein – wenn Ihr Erfolg garantiert wäre? Wenn Sie dieses Ziel identifizieren und aufschreiben können, werden Sie es unter Umständen erreichen.

Sofern Sie es intensiv genug wollen und bereit sind, beharrlich daran zu arbeiten.

Sie sind nun bereit, Ihren Primärzweck zu bestimmen – keine leichte, aber eine überaus wichtige Aufgabe. Theodore Roosevelt sagte einmal: „Tu, was Du kannst, mit dem, was Du hast, genau dort, wo Du bist.“ Mit anderen Worten: Beginnen Sie an Ihrem momentanen Standort, und bestimmen Sie Ihren Primärzweck zunächst für die nächste Woche, den nächsten Monat. Sie können auch einen kurz-, mittel- oder langfristigen Primärzweck unterscheiden. In jedem Fall müssen Sie sich konzentrieren und Ihre Richtung festlegen. Sobald Sie Ihren Hauptzweck, Ihre Mission, gefunden haben, schreiben Sie es nieder. Es ist eine eindeutige Definition Ihrer idealen Zukunft. Wie wollen Sie, daß Ihr Leben irgendwann später, in zwei oder drei Jahren, aussieht? Wenn Ihr Leben in jeder Hinsicht perfekt wäre, wenn Sie in jeder Hinsicht perfekt wären, wie würde es dann aussehen? Erstellen Sie eine Beschreibung im Präsens, als Bestätigung der Person, die Sie gern sein möchten, und der Art des Lebens, das Sie gern führen würden. Schreiben Sie auf, wie Sie wollen, daß man über Sie denkt. Sie können zum Beispiel schreiben: „Ich bin ein warmherziger, freundlicher, liebender, geduldiger, fleißiger Mensch. Meine beruflichen Leistungen sind exzellent. Ich werde von jedem respektiert, der mich kennt. Ich bin eine Inspiration für alle meine Freunde und werde von meiner Familie geliebt.“ Dieser Beschreibung Ihrer Mission sollten Sie noch eine Aussage über Methode und Resultat hinzufügen. Wenn Sie sagen, daß Sie ein prima Verkäufer sind, geben Sie als Methode an: „Weil ich lerne und jeden Tag an meinen Fähigkeiten arbeite. Jeden Tag, jede Woche, jeden Monat.“ Das Resultat wäre: „Als Folge davon gehöre ich zu den besten zehn Prozent auf meinem Gebiet!“ Ihre Mission zu kennen und klar auszudrücken, wird Sie befähigen, mehr zu erreichen, als Sie sich je erträumt haben. Exakt herauszufinden, was Sie im Leben wirklich wollen und dann jeden Tag etwas zu unternehmen, das Sie der Realisierung Ihres Primärzwecks näherbringt – das ist der Schlüssel zum Erfolg.

Sehen Sie dazu die Übungen auf Seite 210f.

11

Ziele erreichen – die sieben Stufen

Sie haben soeben gelernt, wie man sich erfolgreiche Ziele steckt. Erreichen können Sie diese Ziele aber nur unter der Prämisse, daß Sie einen durchdachten Plan haben. Nur wenn Sie einen wirklich guten Plan haben, können Sie außergewöhnliche Dinge erreichen. Und jeder Plan ist besser als keiner. Der Sinnspruch „Das Versagen zu planen, heißt: planen zu versagen" drückt aus, daß der Versuch, ein Ziel ohne Plan zu realisieren, einem geplanten Scheitern gleichkommt, zumindest aber der Gewißheit, nur einen Bruchteil des Möglichen zu erreichen. Tatsache ist: Jede Minute, die Sie in Planungsarbeiten investieren, spart 10 bis 20 Minuten in der Ausführung – keine schlechte Rendite!

Am Anfang Ihrer Ziele steht ein intensives, brennendes Begehren. Je mehr Sie sie erreichen wollen, um so eher werden Sie sie auch erreichen. Ihre Ziele müssen Ihr persönliches Anliegen sein. Sie müssen außerdem fest daran glauben, daß Ihre Ziele für Sie realistisch machbar sind. Sie müssen vollkommen überzeugt sein, jedes Ziel zu erreichen, wenn Sie nur am Ball bleiben. Sie benötigen ein Ziel, das innerhalb Ihrer Kapazitäten liegt, das Sie visualisieren und an das Sie glauben können. Später können Sie sich allmählich anspruchsvollere Ziele setzen.

Die Zielsetzungs-/Zielerreichungsformel ist in sieben Stufen gegliedert, die Sie auswendig lernen können, weil Sie sie immer wieder brauchen. Ich verspreche Ihnen, genau wie jemand, der nach dem Adler-Suchsystem fünf bis acht Wörter in der Minute tippt, werden Sie, sofern Sie die Zielsetzungs-/Zielerreichungsformel fleißig üben, schon bald – im übertragenen Sinn – in der Lage sein, 50, 80 oder gar 100 Worte in der Minute zu tippen. Sie werden größere Fortschritte machen, als Sie es sich jemals ausgemalt haben. Hier der Startschuß für Stufe eins, die Ihnen bereits bekannt ist: Entscheiden Sie exakt, was Sie in Ihrem Leben wollen. Die meisten Menschen haben keine Ahnung, was sie wirklich wollen. Was wollen Sie wirklich? Was würden Sie wollen, wenn Sie alle Möglichkeiten hätten? Schreiben Sie es auf. Denken Sie auf dem Papier. Ein Ziel, das nicht notiert wird, ist wie Dunst in der Luft – nicht faßbar. Erst aufgeschrieben entfaltet es Kraft und Dynamik. Wenn Sie Ihre Ziele notieren, formulieren Sie sie klar, spezifisch und detailliert. Ich benutze die Analogie eines zwölfjährigen Kindes. Stellen Sie sich vor, Ihr Ziel so genau zu formulieren, daß Sie diese Beschreibung einem Zwölfjährigen in die Hand drücken und der loslaufen und Ihr Ziel exakt so zurückbringen würde, wie Sie es haben wollten. Je detaillierter und spezifischer Sie Ihr Ziel gestalten, je mehr Sie es sehen und fühlen, desto eher glauben Sie, daß Sie es erreichen und desto motivierter sind Sie. Machen Sie Ihr Ziel meßbar und objektivierbar. Fragen Sie stets: „Wie würde ich erkennen, daß ich mein Ziel erreicht habe?“ Manche Menschen sagen, daß es ihr Ziel ist, glücklich zu sein oder gesund zu sein oder reich. Das sind aber keine Ziele, sondern Wünsche, die jeder hat. Ein Ziel ist etwas klares, spezifisch Fixiertes. Gestalten Sie Ihre Ziele interessant und aufregend. Setzen Sie sie nicht zu niedrig an. Beschreiben Sie sie so, daß sie wirklich spannend klingen und Sie motiviert sind, die notwendigen Schritte zu ihrer Entscheidung unternehmen. Und schließlich, indem Sie entscheiden, was Sie wollen, und es aufschreiben, überlegen Sie, warum Sie es wollen. Warum sollen Sie ausgerechnet dieses Ziel erreichen? Was steckt für Sie darin? Welche Nutzen und Vorteile? Je mehr Gründe Ihnen einfallen, um so besser, denn dann wird Ihr Elan kaum zu bremsen sein. Der Grund, warum Menschen keinen Erfolg haben, ist oft der, daß sie nicht einmal wissen, warum sie ein Ziel erreichen wollen. „Ich möchte viel Geld“. Warum? „Weiß ich nicht“. Entscheiden Sie, was Sie damit tun wollen, und um so mehr Gründe Sie haben, um so motivierter werden Sie sein und um so wahrscheinlicher Ihre Ziele erreichen. Ein ganz wichtiger Punkt sind Deadlines – die zweite Stufe in Ihrem Zielerreichungsprozeß. Wenn Sie ein langfristiges Ziel in drei Jahren erreichen wollen, dann setzen Sie mittel- und kurzfristige Deadlines nach einem Jahr, sechs Monaten, drei Monaten und einem Monat. Stecken Sie eine Reihe von Etappenzielen auf dem Weg zu Ihrem langfristigen Ziel. Ein Ziel ohne Deadline ist ein bloßer Wunsch, eine Fantasie – es hat keine Kraft, und es motiviert Sie nicht. Wenn Sie eine Deadline setzen, programmieren Sie sie in Ihr Unterbewußtsein, und bemerkenswerte Dinge werden geschehen. Indem Sie eine Deadline setzen, beginnen Sie, Ihre momentane Situation zu analysieren. Wo stehen Sie im Augenblick? Wenn Sie zum Beispiel abnehmen wollen, wiegen Sie sich zunächst, um Ihr Ausgangsgewicht festzustellen. Wenn Sie einen bestimmten Grad der finanziellen Unabhängigkeit erreichen wollen, müssen Sie zuerst Ihren momentanen Standort analysieren. Wieviel verdienen Sie, wieviel geben Sie aus, wieviel können Sie sparen etc.? Seien Sie ehrlich und objektiv, spielen Sie keine Spiele mit sich. Sagen sie nicht, daß Sie eine Million Jahresgehalt wollen, wenn Sie arbeitslos und pleite sind. Klare Deadlines, die auf einer sorgfältiger Analyse Ihrer Situation basieren, aktivieren Ihre mentalen Kräfte. Sie konzentrieren Ihre Energien und stimulieren Ihre Kreativität. Die dritte Stufe besteht in der Identifikation der Hindernisse, die Sie von Ihrem Ziel trennen. Wo immer große Erfolge möglich sind, gibt es auch große Hindernisse. Fragen Sie sich, warum Sie noch nicht an Ihrem Ziel sind? Was hält Sie ab, dorthin zu gelangen? Was blockiert Ihren Weg? Was ist der begrenzende Faktor? Der Flaschenhals? Bedenken Sie: 80 Prozent aller Blockaden, die Sie von der Erreichung Ihres Zieles abhalten, liegen in Ihnen selbst. Nur 20 Prozent der Hindernisse kommen von außen. Auf der vierten Stufe folgt die Notwendigkeit, die Kenntnisse und Fertigkeiten zu identifizieren, die Sie zur Zielerreichung brauchen. Die Zukunft gehört denjenigen, die in den verschiedensten Bereichen kompetent sind, Wissen und Know-how besitzen. Das ist der Schlüssel zum Informationszeitalter. Sie erreichen wenig, indem Sie länger oder härter arbeiten, aber viel, wenn Sie Ihre Intelligenz benutzen. Das bedeutet, sich Wissen anzueignen und dieses Wissen in praktische Fertigkeiten umzuwandeln. Es gibt fünf bis sieben Schlüsselkompetenzen in einem Job, einer Position oder auch in der Rolle als Ehegatte oder Elternteil – fünf bis sieben Dinge, in denen Sie absolut gut sein sollten, um einen hohen Grad an Perfektion zu erreichen. Wir wissen auch: Sie können in fünf oder sechs von sieben Gebieten exzellent sein, aber wenn Sie in einem Bereich schlecht sind, wird dieser Bereich Sie zurückhalten. Daher die Frage: Welche eine Fähigkeit, wenn Sie gut darin wären, würde den größten Unterschied für Ihre Zukunft bringen? Wenn Sie die Antwort auf diese Frage nicht wissen, sollten Sie sich mehr mit sich und Ihrer Arbeit beschäftigen, sollten Sie möglicherweise Ihren Chef, Kollegen oder Ihren Ehepartner um ihr Feedback bitten. Welche eine Fähigkeit brauchen Sie? Wie können Sie sie möglichst schnell lernen? Finden Sie einen Fachmann, der Sie Ihnen beibringt. Als nächstes sollten Sie Ihre Kernkompetenzen identifizieren – die Dinge, die Sie wirklich perfekt beherrschen. Kernkompetenzen sind der Grund, daß Sie Ihren heutigen beruflichen Erfolgsstatus erzielen konnten. Sie sind die Achse, um die sich jedes Unternehmen bewegt. Sie sind die Attribute, für die der Markt primär bezahlt. Kernkompetenzen befähigen Sie, besser zu sein als andere. Welche Kernkompetenzen werden Sie in Zukunft benötigen? In einem Jahr? In fünf Jahren? Wie wird Ihre nächste Arbeitsstelle aussehen? Wie wird Ihre nächste Karriere aussehen? Wie wird der Markt in fünf Jahren aussehen? Ein Sprichwort lautet: „Wer nicht für die Zukunft plant, hat keine!“ Auf der fünften Stufe des Zielerreichungsprozesses identifizieren Sie die Menschen, Gruppen und Organisationen, deren Hilfe und Kooperation Sie benötigen. Beim Thema Kooperation gibt es drei Gesetze. Da ist einmal das *Gesetz der Kompensation*. Um andere Menschen zur Mitarbeit zu bewegen, müssen Sie auf die gleiche Wellenlänge schalten. Als Verkäufer sollten Sie immer fragen, was für Ihren Kunden, als Angestellter, was für Ihren Chef drin ist. Was muß ich in die Waagschale werfen, um andere für eine Kooperation zu gewinnen? Das *Gesetz der Dienstleistung* ist ebenfalls relevant: Qualität und Quantität der von Ihnen investierten Dienstleistung bestimmt Ihren Verdienst und Erfolg. Die erfolgreichsten Menschen sind die, die andere besonders effektiv mit dem versorgen, was diese wollen und brauchen. Wenn Sie Ihre Lebensqualität verbessern wollen, dann verbessern Sie die Qualität

Ihrer Dienstleistungen. Das dritte Gesetz, um die Kooperation anderer zu gewinnen, nennen wir das *Gesetz der Überkompensation*. Es postuliert, daß Sie immer mehr tun sollten, als von Ihnen erwartet wird – mehr für Ihren Chef, Ihre Firma, Ihre Kunden, Ihre Familie. Erfolgreiche Menschen halten immer Ausschau nach Situationen, in die sie mehr hineinstecken können, als sie vermutlich herausbekommen werden. Ihr Erfolg im Leben steht in direkter Proportion zu dem, was Sie über das von Ihnen Erwartete hinausgehend tun. Tun Sie mehr, als man von Ihnen erwartet – gehen Sie die berühmte Extrameile mehr. Wenn Sie mehr von sich geben, setzen Sie sämtliche Naturgesetze in Gang: Säen und Ernten, Ursache und Wirkung, Aktion und Reaktion. Die sechste Stufe auf Ihrem Weg zum Ziel sieht detaillierte schriftliche Pläne der zu unternehmenden Schritte vor: Pläne mit den Namen der Menschen, deren Kooperation Sie benötigen; Pläne mit Fertigkeiten, die Sie entwickeln müssen; Hindernisse, die Sie überwinden müssen etc. Ihre Pläne sollten detailliert, durchnummeriert und datiert sein. Sie sollten alle Schritte enthalten, die Sie zur Erreichung Ihrer Ziele benötigen – das können durchaus 20, 30 oder 40 Schritte werden. Sobald Sie die Pläne in Papierform vor sich haben, werden Sie optimistisch denken: „Na klar, ich kann das!" Sie können sie wie Sprossen auf einer Leiter sukzessive in Angriff nehmen, einen Fuß vor den anderen setzen. Wenn Ihre Pläne fertig sind, organisieren Sie sie nach Prioritäten und zeitlichen Gesichtspunkten. Was ist das wichtigste Ziel? Was muß ich zuerst tun? Was als zweites? Legen Sie einen Zeitplan und Deadlines für die Vollendung Ihrer Ziele fest. Manche Leute fragen mich: „Wenn ich mir ein Ziel stecke, einen Zeitplan und eine Deadline festlege, was passiert, wenn ich sie nicht erreiche?" Ganz einfach: Sie setzen sich eine neue Deadline. Ein weiser Mann sagte einst: „Es gibt keine unrealistischen Ziele, nur unrealistische Deadlines." Überlegen Sie sich eine neue Deadline und einen neuen Zeitplan. Ihre schriftlichen Pläne müssen ohnehin in regelmäßigen Abständen überarbeitet werden.

Kommen wir zum Finale, der siebten Stufe Ihres Zielerreichungsprozesses – der Aktion. Tun Sie unmittelbar etwas, um

Ihr Ziel zu erreichen. Alle Spitzenleister sind aktionsorientiert, keine Zauderer. Je beherzter Sie zur Aktion schreiten, um so mehr Energie haben Sie und um so positiver fühlen Sie sich. Sie werden auch mehr Feedback erhalten, und das wiederum schürt Ihre Motivation. Tun Sie jeden Tag etwas, das Sie Ihren Zielen näherbringt. Geben Sie Ihren Plänen und Zielen einen Rückhalt, indem Sie Bestimmtheit und Beharrlichkeit an den Tag legen. Beharrlichkeit ist Selbstdisziplin in Aktion, und Selbstdisziplin ist die eiserne Qualität des Erfolgs. Jedesmal, wenn Sie Beharrlichkeit üben, wächst Ihre Selbstdisziplin und damit wachsen automatisch Ihr Selbstbewußtsein, Selbstwertgefühl und Ihr persönlicher Stolz. Ihre Beharrlichkeit ist das Maß Ihres Glaubens an sich selbst. Sie garantiert, daß Sie sich immer weiter vorwärtsbewegen und irgendwann Ihr Ziel erreichen. Das Gesetz der Trägheit besagt, daß ein Körper in Bewegung dazu neigt, in Bewegung zu bleiben. Wenn Sie einmal in Richtung Ziel gestartet sind, dann ist es für Sie einfacher, in Bewegung zu bleiben, statt anzuhalten und noch einmal zu starten. Setzen Sie Ihre Vorwärtsbewegung ungerührt fort. Werden Sie aktiv, und verweilen Sie in der Aktion. Solange Sie in Bewegung bleiben und beharrlich auf Ihr Ziel zusteuern, werden Sie jedes Ziel erreichen, das Sie für sich anstreben.

Sehen Sie dazu die Übungen auf Seite 211.

12

Die Macht der Konzentration

Ich werde immer wieder gefragt, was die Ursachen für Erfolg und Versagen sind. Nun, Sie lassen sich in zwei Worten zusammenfassen: Fokus und Konzentration. Fokus bedeutet, genau zu wissen, was Sie wollen. Konzentration bedeutet, die Disziplin zu besitzen und vor allem die Willensstärke sich ausschließlich auf eine Sache zu konzentrieren, in eine einzige Richtung zu gehen, bis Sie am Ziel sind. In unserem Informationszeitalter arbeiten Sie mit dem Kopf, nicht mit den Händen. Sie werden gemessen, bewertet und belohnt auf der Basis der Ergebnisse, die Sie erzielen, nicht der Stunden, die Sie aufwenden. Erfolg haben die, die größere und bessere Wertergebnisse als andere erreichen. Wenn Sie nach den Schlüsseln für Erfolg und Versagen suchen, sollten Sie sich eine Grafik vorstellen mit hochproduktiven Aufgaben an einem Ende und niedrigproduktiven am anderen Ende. Erfolgreiche Menschen nehmen mehr hochproduktive, ihre erfolglosen Zeitgenossen mehr geringproduktive Aufgaben in Angriff. Logische Konsequenz: Je mehr Sie auf einen Aufgabentyp verwenden, desto weniger Zeit bleibt für andere Aufgaben übrig. Wenn Sie den Fehler machen, sich zu sehr auf die Aufgaben mit niedrigem Nutzwert zu konzentrieren, stellen Sie bald fest, daß Sie niemals zu den wirklich bedeutenden Aufgaben vordringen. Wie gesagt: Auf der einen Seite stehen die hochproduktiven, auf der anderen die niedrigproduktiven Aufgaben – und Sie haben immer die Wahl. Ihre Fähigkeit, Prioritäten zu setzen, Ihre wichtigsten Aufgaben zu bestimmen und sie auch zu realisieren, ist Ihr Schlüssel zu einer erfolgreichen Zukunft. Sie können jedes Talent der Welt besitzen, geniale Intelligenz und die allerbeste Ausbildung. Wenn Sie nicht bestimmen können, welche Aufgabe wichtig ist, und am Ball bleiben, um sie pünktlich und gut zu erledigen, sind Sie chancenlos.

Wenn Sie diese Fähigkeit jedoch besitzen, dann können Sie jede andere Schwäche überspielen, eine hohe Reputation erlangen, und alle anfallenden Aufgaben zügig erledigen. Ihre Konzentrationsfähigkeit ist der Schlüssel zur Spitzenleistung. Jeder große Erfolg im Leben wird durch lange Perioden der Konzentration vorbereitet – sehr lange Perioden. Egal, ob Sie ein Bürogebäude entwerfen, ein Kind großziehen, eine Firma aufbauen, den Abschluß einer renommierten Universität anstreben – jedes lohnenswerte Projekt erfordert eine lange Zeit der Konzentration.

Der Schlüssel zur Spitzenleistung ist die Verknüpfung einer langfristigen Vision mit einem kurzfristigen Fokus. Sie haben eine Langzeitvision, wohin Sie gehen, was Sie in zwei, drei, fünf Jahren erreichen wollen, aber Ihr Kurzzeitfokus ist darauf gerichtet, was Sie jetzt tun können – genau in dieser Minute. Das unterstützt Ihre Langzeitvision. Überlegene Menschen können zwei oder mehrere Gedanken gleichzeitig im Kopf behalten und simultan verfolgen. Ihre zwei Gedanken sind ein Langzeitfokus auf Ihre generellen Ziele und ein Kurzzeitfokus auf Ihre aktuellen Aufgaben im Hier und Jetzt. Konzentration verlangt Selbstkontrolle, Selbstbeherrschung und mehr als alles andere Selbstdisziplin. Das konzentrierte Arbeiten an hochwertigen Aufgaben vermittelt ein Gefühl von Kontrolle. Sie fühlen sich kraftvoll, Sie haben Ihre Welt im Griff. Sie fühlen, daß Sie alles schaffen können, wenn Sie sich zur Konzentration und Beharrlichkeit zwingen. Konzentrierte Anstrengung ist eine elementare Quelle des Selbstbewußtseins, des Selbstwertgefühls und auch des persönlichen Stolzes. Je mehr Sie sich konzentrieren und Ihre Aufgaben erledigt bekommen, um so besser fühlen Sie sich. Je besser Sie sich fühlen, um so mehr Energie haben Sie, um so fokussierter sind Sie. Je mehr Sie erledigt bekommen, um so mehr Menschen respektieren Sie. Je mehr Menschen Sie respektieren, um so größer ist Ihr persönlicher Stolz. Machen Sie für alles Listen. Planen Sie Ihre Tage im voraus, Ihre Wochen und Monate. Skizzieren Sie sogar Ihre Projekte auf Papier. Schreiben Sie alles auf, bevor Sie anfangen; versuchen Sie nicht, Dinge aus dem Ärmel zu schütteln. Die Disziplin, Sachen aufzuschreiben, bevor Sie sie in Angriff nehmen, spart am ersten Tag der Umsetzung

25 Prozent Zeit ein. Alle erfolgreichen Menschen verfahren so. Jede Minute, die Sie in die schriftliche Planung stecken, spart Ihnen zehn Minuten in der Ausführung. Das bedeutet, Sie erhalten eine Rendite von 1000 Prozent auf jede Minute, die Sie in Ihre Planung investieren. Jeder, der meint, keine Zeit zum Planen und Aufschreiben zu haben, hat keine Ahnung, wovon er spricht. Versehen Sie Ihre Listen mit Prioritäten. Widerstehen Sie dem Drang, Kleinkram sofort zu erledigen. Erinnern Sie sich? Wenn Sie diesem Impuls nachgeben, wird er sich zur Gewohnheit entwickeln. Viele Menschen laufen Gefahr, den ganzen Tag mit Kleinigkeiten zu verplempern und niemals zu den wirklich wichtigen Aufgaben zu gelangen. Setzen Sie Ihre Prioritäten nach der 20/80-Regel: 20 Prozent von dem, was Sie tun, sollten 80 Prozent des Wertes dessen, was Sie tun, ergeben. Bei einer Liste mit zehn Punkten sind zwei Punkte wichtiger als die restlichen acht zusammengenommen. Die 20 Prozent sind hart und mühsam, während Sie die 80 Prozent locker und mit Spaß bewältigen könnten. Wie gehen Sie vor? Wenn Sie sich zwingen, sich zuerst um die 20 Prozent zu kümmern, haben Sie Ihr Leben unter Kontrolle. Trennen Sie das Dringliche vom Wichtigen auf Ihrer Liste. Das Dringliche sind Dinge, die zeit- oder situationsgebunden sind, von externen Faktoren oder anderen Menschen abhängen und deshalb ohne Verzug erledigt werden müssen. Dringliche Angelegenheiten bringen Sie aber normalerweise im Langzeitbereich nicht viel weiter. Auf der anderen Seite stehen die wichtigen Dinge – Dinge mit potentiell weiterreichenden Konsequenzen. Diese sind weniger extern bestimmt. Sich auf die Dinge mit langfristigen Konsequenzen zu konzentrieren – darauf kommt es beim Personal Leadership an. Tatsächlich sollten Sie so formulieren: Langfristige Konsequenzen sind das Maß der wahren Wichtigkeit bei allem, was Sie tun. Stellen Sie sich bei sämtlichen Aufgaben, mit denen Sie konfrontiert sind, die Frage: Welche hat die langfristigsten Konsequenzen? Es gibt ein Modell, das Sie benutzen können, um Ihre Liste in Kategorien einzuteilen. Ich nenne es das **ABCD**-Modell. Gehen Sie Ihre Liste durch, und versehen Sie jede Aufgabe mit einem der vier Buchstaben. Die **A**-Aufgaben sind die allerwichtigsten: Um sie

kommen Sie nicht herum. Wenn Sie sie links liegenlassen, hat das schwerwiegende Folgen – schwerwiegend für Ihr Geschäft, schwerwiegend für Ihre Kunden, schwerwiegend für Ihre Familie, für Ihr Leben. Falls Sie mehrere Aufgaben mit A bewertet haben, ordnen Sie sie nochmals nach Prioritäten: A1, A2, A3 usw. Die **B**-Aufgaben stehen unter den **A**-Aufgaben. Wenn Sie sie versäumen, sind die Konsequenzen nicht ganz so schlimm. Vielleicht stoßen Sie jemanden vor den Kopf oder handeln sich eine Rüge ein. Die Regel ist: Sie dürfen nichts auf Ihrer **B**-Liste in Angriff nehmen, bevor Sie nicht alle **A**-Aufgaben zufriedenstellend zu Ende gebracht haben. Erliegen Sie niemals der Versuchung, sich erst um die Kleinigkeiten zu kümmern! Die **C**-Posten auf Ihrer Liste sind Dinge, die zwar nett sind, aber keinerlei Konsequenzen haben: Mittagessen gehen, unterwegs einen Cappuccino trinken, die Zeitung lesen, einen Freund anrufen. All diese Dinge sind angenehm, aber irrelevant – ob Sie sie tun oder nicht, macht im Ergebnis keinen Unterschied. Kommen wir zu den **D**-Aufgaben. **D** steht für delegieren, und ein Grundsatz besagt, daß Sie soviel wie nur möglich delegieren sollten. Delegieren Sie soviel wie möglich an andere, um Lücken in Ihrem Terminkalender freizuschaufeln. Nur wenn Sie genügend Aufgaben aus der Hand geben, haben Sie die Zeit, die Sie benötigen, um sich intensiv den 20 Prozent zu widmen, die tatsächlich ins Gewicht fallen. Sich auf die richtigen Dinge zur richtigen Zeit zu konzentrieren – das ist ein wichtiges Merkmal von Personal Leadership.

Sehen Sie dazu die Übungen auf Seite 211f.

13

Veränderungen effektiv vollziehen – die sieben „R“

Kein anderer einzelner Faktor beeinflußt Ihr Leben so entscheidend wie Veränderungen. Ihre Fähigkeit, Veränderungen effektiv zu handhaben, prägt Ihren Grad an Gesundheit, Glück und persönlichem Stolz mehr als jeder andere Faktor – heute ebenso wie morgen und für den Rest Ihres Lebens. Tatsächlich hängt Ihr Grad an Selbstbewußtsein, Selbstwertgefühl und persönlichem Stolz eng mit Ihrem Vermögen zusammen, Veränderungen aktiv zu nutzen, statt von ihnen überrollt zu werden. Sie haben nur zwei Alternativen zur Auswahl: Sie können entscheiden, ob Sie Herr oder Opfer von Veränderungen sein wollen. Diese Entscheidung nimmt Ihnen keiner ab. Sie können die Umstände selbst bestimmen oder ihnen hilflos ausgeliefert sein – ein hilfloses, willenloses Wesen, wie ein Stück Holz, das in einem reißenden Strom dahintreibt. Es liegt alles an Ihnen.

Drei Faktoren determinieren unsere heutige Zeit, die Veränderungen vorantreiben und künftig sogar noch beschleunigen werden. Jeder dieser Faktoren wirkt für sich allein und hat gleichzeitig alle anderen im Schlepptau, zwingt sie, ihren Effekt noch schneller zu entfalten. In den kommenden Jahren werden Veränderungen kein peripheres, sondern im Gegenteil ein primäres Phänomen sein. Der erste Faktor ist die Informationsexplosion. Wenn wir alles Wissen bis zum Jahr 1900 zugrunde legen, dann hatte sich das Volumen bis zum Jahr 1975 bereits verdoppelt. In den nächsten zehn Jahren trat wiederum eine Verdoppelung ein. Heute können wir sagen, daß sich das Wissen der Menschheit nicht alle zehn, sondern schon alle zwei bis drei Jahre verdoppelt. Was bedeutet das? Das bedeutet, daß sich unser Wissen im 21. Jahrhundert im Abstand von nur einem Jahr verdoppeln wird. Eine solche Informationsexplosion hat es in der gesamten Menschheitsgeschichte noch nicht gegeben. Und wohlgemerkt: Dieser Wissensanstieg zieht sich quer durch alle Bereiche. Heute gibt es mehr Denker, Schriftsteller und Forscher als je zuvor, die mehr Wissen produzieren, als die Menschheit sich je zu erträumen wagte. An zweiter Stelle steht eine technologische Explosion, die ebenfalls jenseits unserer Vorstellungskraft liegt. Jeder einzelne Fortschritt in der Technik zieht wie eine Lawine weitere Fortschritte nach sich. Diese Fortschritte multiplizieren und potenzieren einander, so daß die Technologien, die heute entstehen, sich noch viel schneller fortpflanzen werden. Der dritte Faktor, der Veränderungen begünstigt, ist der Wettbewerb. Der allgegenwärtige, nationale, multinationale und globale Wettbewerb ist heute intelligenter, schneller und agressiver als in der Vergangenheit. Kaum ein Bereich, der von ihm unberührt bliebe. Wie gesagt: Diese Faktoren verstärken sich gegenseitig. Mehr Wissen bedeutet mehr Technologie und somit mehr Wettbewerb. Und jedes Plus an Wettbewerb schafft neue Möglichkeiten für noch mehr Wettbewerb mit mehr Technologie und Wissen. Daraus resultiert unweigerlich, daß, wer sich nicht auf der Höhe der Veränderungen befindet, Gefahr läuft, überschwemmt und ausgebremst zu werden.

Die Schlüsselqualität, die Sie brauchen, um in den kommenden Jahren erfolgreich zu sein, ist Flexibilität – eine unabdingbare Erfolgsvoraussetzung ganz gleich für welches Unterfangen. Flexibilität heißt: Offenheit für Veränderungen, die Bereitschaft zum Wandel, Anpassungsfähigkeit. Erinnern Sie sich? Ihre Selbstverantwortung bestimmt alles, was Ihnen widerfährt; Sie kontrollieren Ihre Reaktionen. Das mächtigste Werkzeug, das Sie besitzen, ist Ihr Geist. Besser und schneller denken und reagieren als andere, neue Informationen rascher aufnehmen – das können Sie, wenn Sie nur wollen. Das Geheimnis ist Klarheit – zu wissen, wer Sie sind, was Sie wollen und wie Sie dorthin gelangen. Fragen Sie sich immer und immer wieder: Was wollen Sie? Was sind Ihre Ziele? Wie würden Sie leben, wenn Sie sie bereits erreicht hätten? Was wollen Sie tun? Und zweitens fragen Sie sich, was Sie zu ihrer Erreichung unternehmen wollen. Welche Methoden wenden Sie an? Könnte es bessere oder andere Methoden geben? Zäumen Sie das Pferd womöglich von der falschen Seite auf? Wie lauten Ihre grundsätzlichen Annahmen? Falsche Annahmen sind die Wurzeln aller Fehler in dieser Welt. Wir nehmen an, daß es einen Markt für unser Produkt gibt. Wir nehmen an, daß es möglich ist, ein bestimmtes Produkt zu entwickeln. Wir vermuten, daß unsere Werbung funktionieren wird. Wir gehen davon aus, daß unsere Investitionen sich rentieren werden. Wie lauten die Annahmen in den Schlüsselbereichen Ihres Lebens? Was wäre, wenn sie falsch wären, sogar absolut falsch? Welche Änderungen müßten Sie vornehmen? Der überlegene Denker fragt immer, welche Handhabe er hat, falls sich seine Annahmen als falsch herausstellen sollten.

Eines der besten Instrumentarien, mit dem Sie sich auch in Zeiten des schnellen Wandels Ihre geistige Flexibilität bewahren, nenne ich „nullgerichtetes Denken“. Es holt alle Ihre früheren Entscheidungen auf den Prüfstand, damit sie sie aus heutiger Sicht, nicht aus der von gestern betrachten. Mit dem, was Sie heute wissen, gibt es da irgend etwas in Ihrem Leben, das Sie heute nicht mehr so tun würden? Wenn Sie ehrlich sind, werden Sie sagen: „Ja, es gibt Dinge in meinem Leben, die ich heute anders machen würde“. Das nullgerichtete Denken läßt sich auch auf Ihre privaten Bindungen anwenden: Gibt es eine Beziehung in Ihrem Leben, die Sie mit Ihrem heutigen Wissen nicht mehr eingehen würden? Oder im Job: Leute, die Sie nicht mehr einstellen würden. Nullgerichtetes Denken läßt sich auf Produkte, Dienstleistungen, Märkte, Entscheidungen und auf alle Arten von Investitionen anwenden – Investitionen an Geld, Zeit und an Gefühlen. Woran erkennen Sie, daß eine Situation nullgerichtetes Denken erfordert? Ganz einfach: an Ihrem Streßpegel. Wenn Sie in einer Situation stecken, in die Sie nicht kommen würden, wenn Sie noch einmal entscheiden könnten, so wird Sie diese unter erheblichen Streß setzen – Sie nachts wachhalten, Ärger und Aggressionen schüren, Ihre physische und psychische Gesundheit beeinträchtigen. Dann stellt sich die Frage, wie Sie aus dieser Situation wieder herauskommen und wie schnell. Und nun eine Enthüllung, die Sie vielleicht erschreckt: Untersuchungen zufolge erweisen sich durchschnittlich 70 Prozent aller Entscheidungen, die wir treffen im nachhinein als falsch, eine deutliche Mehrheit also. Das Dümmste, was Sie tun können, wenn Sie einen Fehler entdecken, wäre ihn vertuschen zu wollen. Seien Sie bereit, Fehler einzugestehen, und sehen Sie zu, daß Sie so schnell wie möglich aus dieser Situation herauskommen. Hier ist eine Menge Flexibilität gefordert. Jedes Ziel, daß Sie erreichen wollen, hat irgendwo einen Engpaß, einen Begrenzungsfaktor, der die Geschwindigkeit bestimmt, mit der Sie es erreichen können. Wo liegt der Hauptengpaß zwischen Ihrer jetzigen und der Situation, zu der Sie hinwollen? Was bestimmt für Sie die Geschwindigkeit? Diesen Engpaß aufzubrechen kann Ihre Flexibilität und Ihre Fähigkeit, mit Veränderungen zurechtzukommen, enorm verbessern. Eine weitere Technik ist das Zurückstellen von Dingen: Wenn Sie etwas Neues beginnen, muß etwas Altes in den Hintergrund treten, weil Ihre Ressourcen beschränkt sind – speziell die Ressourcen Geld, Personal und Zeit. Sie sollten sich ständig Gedanken über das kreative Zurückstellen machen. Wie können Sie Aufgaben rasch zurückstellen, um möglichst schnell zu Lohnenswerterem zu kommen? Veränderungen sind gut und wichtig, weil ohne sie keine Weiterentwicklung, kein Wachstum möglich ist. Merken Sie sich diese Regel: Was immer es war, das Sie dahin gebracht hat, wo Sie heute stehen, es reicht nicht aus, damit Sie diese Position auch in Zukunft halten können. Sie sollten immer nach Wegen suchen, Dinge schneller, besser, innovativer, billiger, einfacher und effizienter zu machen.

Das bringt uns zu den sieben „R“, die Ihnen helfen, sowohl berufliche als auch private Veränderungen im 21. Jahrhundert effektiv zu vollziehen. Das erste „R“ bedeutet *Reorganisation.* Früher war es so, daß Firmen sich alle paar Jahre neu organisierten; heute laufen Reorganisationen auf permanenter Basis ab. Reorganisation zielt auf eine Ergebnissteigerung bei gleichzeitiger Kostenreduktion durch Verschiebung von Ressourcen und Verantwortlichkeiten. Es ist ein Thema, das Führungskräfte zum Zwecke der Effektivitätssteigerung ständig beschäftigen muß. Das nächste „R“ steht für *Restrukturierung*. Worum es geht: Geld, Menschen und Ressourcen mehr mit den Aktivitäten zu verbinden, die die Kunden am meisten schätzen. Gebrauchen Sie die 80/20-Regel. Egal, ob in Produktion oder Dienstleistung – 80 Prozent Ihres Erfolgs resultieren aus 20 Prozent Ihres Tuns. Instruieren Sie Ihre Mitarbeiter, sich auf jene 20 Prozent Ihrer Produkte und Dienstleistungen zu konzentrieren, die den größten Teil Ihres Marktes ausmachen. In dem Bemühen, Ihre Ressourcen stets auf Ihre maßgebenden Aktivitäten zu konzentrieren, müssen Sie sich auch immer wieder von Ressourcen trennen, die diesen im Wege stehen. Das dritte „R" ist die Abkürzung für *Reengineering*, Neustrukturierung. Bestimmt haben Sie schon davon gelesen. Reengineering beginnt mit einer präzisen Verfahrensanalyse. Was heißt das? Sie betrachten jedes Verfahren vom ersten bis zum letzten Schritt, um dann zu überprüfen, wie diese Schritte zusammenpassen. Danach suchen Sie nach Wegen, die Anzahl der Schritte zu reduzieren und trotzdem auf das gleiche Ergebnis zu kommen. Prioritäten sind Zeitersparnis und Ergebnisoptimierung. Ein Beispiel: Bei einer großen Versicherungsgesellschaft brauchte ein Antrag sechs Wochen zur Bearbeitung, was, wie Sie sich vorstellen können, zu allerhand Problemen führte. Im Rahmen des Reengineering kam ans Licht, daß der Antrag von nicht weniger als 24 Mitarbeitern in die Hand genommen wurde, während für die eigentliche Entscheidung durchschnittlich nur 17 Minuten notwendig waren. Also wurde kräftig umstrukturiert. Man schaffte es, 23 Schritte in einer Person zu vereinen. Dann gab es nur noch einen Kollegen, der die Arbeit dieser Person kontrollierte. Das Ergebnis: Binnen 24 Stunden konnte nun eine Zusage oder Ablehnung erfolgen. Das Geschäft explodierte regelrecht. Die Versicherungsgesellschaft hatte jetzt nämlich die weit und breit höchste Bearbeitungsquote. Was können Sie tun, um überflüssigen Zeitaufwand drastisch zu senken und bessere Ergebnisse für Ihre Kunden zu erzielen? Das nächste „R" steht für *Reinventing*, bei Null beginnen. Stellen Sie sich vor, Ihre Firma sei bis auf die Grundmauern abgebrannt, und Sie müßten komplett neu anfangen. Womit würden Sie sofort beginnen? Was würden Sie nicht mehr tun? Welches Personal würden Sie mitnehmen? Auf wen verzichten? Spitzenberater empfehlen, den Prozeß der Neuerschaffung alle zwei bis drei Jahre zu wiederholen, um mit dem Tempo äußerer Veränderungen mithalten zu können. Auch als Mensch sollten Sie sich alle sechs Monate neu erschaffen. Sie sollten es aus sich heraus tun, bevor die Außenwelt Sie dazu zwingt. Das nächste „R" bedeutet *Reevaluating*, Neubewertung. Sie sollten Ihre Situation basierend auf den aktuellsten Informationen und dem allerneuesten Feedback regelmäßig neu bewerten. Erinnern Sie sich: Was immer Sie dorthin gebracht hat, wo Sie heute stehen, kann Sie nicht dort halten. Entscheidungen, die Sie letzte Woche, letzten Monat oder letztes Jahr getroffen haben, sind veraltet. Es gibt neue Informationen. Seien Sie bereit, diese zu evaluieren – vor allem natürlich, wenn Sie Widerstände erleben, Dinge nicht funktionieren, wenn Sie gestreßt oder unbefriedigt sind. Dann müssen Sie fragen: Was versuchen wir, dagegen zu tun? Wie versuchen wir es? Könnte es einen besseren Weg geben? Das sechste „R" steht für *Rethinking*, Überdenken. Das ist wohl die größte Herausforderung. Überdenken heißt: alten Annahmen eine klare Absage erteilen und oft vollkommen neue Wege beschreiten. Wir Menschen sind Gewohnheitstiere, wir machen es uns gern bequem. Führungspersönlichkeiten verbieten sich das, Sie bleiben offen für neue Denkansätze und Problemlösungen. Rethinking ist besonders nützlich, ja essentiell in turbulenten, streßreichen Zeiten, wenn Sie Widerstände gegen Ihre laufenden Aktivitäten spüren. Seien Sie offen für die Möglichkeit, daß Sie falsch liegen. Überlegene Menschen fragen sich ständig, was wäre, wenn ich unrecht hätte? Angenommen, ich liege komplett falsch, was kann ich anders machen? Das siebte und letzte „R" steht für *Refokussieren* – eine Quelle persönlicher und organisatorischer Kraft. Es bedeutet, vereinfacht ausgedrückt, die Konzentration auf das Wesentliche. Voraussetzung, um Veränderungen erfolgreich zu meistern, sind kontinuierliche Innovation und Verbesserung. Suchen Sie ständig nach Möglichkeiten, Ihre Arbeit innovativer, besser, schneller, kostensparender und einfacher zu gestalten. Ebenfalls wichtig ist permanente Fortbildung. Lernen Sie neue, bessere Methoden und Techniken kennen. Lesen Sie regelmäßig, hören Sie Audio-Programme, besuchen Sie Kurse, sprechen Sie mit Menschen. Kontinuierliches

Training und die persönliche Weiterentwicklung auch der Menschen, für die Sie verantwortlich sind, mobilisieren die notwendigen Kräfte zum effektiven Umgang mit Veränderungen.

Die sieben „R“ zielen insgesamt darauf ab, die Geschwindigkeit, mit der Sie Ergebnisse erzielen, wesentlich zu beschleunigen. Geschwindigkeit setzt voraus, einen Sinn für Dringlichkeit zu entwickeln. Wenn Sie eine gute Idee haben, nichts wie ran! Wenn Sie eine Gelegenheit auftun, nutzen Sie sie. Wenn Sie ein Problem sehen, lösen Sie es prompt. Handeln Sie heute – nicht morgen!

Sehen Sie dazu auch die Übungen auf Seite 212.

14

Tips zum Karrieremanagement

Unsere Arbeitswelt hat sich in den letzten Jahren dramatisch verändert, und die Uhr läßt sich nicht wieder zurückdrehen. Wir haben uns von der lebenslangen Beschäftigungs*wahrscheinlichkeit* zur Beschäftigungs*möglichkeit* bewegt. Niemand kann Ihnen heute eine lebenslange Arbeitsplatzgarantie geben. Sie haben nur eine Chance: Ihre Fertigkeiten auf einem hohem Niveau zu halten, damit Sie lebenslang eingestellt werden *können*, möglicherweise andere Jobs ausprobieren *können*. Je weiter wir in das Informationszeitalter vordringen, um so notwendiger, unumgänglicher wird es, daß wir nicht aufhören zu lernen, in unserem Leben unter Umständen mehrere Aus- und Fortbildungen durchlaufen. Statt mit den Händen arbeiten wir heute primär mit dem Kopf. Vor ein paar Jahrzehnten war die Mehrzahl aller Beschäftigten Arbeiter in Industrie oder Handwerk. Menschen, die primär ihr manuelles Geschick einsetzten. Heute besteht die Gesellschaft größtenteils aus Wissensarbeitern. Auch Sie arbeiten mit Ihrem Kopf. Nicht mehr Ihr Arbeitgeber, Sie selbst sind für Ihren Wissensgrad und Ihre Ausbildung zuständig. Ihre Firma kann Ihnen zwar dabei behilflich sein, aber Sie tragen die Hauptverantwortung.

In Seminaren mit Hunderten, ja Tausenden von Teilnehmern frage ich manchmal, wieviele von ihnen selbständig sind. Zögernd gehen ein paar Hände hoch – anfangs nur 10 oder 15 Prozent. Ich warte. Nach und nach kommen mehr Meldungen, je bewußter sich die Teilnehmer werden, daß sie im Grunde alle selbständig sind. Ab dem Zeitpunkt, an dem Sie Ihre erste Stelle antreten, bis Sie sich zur Ruhe setzen, sind Sie selbständig. Sie arbeiten für sich selbst, Sie sind der Präsident Ihrer eigenen Dienstleistungsfirma. Und Sie bieten ein Produkt an: Ihre Dienstleistung. Ihr Ziel muß es sein, Ihr Produkt, Ihre Dienstleistung mit höchster Qualität und Quantität am Markt zu verkaufen, um Ihre Rendite zu maximieren.

Die oberen drei Prozent der Spitzenleister betrachten sich laut Umfrageergebnissen als selbständig. Auch wenn sie ihr Leben lang Gehalt kassieren, so haben sie doch den Eindruck, als hielten sie 100 Prozent des Aktienkapitals in der Hand. Sie verhalten sich, als ob der Laden ihnen gehören würde. Sie sagen: niemals: „Die da oben" oder „Das ist nicht mein Job." Sie sagen „wir" oder „unser". Wann immer sie etwas tun sollen, erwidern sie: „Na klar, auf der Stelle!" Das ist die Haltung der Leute, die am schnellsten befördert werden und das meiste Geld verdienen. Was passiert, wenn Sie sich als Präsident Ihrer eigenen Firma verstehen? Ich verrate Ihnen, was passiert: Erst einmal bewegen Sie sich von der Passivität zur Aktivität. Sie sind nicht mehr passiver Statist, sondern aktiver Spieler auf der Bühne Ihrer wirtschaftlichen Situation. Ihre Einstellung wandelt sich komplett. Denn Sie werden wertvoller für sich, wertvoller für Ihre Firma. Von einem Gefühl der Machtlosigkeit, von anderen kontrolliert zu werden, bewegen Sie sich zu einem Gefühl der Macht. „Ich bin für meine wirtschaftliche Situation verantwortlich! Ich bin der Präsident meiner eigenen Firma." Sich selbst als Präsident zu sehen, das hebt Ihr Selbstbewußtsein, Selbstwertgefühl und Ihren persönlichen Stolz. Sie sind von jetzt an vollkommen verantwortlich für Ihr Leben, für Ihre Karriere, Ihre Zukunft! Das bedeutet auch, daß ab sofort Schluß ist mit Ausflüchten und Entschuldigungen. Es ist schon erstaunlich, wieviele Menschen die Hälfte ihres Lebens damit verbringen, anderen die Schuld zuzuweisen für die Probleme in ihrem Leben. Schuld sind immer die anderen, und jedesmal, wenn sie sich entschuldigen oder die Schuld weiterreichen, verlieren sie ein Stück Kontrolle. Sie geben anderen die Kontrolle über Ihr Leben.

Lassen Sie uns über einen Eckpfeiler Ihres Karrieremanagements sprechen, über die Definition von Arbeit. Was ist Ihre Arbeit? Nach mehrjährigem Wirtschaftsstudium kann ich Ihnen sagen, daß Arbeit zunächst einmal als Möglichkeit zur Handlung definiert wird – eine Gelegenheit für Sie, Resultate zu erzielen, die mitunter mehr wert sind, als Sie an Lohn und Zusatzleistungen kosten. Mit anderen Worten: Wenn Sie weniger einbringen, als Sie kosten, dann könnten Sie bald auf der Abschußliste stehen. Was kosten Sie? In den USA kostet jeder etwa drei Dollar im Verhältnis zu für jedem Dollar, den er als Lohn erhält. Sie müssen Ihrer Firma also für jeden Dollar Ihres Lohns drei Dollar einbringen oder einsparen, damit diese die Investition in Ihre Arbeitskraft wirtschaftlich rechtfertigen kann. Sollten Sie nicht genügend einbringen, dann drohen Kündigung, Outsourcing, Verkleinerung usw. Jede Arbeitskraft muß täglich an Wert gewinnen. Früher war es so, daß Sie einen Job bekommen konnten, ihn gut erledigen und nach einiger Zeit in den Leerlauf schalten konnten, nach dem Motto: „Jetzt sitze ich fest im Sattel." Leider gibt es heute noch immer eine Menge Leute mit dieser Einstellung: „Ich habe jetzt einige Jahre hart gearbeitet – Zeit zum Ausruhen!" Falsch! Die Arbeitswelt hat sich verändert. Heute müssen Sie jeden Tag an Wert hinzugewinnen. Sie müssen sich tatsächlich fragen, was Sie tun können, um den Wert Ihrer Dienstleistung für die Firma zu erhöhen. Sich auf Erreichtem auszuruhen funktioniert längst nicht mehr. Sie müssen Ihrer Zeit voraus sein.

Welche Kriterien müssen für den Erfolg Ihrer persönlichen Firma erfüllt sein. Die gleichen wie bei jeder Firma. Man nennt sie die Kernkompetenzen. Das sind Dinge, die Sie besonders gut machen. In großen Unternehmen gibt es Kernkompetenzen, die sie befähigen, Güter und Dienstleistungen zu produzieren und eine führende Position am Markt zu erlangen. Als Individuum haben Sie ebenfalls Kernkompetenzen, die maßgeblich durch Ausbildung und Erfahrung erworben haben. Welches sind Ihre Kernkompetenzen? Wenn jemand Sie fragte: „Was können Sie besser als andere in Ihrem Bereich?", wie sähe Ihre Antwort aus? Wenn Sie darauf keine Antwort haben, sollten Sie sich fragen, was diese Fähigkeit sein sollte, und wie Sie sie für sich entwickeln können. Welche Ergebnisse bestimmen, ob Sie in Ihrem momentanen Job erfolgreich sind oder nicht? Was können Sie tun, um diese Ergebnisse zu verbessern? Eine allesentscheidende Frage, um die Sie nicht herumkommen, wenn Sie sich selbst als Präsident Ihrer eigenen Firma sehen. Was sind Ihre kritischen

Erfolgsfaktoren? In welchen Dingen müssen Sie absolut perfekt sein, um das Maximum in Ihre Arbeit einbringen zu können? Kritische Erfolgsfaktoren gibt es nur fünf bis sieben in jeder Arbeit oder Position. Wenn Sie sich näher damit befassen, werden Sie folgendes herausfinden: Ihr schwächster Erfolgsfaktor determiniert Ihren Gesamterfolg am Arbeitsplatz. Der Bereich in dem Sie am schwächsten sind, ist auch der, der Sie am verletzlichsten in Ihrer Position macht. Sie sollten dringend an ihm arbeiten. Fragen Sie andere, wenn Sie selbst nicht wissen, was Ihre Schwachpunkte sind.

Noch eine wesentliche Frage: Warum beziehen Sie eigentlich Gehalt? Wofür bezahlt man Sie? Was leisten Sie für das Geld, das Sie erhalten? „Ich bekomme x DM im Monat. Im Gegenzug leiste ich folgendes…“ Fertigen Sie eine Liste der Dinge an, die Sie leisten und fragen Sie: „Was macht mich besonders wertvoll, und was sollte ich mehr tun, um in Zukunft sogar noch wertvoller zu werden?“ Hier ist eine Übung: Stellen Sie sich vor, Sie müßten sich heute erneut um Ihren Job bewerben. Hätten Sie eine Chance, ihn zu bekommen? Wenn ja, warum? Wenn nein, warum nicht? Eine andere Übung: Wenn Sie ein Angebot für Ihren Job schreiben sollten, mit welchen Leistungen würden Sie Ihr Gehalt rechtfertigen? Stellen Sie sich vor, Sie sind ein unabhängiger Wirtschaftsberater und wollen Ihre Dienstleistung an Ihre Firma verkaufen. Sie fordern x DM im Monat. Welche Leistungen würden Sie anbieten, um das Geld zu rechtfertigen, das Sie heute erhalten?

Blicken Sie beizeiten in die Zukunft: Wie sollte Ihre nächste Tätigkeit aussehen? Denken Sie im voraus über Ihr Leben und Ihre Karriere nach. Fragen Sie sich, was Sie absolut perfekt beherrschen müssen, um irgendwann in der Zukunft das Geld zu verdienen, das Sie gerne verdienen möchten. Erinnern Sie sich: Wer nicht über seine Zukunft nachdenkt, hat keine! Wie sieht Ihr Karrieremanagementplan aus, den Sie benötigen, um topfit für Ihre berufliche Zukunft zu sein. Wie sieht eine mögliche nächste Karriere für Sie aus? Und Ihr Plan, wie Sie sich darauf vorbereiten? Vergessen Sie nicht: Kein anderer kann Ihre Karriereentwicklung für Sie in die Hand nehmen.

Unternehmen wollen heute Mitarbeiter, die auch von anderen Firmen begehrt werden. Diese Enthüllung mag manchem Angst einflößen. Sind Sie im Moment unersetzlich für Ihre Firma? In Studien wurde herausgefunden, daß man die eigene Wichtigkeit, den eigenen Wert daran erkennt, wie sehr das Unternehmen leiden würde, wenn man nicht mehr da wäre. Wie sehr würde Ihr Unternehmen leiden, seine Ertragslage sich verschlechtern, wenn Sie nicht mehr da wären? Sind Sie unersetzlich für den Erfolg Ihrer Firma? Wenn nicht, wie sieht Ihr Plan aus, um es zu werden? Je wertvoller Sie für Ihre Firma werden, um so attraktiver und begehrter werden Sie auf dem Arbeitsmarkt. Sie werden genau die Art Mitarbeiter, der sich aus zahlreichen Offerten die Rosinen herauspicken kann.

Als Präsident Ihrer eigenen Firma sollten Sie exakt so denken, planen, Strategien entwickeln, wie der Präsident eines Millionen-Konzerns es auch tun würde. Vier Faktoren gilt es, im Rahmen Ihres Karrieremanagements besonders zu beachten. Der erste ist die Spezialisierung: Welche Fähigkeiten brauchen Sie, um auf Ihrem gewählten Gebiet zum Erfolg zu gelangen? An zweiter Stelle kommt die Differenzierung: Was ist Ihr Wettbewerbsvorteil? Was hebt Sie von der Masse ab? Was macht Sie besser? Was ist heute Ihr Vorteil? Und wie müßte er für die Zukunft aussehen? Welche Kernkompetenzen benötigen Sie, um es in fünf Jahren an die Spitze Ihres Gebiets zu schaffen? Wie auch immer diese aussehen, beginnen Sie so bald wie möglich mit Ihrer Entwicklung. Sie dürfen keine Zeit verlieren. Nach Spezialisierung und Differenzierung folgt die Segmentierung: Was ist der beste Weg, Ihre einzigartige Kombination aus Wissen und Fertigkeiten in die Waagschale zu werfen, um die höchste quantitative und qualitative Ausbeute an Resultaten in Ihrer Arbeit und in Ihrem Leben zu erreichen? Was sind Ihre speziellen Talente und Fähigkeiten? Was macht Ihnen bei Ihrer Arbeit am meisten Spaß? Wenn Sie die für Sie perfekte Tätigkeit gestalten könnten, wie würde sie aussehen? Der vierte Punkt ist die Konzentration. Er übertrumpft an Wichtigkeit alle vorangegangenen. Konzentration ist das absolut Wichtigste. In welchen Bereich können Sie Ihre Fähigkeiten gezielt lenken? Wie können Sie sie fokussieren, um die besten Resultate für Ihre Arbeit und Ihr Leben zu erreichen? Erinnern Sie sich: Sie werden proportional zu Ihrer Leistung und Unersetzlichkeit belohnt.

Die Zukunft gehört den Kompetenten – jenen, die exzellent sind in dem, was sie tun. Die einzige Sicherheit, auf die Sie heutzutage noch bauen können, ist Ihre überlegene Kompetenz. Das Mittelmaß hat nur eine sehr begrenzte Zukunft. Um Ihre Kompetenz und Ihre Verdienstmöglichkeiten zu steigern, dürfen Sie nie zu lernen aufhören. Kontinuierliches Lernen ist eine Mindestanforderung für den Erfolg – egal, in welchem Bereich. Lesen Sie eine Stunde am Tag Sachbücher über ein von Ihnen gewähltes Gebiet. Hören Sie Audio-Programme beim Autofahren. Nehmen Sie jede Fortbildungs- und Trainingsmöglichkeit wahr, die Sie bekommen können. Ihre Zukunft liegt in Ihren Händen, und Ihren Möglichkeiten sind keine Grenzen gesetzt – ausgenommen natürlich jene Grenzen, die Sie sich selbst setzen. Sie sind der Präsident Ihres eigenen Unternehmens. Nutzen Sie diese privilegierte Position!

Sehen Sie dazu auch die Übungen auf Seite 212f.

15

Spitzenleistung im Team

Teamfähigkeit zählt zu den meistgeschätzten Qualitäten in der heutigen Arbeitswelt. Egal, in welcher Branche – Teamwork ist überall stark auf dem Vormarsch. Ihre Fähigkeit, sich als Teil eines Teams zu begreifen, ein Teamspieler zu sein, der engagiert zum Gesamtgelingen beiträgt, bestimmt mit, was die Zukunft für Sie in petto hält. Vor ein paar Jahren definierte eine Studie der Stanford University die Fähigkeit, als Teil eines Ganzen zu agieren, als wichtigsten Faktor für Beförderungen. Auch hier gilt die 80/20-Regel: 80 Prozent der Arbeit werden in der Regel von 20 Prozent der Teammitglieder erledigt. Ihre Aufgabe besteht darin, zu den 20 Prozent zu gehören, die das Gros der Arbeit bewältigen. Kümmern Sie sich um Ihren Beitrag und wie wertvoll er ist, nicht darum, bei Ihrem Vorgesetzten positiv aufzufallen. Meiner Erfahrung nach weiß jeder gute Chef, wer wirklich die Arbeit leistet. Scheren Sie sich nicht um Ihr Ansehen und Profilierungssorgen, sondern fokussieren Sie Ihr Interesse auf den Beitrag, den Sie leisten können. Melden Sie sich freiwillig für Aufgaben, auch für zusätzliche. Wann immer sich eine Aufgabe auftut, greifen Sie mit beiden Händen danach: „Ich werde mich darum kümmern." Oder fordern Sie regelmäßig mehr Verantwortung von Ihrem Chef. Wenn er Ihrer Bitte nachkommt, machen Sie Ihre Sache gut, und wenden Sie sich bald wieder an ihn: „Ich will mehr Verantwortung!" Menschen, die freiwillig mehr Verantwortung übernehmen, zählen zu den wertvollsten und am meisten respektierten Kräften in jeder Organisation. Als Teamleader, auch wenn Ihr Team nur aus einer Person besteht, sollten Sie Ihrer Verantwortung mit Sorgfalt gerecht werden, weil das Ihr Sprungbrett ist. Wer ein Team leitet – egal, wie klein es auch sein mag –, befindet sich automatisch in einer exponierten Stellung. Jeder wird Sie beobachten und zusehen, wie gut oder schlecht Sie Ihre Sache machen. Auch Bosse, die Organisationen mit zigtausend Angestellten leiten, haben mit einem Untergebenen angefangen und Ihre Sache gut gemacht. Dann hat man ihnen mehr Mitarbeiter anvertraut, und sie haben sich erneut bewährt. Ja, und dann wurden es noch mehr Untergebene, und nun stehen sie an der Spitze ihrer Organisation. Wann immer Sie zum Teamleiter berufen werden, packen Sie die Chance beim Schopf, und machen Sie das Beste daraus.

Die erste Amtshandlung des Teamleaders besteht in der Auswahl seiner Teammitglieder. Der Erfolg im Team wird zu 95 Prozent über seine Mitglieder entschieden. Wählen Sie daher klug – Sie werden es sonst bereuen. Suchen Sie sich Ihre Leute sehr vorsichtig und mit Bedacht aus, nicht übereilt. Ihr gesamter Erfolg wird von diesen Menschen abhängen. Sobald Sie Ihr Team zusammengestellt haben, erläutern, diskutieren und stimmen Sie Aufgaben, Ziele und Verantwortungen klar ab. Auch wenn Sie bestimmte Aufgaben delegieren, akzeptieren Sie die vollständige Verantwortung für alle Ergebnisse – Sie sind der ultimativ Verantwortliche. Sie sollten deshalb regelmäßig das erwartete Arbeitsergebnis überprüfen, niemand sonst wird das tun. Je wichtiger eine Aufgabe ist, um so notwendiger ist es, daß Sie Ihre Hand darüberhalten und regelmäßig die Ergebnisse überprüfen. Setzen Sie Deadlines für alle Aufgaben, und dann legen Sie wert darauf, daß diese eingehalten werden. Die Fähigkeit, realistische Deadlines zu setzen und einzuhalten, ist ein Markenzeichen von Personal Leadership – egal, ob Sie ein Teammitglied oder der Leiter des Teams sind. Als Leiter berufen Sie regelmäßig Meetings ein, um Arbeit und Fortschritte des Teams zu besprechen und einzuschätzen. Halten Sie Treffen ab, bei denen, alle zusammenkommen und über das sprechen, was an Aufgaben angefallen ist. Ein Team kann nur dann Erfolg haben, wenn seine Mitglieder regelmäßig zusammenkommen, über Fortschritte und Probleme reden oder das, was in Zukunft getan werden muß. Gestalten Sie diese Meetings positiv und lösungsorientiert. Reden Sie eher über die Zukunft als über die Vergangenheit, konzentrieren Sie sich mehr auf die Lösung als auf das Problem. Richten Sie Ihre Aufmerksamkeit auf das, was getan werden muß, nicht so sehr auf das, was passiert ist – das zeichnet eine Führungspersönlichkeit aus. Als Teamleader – und auch als Teamspieler – bieten Sie anderen kontinuierlich Ihre Hilfe und Unterstützung an. Wer befördert wird, wird befördert, nicht zuletzt weil andere wollen, daß er oder sie befördert wird. Ein Grund, warum andere Sie befördert sehen wollen, ist der, daß Sie immer bereit waren, ihnen bei Ihrer Arbeit unter die Arme zu greifen.

In einem Team zu arbeiten ist ein bißchen, wie auf einer Bühne zu stehen. Sie haben die Möglichkeit, jedem Ihre Fähigkeiten darzubieten. Denken Sie bei jedem Treffen daran, jeder beobachtet Sie. Jeder beobachtet jeden. Es handelt sich um eine große Chance, zu zeigen, aus welchem Holz Sie sind. Es ist also sehr wichtig, alle Aufgaben sehr sorgfältig wahrgenommen zu haben. Es gibt nichts Schlimmeres, als in einem Treffen nach dem Stand der Dinge gefragt zu werden und zugeben zu müssen, Aufgaben versäumt zu haben, zeitlich hinterherzuhinken oder aus irgendeinem Grund die Dinge nicht im Griff zu haben. Ein schrecklicher Gesichtsverlust: Wenn Sie hingegen im Zeitplan vorne liegen und freiwillig neue Aufgaben übernehmen, dann ernten Sie den Respekt und die Achtung der Menschen, die Ihnen beim Aufstieg auf der Karriereleiter helfen können. Außerdem sollten Sie bei jedem Treffen bereit sein, Ihre Ideen und Ihre Persönlichkeit einzubringen. Ich habe das vor vielen Jahren gelernt: Wer bei einem Meeting nichts einbringt, wird bald als jemand angesehen, der nichts einzubringen hat. Sitzen Sie also nicht stumm herum, melden Sie sich zu Wort. Stellen Sie Fragen, kandidieren Sie freiwillig für Aufgaben. Viele Millionen Mark werden auf der ganzen Welt dafür verbraucht, um Success-Teams und ihr Erfolgsgeheimnis zu untersuchen. Viele Dutzend Teams wurden unter die Lupe genommen – Teams, die Außerordentliches in einem stark konkurrenzbetonten Markt erreicht hatten. Als Ergebnis dieser Untersuchungen wurde ein Profil mit fünf Kernmerkmalen dingfest gemacht, das für Hochleistungsteams kennzeichnend ist. Wenn wir diese Kernmerkmale Teamleadern und -mitgliedern beibringen, sind die Weichen für Spitzenleistung im Team gestellt. Da Ihre erfolgreiche Zukunft durch Ihre Teamfähigkeit entscheidend beeinflußt wird, sollten Sie diese Merkmale ebenfalls lernen.

Das erste Kernmerkmal sind die geteilten Werte. Die Handlungsprinzipien und Werte für Ihr Teamwork müssen im voraus vereinbart werden. Sie sollten sich gemeinsam fragen: „Wie sieht unsere Vision für dieses Team aus? Wohin gehen wir? Wofür stehen wir? Welche Werte haben wir? Woran glauben wir?" Bevor konkrete Projekte diskutiert werden, reden Sie darüber, welche Werte alle Teammitglieder teilen sollten. Ich stelle oft diese Frage, wenn ich große Firmen berate: „Wenn dieses Team in jeder Hinsicht perfekt wäre, wie würde es funktionieren? Wie würden seine Werte aussehen?" Dann bitte ich alle um Beiträge. Einige Angesprochene werden antworten: „Einer unserer Werte wäre Offenheit!" Andere werden Ehrlichkeit und Verantwortungsgefühl nennen, die Verpflichtung, exzellente Arbeit zu leisten, Respekt vor dem Individuum und Vertrauen. Diese Beiträge werden diskutiert, und es wird übereingestimmt, welche drei bis fünf Werte die Basis Ihrer Teamaktivitäten bilden sollen. Sie werden staunen, wie schnell Sie eine Teammoral aufbauen, wenn jeder eine Vision beisteuert und die anderen diese Vision unterstützen. Denken Sie daran: Etwas beitragen zu können, das ist der Schlüssel zum Erfolg in der Arbeitswelt. Wenn ein Teammitglied nicht mit dem übereinstimmt, wofür Sie bzw. Ihr Team stehen oder was Sie zu erreichen versuchen, werden hier Ihre größten Probleme wurzeln. Das zweite Merkmal sind die geteilten Ziele. Sie involvieren eingehende Diskussionen mit abschließendem Einverständnis. Nehmen wir einmal an, jemand hat Ihnen ein Projekt zugewiesen und Sie gebeten, für seine Realisierung ein Team zusammenzurufen. Bei dem ersten Treffen unterbreiten Sie dem Team, was die Firma von ihm erwartet, und bitten um Feedback. „Was haltet ihr davon? Was denkt ihr, was wir tun sollen?" Eine einfache Regel besagt, daß Menschen sich nur dann mit Zielen identifizieren, wenn sie Gelegenheit hatten, sie zu diskutieren und mitzubestimmen. Mit anderen Worten: Je intensiver Leute in den Dialog über Ziele treten, sich mit ihnen auseinandersetzen, um so verpflichteter fühlen sie sich, zu ihrer Realisierung beizutragen. Wer das für

Zeitverschwendung hält, sollte wissen, daß die anfänglich für den regen Austausch aufgewendete Zeit später garantiert wieder wettgemacht wird. Warum? Ganz einfach: Je ausgiebiger man Ziele diskutiert, um so klarer hat man sie vor Augen, und um so klarer weiß man, wie man sein Bestes zum Gesamterfolg geben kann. Seien Sie also geduldig, und ermuntern Sie zur Diskussion. Warten Sie bis jeder seinen Standpunkt dargelegt hat und alle bereit sind, sich mit vereinten Kräften an die Arbeit zu begeben. Die dritte Kernvoraussetzung für Hochleistungsteams sind geteilte Aufgaben und Verantwortung. Sie basiert auf Klarheit. Jeder weiß, was vom anderen erwartet wird und bis zu welchem Termin. Wenn jeder informiert ist und zustimmt, was alle anderen beitragen sollen, dann haben Sie ein selbstgesteuertes Team geschaffen – und sind damit dem Erfolg dicht auf den Fersen. Selbstgesteuert, da Sie nicht jedes Teammitglied kontrollieren müssen, weil sie das gegenseitig tun. Schließlich sind sie aufeinander angewiesen. Diese Art von „Gruppierung" ist eine wichtige Leistungsmotivation. Wenn Sie einen Job an eine Person vergeben und niemand weiß, worum es geht, dann kann dieser Job gut oder schlecht erledigt werden, und niemand wird es registrieren. Wenn aber jeder die Aufgaben des anderen kennt und Druck ausübt, fördert das die Gesamtleistung des Teams. Der vierte Kernpunkt ergibt sich aus der Rolle des Teamleaders. Seine Autorität ist unangefochten. Es ist klar, wer der Leader ist, und der Leader akzeptiert die Verantwortung. Er ist aktionsorientiert, dient allen zu allen Zeitpunkten als Vorbild. Der Leader praktiziert die Werte, die von allen getragen werden. Er sieht sich nicht als Chef, sondern eher als Helfer, der kontinuierlich Hindernisse aus dem Weg räumt, um dem Team eine reibungslose Arbeit zu ermöglichen. Der Teamleader erleichtert es den Teammitgliedern, effektiv und erfolgreich auf dem Spielfeld zu agieren. Das fünfte Merkmal von Hochleistungsteams ist die unentwegte Selbstbeobachtung und -bewertung. Denn nur so sind Verbesserungen möglich. Top-Teams setzen sich zusammen und fragen: „Wie läuft es bei uns?" „Wie funktioniert es? Machen wir Fortschritte? Wo sind Engpässe, Probleme oder Hindernisse? Hat jemand zu viel oder zu wenig Arbeit? Gibt es Bremsklötze! Wie steht es mit der Harmonie im Team?“ Die harmonische Kooperation ist Trumpf. In die Selbstbeobachtung fließt notwendigerweise auch das Feedback von außen ein. „Welche Meldungen bekommen wir von außen?“ „Was sagen unsere Kunden über unsere Produkte und Dienstleistungen? Sind Sie zufrieden, beschweren sie sich? Was müssen wir tun, um Sie glücklicher zu machen?“ Kontinuierliche Selbstbewertung und Fortschrittsmessung sind absolut wichtig für Spitzenteams.

Es gibt im wesentlichen vier Management-Stile, die Sie als Teamleader – oder auch als Teammitglied – anwenden können. Welchen Sie wählen, hängt von Erfahrung und Bedürfnissen der Teammitglieder ab. Der erste Stil ist autoritär geprägt. Sie geben klare Instruktionen, denen sich kaum jemand widersetzt. Der zweite Stil ist der verkaufende Stil, bei dem Sie die Mitglieder mit Argumenten und motivierende Reden überzeugen, ihre Arbeit zu tun. Der dritte Managementstil ist kooperativ: Hier führen Sie offene Diskussionen und streben nach einem allgemeinen Konsens über Arbeitsweisen, Aufgabenverteilung, Methoden usw. Der vierte Stil ist der des Delegierens: Sie betrauen Personen im Team, die sich als kompetent bewährt haben, mit bestimmten Aufgaben und lassen Sie von da an eigenverantwortlich schalten und walten.

Was den Entwicklungs- und Reifeprozeß von Teams angeht, so unterscheidet man generell vier Stufen. Die erste Stufe ist die der Teamgründung. Das Team kommt zum allerersten Mal zusammen. Zu diesem Zeitpunkt ist die Moral sehr hoch – alle sind interessiert, motiviert usw. Aber die Produktivität ist noch sehr gering, da niemand genau weiß, was getan werden muß oder wer was zu tun hat. Auf der zweiten Stufe folgt meistens ein markanter Motivationseinbruch. In dieser stürmischen Phase beginnt das Team, die Komplexität und Schwierigkeit seiner Aufgabe zu realisieren. Man ist sich nicht sicher, wer was tun soll, und Entmutigung macht sich breit. Die Moral sinkt dramatisch. Erstaunlicherweise steigt gleichzeitig die Produktivität, weil die Punkte durchsortiert werden, die später zur Projektrealisation führen. Wenn die Gruppe heftig argumentiert, kämpft, streitet, dann ist das auf dieser Stufe ganz normal. Die nächste

Stufe ist das Normieren. Hier entwickeln die Teammitglieder Klarheit über Werte, Ziele, Verantwortungen. Die Moral steigt wieder, die Leistungsausbeute wächst. Alle wissen, was sie zu tun haben, und werden optimistischer. Sie sehen, daß es möglich ist, das Ziel zu erreichen. Auf der vierten Stufe ist das Team perfekt eingespielt, funktioniert wie eine gut geölte Maschine. Die Moral erreicht ihren Höhepunkt, und die Resultate werden besser und besser. Jeder kennt jeden. Jeder weiß, was der andere kann. Die Stimmung ist prima. Diese Stufe kann nur erreicht werden, wenn vorher die Stufen des sich Bildens, des Stürmens und Normierens durchlaufen wurden. Haben Sie Geduld.

Ein guter Teamspieler zu sein ist heute die am meisten geschätzte Qualität in der Arbeitswelt. Laut einer Studie sind 95 Prozent aller von ihrer Firma gekündigten Leute Menschen, die nicht fähig waren, mit anderen zurechtzukommen und sich ins bestehende Team zu integrieren.

Sie waren unfähig, ihren Beitrag zu leisten – wertvoll für ihre Firma zu sein. Je besser Sie im Team auftreten, um so mehr Gelegenheiten werden Sie bekommen, auf höheren Ebenen zu agieren. Richten Sie Ihre Aufmerksamkeit auf das, was jeder einzelne zu geben hat. Konzentrieren Sie sich darauf, Ihren Job bestmöglich auszufüllen. Dann werden Sie nicht nur ein exzellenter Teamspieler, sondern auch beispielhafter Teamleader. Sie werden Ihrer Firma das Beste geben, was Sie zu geben haben. Und Sie werden das Wertvollste aus sich herausholen, etwas von dem Sie vielleicht gar nicht wußten, daß es Ihnen schlummert.

Sehen Sie dazu auch die Übungen auf Seite 213.

16

Streß und Anspannung lindern

Personal Leadership bedeutet auch, ein Mensch mit niedrigem Streßpegel zu werden. Wir wissen inzwischen, daß 80 Prozent aller physischen Erkrankungen eine psychologische Ursache haben. Manche Ärzte behaupten sogar, 85 wenn nicht gar 90 oder 95 Prozent aller Krankheiten lägen in der geistigen Einstellung verwurzelt. Diese Erkrankungen nennt man psychosomatische Erkrankungen: Psycho, der Geist, macht Soma, den Körper, krank. Es ist bekannt, daß Streß, Anspannung, psychosomatische Beschwerden sich in Kopfschmerzen, Erkältungskrankheiten bis hin zu Schlaganfällen, Herzkrankheiten und sogar Krebs äußern können. Streß gehört zu den größten Leiden des 20. Jahrhunderts.

Erfahren Sie nun, wie Sie Ihren Streßpegel reduzieren können, um voll leistungsfähig zu sein. Hier die gute Nachricht: Streß wird nicht durch die Ereignisse selbst hervorgerufen, sondern durch unsere Reaktion darauf. Hans Syle, ein renommierter Streßforscher bezeichnet Streß als nicht-spezifische Reaktion auf einen äußeren Stimulus. Mit anderen Worten: Entscheidend ist die Art, wie Sie auf ein Geschehnis reagieren, nicht das Geschehnis selbst. Alles dreht sich darum, wie Sie die Situation für sich selbst interpretieren. Sie könnten zum Beispiel verspätet zur Arbeit losfahren, im Verkehr aufgehalten werden und sich verrückt machen deshalb. Am nächsten Tag haben Sie viel Zeit auf dem Weg zur Arbeit, geraten wieder in starken Verkehr, aber diesmal berührt Sie das überhaupt nicht. Es ist nicht die Situation, sondern die Art und Weise, wie Sie sich selbst diese Situation erklären, die Streß erzeugt. Spitzenleister arbeiten ständig an ihrer Interpretation der Geschehnisse. Streß kommt von innen, nicht von außen. Es handelt sich um ein Warnzeichen der Natur, so als ob Sie einen heißen Ofen berührt und sich dabei die Hand verbrannt hätten und nun nie wieder einen heißen Ofen anfassen werden. Wenn Sie Streß und Anspannung erfahren, dann will die Natur Ihnen signalisieren, daß mit Ihrem Leben etwas nicht in Ordnung ist, etwas muß überprüft oder verändert werden. Wenn Sie nicht auf diese Warnzeichen achten, dann könnten Sie schon bald körperlich krank werden. Offenbar können wir oft beschließen, krank oder gesund zu sein. Es gibt viele Geschichten von Menschen, die lange Zeit krank waren und plötzlich entschieden haben, nicht länger krank sein zu wollen. Manche Menschen sind niemals krank. Sie entscheiden, niemals krank zu sein und sind es auch nie. Wie kommt es beispielsweise, daß junge Mütter niemals oder nur sehr selten krank sind? Die Antwort ist einfach: Sie haben keine Zeit, krank zu sein! Sie sind rund um die Uhr beschäftigt, sich um ihre Kinder zu kümmern, so daß sie schlicht keine Zeit zum Kranksein haben. Dr. Carl Simonton fragte Patienten, die mit schweren Krankheiten in seine Klinik kamen: „Warum brauchen Sie diese Krankheit? Inwiefern hält diese Krankheit sie davon ab, sich mit Dingen in Ihrem Leben auseinanderzusetzen?" Nachdem er lange genug mit ihnen gesprochen hatte, gestanden diese Menschen schließlich, daß es in der Tat etwas in ihrem Leben gab, mit dem sie nicht umgehen wollten und was Sie womöglich krank gemacht hatte.

Dr. Simonton erzählte einmal die Geschichte eines jungen Mannes Mitte 30, der in seine Klinik kam und schwer an Krebs erkrankt war. Er hatte nur noch sechs Monate zu leben. Dr. Simonton fragte ihn, wofür er die Krankheit bräuchte und womit er in seinem Leben nicht umgehen wollte. Er antwortete, daß er selber Arzt sei, aber gegen seinen Willen. Seine Eltern hatten ihn zum Medizinstudium gedrängt. Er haßte seinen Beruf, hatte immer Architekt werden wollen. Dr. Simonton schlug vor: „Da Sie nur noch so wenig Zeit übrig haben, warum besuchen Sie nicht ein paar Architekturkurse und lesen Bücher über Architektur? Daraufhin begann sein Patient ein Architekturstudium. Fünf Jahre später hatte er keinen Krebs mehr. Er besaß einen Abschluß in Architektur und ist heute ein glücklicher Mensch, weil er sich letztendlich doch mit dem auseinandersetzte, was ihn krank gemacht hatte.

Darüber sollten wir intensiv nachdenken. Wir wissen, daß Streß und negative Gefühle in irgendeiner Art unser Immunsystem schwächen und anfällig für Krankheiten machen. Gefühle von Hilflosigkeit, Machtlosigkeit, Hoffnungslosigkeit, Frustration und Ärger setzen Ihrem Immunsystem zu und erhöhen seine Anfälligkeit. Andererseits haben Psychologen einen Typus identifiziert, den sie die widerstandsfähige Persönlichkeit nennen. Die widerstandsfähige Persönlichkeit zeigt gute Abwehrkräfte gegenüber Krankheiten zeigt. Die Psychologen sagen, die widerstandsfähige Persönlichkeit kennzeichne sich durch einen hohen Grad an Selbstbewußtsein, Selbstwertgefühl und persönlichem Stolz. Einen Schlüssel zur Streßbewältigung bietet das Gesetz der Substitution. Seine Grundlagen reichen über 1000 Jahre zurück. Es wurde jahrzehntelang in unserem Forschungsinstitut getestet und rät folgendes: Interpretieren Sie Geschehnisse eher positiv als negativ. Wenn Dinge passieren, werden Sie nicht ärgerlich, sondern interpretieren Sie sie als etwas Gutes. Sie bleiben im Verkehr stecken. Sagen Sie: „Das ist gut. Jetzt habe ich die Chance, mir einiges durch den Kopf gehen zu lassen", statt ärgerlich und frustriert zu sein. Ein anderer Weg, negative Emotionen im Keim zu ersticken, ist der, sich ihren Ausdruck zu verkneifen. Sehen Sie, negative Emotionen auszudrücken, ist wie eine Lunte in die Büsche zu werfen. Sie lassen sie brennen, ein Feuer entsteht und breitet sich blitzartig in alle Richtungen aus.

Wenn Sie negative Emotionen – egal welcher Art – ausdrücken, werden Sie nur noch negativer und ärgerlicher. Ihre Frustration wächst. Sie werden depressiv. Sie können sogar krank oder noch kränker werden. Versuchen Sie, Spiele mit sich zu spielen. Finden Sie Gründe, negative Emotionen für sich zu behalten, nach dem Motto: „Was nicht geheilt werden kann, muß ausgestanden werden!" Wann immer etwas passiert, was Sie normalerweise aufregen würde, halten Sie nach dem Guten Ausschau. Vergeben Sie dem Menschen, was immer er auch getan hat und entscheiden Sie sich, fröhlich und optimistisch zu sein. Eine positive mentale Haltung erleichtert Ihren Erfolg bei allem, was Sie tun. Und zu dieser positiven Geisteshaltung können Sie sich bewußt entschließen. Sie brauchen einfach nur das

Gute in jeder Situation zu suchen. Erinnern Sie sich an ein Gesetz, das wir in einem früheren Kapitel erwähnt haben: Wenn Sie irgendeine Art von Negativität ausdrücken, dann beeindrucken Sie damit Ihr Unterbewußtsein nachhaltig, und irgendwann wird das Negative in Ihren Beziehungen, Ihren Unterhaltungen oder in Ihrer Gesundheit durchbrechen. Glauben Sie mir: Sie können Ihr eigener Psychotherapeut werden. Ich bringe Ihnen bei, wie Sie sich selber analysieren können, um die meisten Ihrer psychologischen Probleme selbst lösen zu können, mental topfit zu sein und sich stets unter Kontrolle zu haben. Sein eigener Psychotherapeut zu werden – das beginnt mit dem Wissen über sich selbst. Je mehr Sie über sich selbst wissen und begreifen, was Sie veranlaßt, sich so zu fühlen, wie Sie sich fühlen, um so besser verstehen Sie sich selbst.

Es gibt sieben Hauptgründe für Streß und negative Emotionen in unserer heutigen Welt – sieben Hauptgründe für das Unglücklichsein. Und diese Gründe sind für das Gros aller psychosomatischen Erkrankung verantwortlich. Nummer eins ist die Erschöpfung. Sie schwächt Ihre physische und emotionale Widerstandskraft und kommt am häufigsten vor. Sie macht anfällig für Streß, Anspannung, Ungeduld und innere Unruhe. Das Gegenrezept ist einfach: Ruhe und Erholung.

Achten Sie darauf, sieben bis acht Stunden Schlaf zu bekommen. Gönnen Sie sich Muße an den Wochenenden, und gehen Sie früh zu Bett. Schieben Sie, wenn nötig, einen Kurzurlaub ein. Sie werden staunen, wieviel widerstandsfähiger Sie im Umgang mit Problemen werden. Vince Lombardi hat einmal gesagt: „Erschöpfung macht Feiglinge aus uns. Erschöpfung schwächt unseren Widerstand“ Hohe Energiereserven stärken unseren Widerstand und Charakter. Es ist wichtig, daß Sie sich auch um Ihre physische Gesundheit kümmern, zum Beispiel das Richtige essen: Viel Obst und Gemüse, nicht belastendes Protein, Vollkornprodukte, und trinken Sie reichlich Wasser! Sie sollten auch regelmäßig Sport treiben. Wer sich gut ernährt, ausreichend Bewegung und viel Ruhe hat, verfügt über enorme Vitalität und gute Abwehrkräfte gegen Streß jeder Art. Eine zweite Hauptquelle von Streß ist ein Mangel an klaren Zielen und Sinn im Leben. Klarheit ist absolut entscheidend – das kann nicht oft genug betont werden. Rund 80 Prozent aller Menschen, die aus irgendeinem Grund unglücklich sind, sind überwiegend deshalb unglücklich, weil sie keine Ziele haben und sich im Kreis bewegen. Laut Dr. Victor Frankl, dem Erfinder der Logo-Therapie, ist das tiefste unterbewußte Bedürfnis das Bedürfnis nach Sinn und Bedeutung, das Bedürfnis nach Wichtigkeit. Wir müssen fühlen, daß unser Leben etwas zählt, einen Unterschied ausmacht. Wenn wir keine Ziele, keinen Zweck, keine Mission oder Vision im Leben haben, bewegen wir uns im Kreis. Das macht uns unglücklich und depressiv, erzeugt negative Gefühle, Streß und Anspannung. Ein gesundes Leben bedeutet Hingabe an etwas Größeres als sich selbst. Es sollte einen Unterschied in der Welt ausmachen. Dazu gehört eine Arbeit, von der Sie wissen, daß sie Bedeutung hat. Wenn dieser Inhalt fehlt, verlieren Sie an Motivation. Erinnern Sie sich: Motivation bedarf eines Motivs. Um auf den richtigen Weg zurückzukehren, müssen Sie klare Ziele setzen und Pläne konzipieren, an denen Sie jeden Tag ein Stück arbeiten können; und mit jedem Stück, das Sie Ihrem Ziel näher kommen, werden Sie sich besser fühlen. Ihr Selbstbewußtsein wird wachsen, Ihr Selbstwertgefühl, Ihr Gefühl des persönlichen Stolzes – und Ihr Streß wird verschwinden. Den dritten Hauptgrund für Streß nennen wir die unvollendete Aktion – Dinge, die Sie in Ihrem Leben versäumt oder Situationen, die Sie ungelöst gelassen haben. Jede unvollendete Aktion verursacht Streß und Anspannung. Sehen Sie, der Mensch trägt so etwas wie ein Verlangen in sich, Begonnenes zum Abschluß zu bringen, keine „offenen Geschäfte“ zu haben, nichts Unerledigtes mit sich herumzuschleppen. Alles, was nicht zu Ende gebracht wurde, verursacht Streß und Anspannung. Zaudern senkt Ihr Selbstbewußtsein, es macht Sie ängstlich und irritiert. Die Lösung ist einfach: Beginnen Sie, die Dinge zu Ende zu bringen, und bleiben Sie so lange am Ball, bis alles erledigt ist. Eine der besten Methoden, sich von Streß zu befreien und Ihr Leben unter Kontrolle zu bekommen, besteht darin, sich Ihre wichtigste Aufgabe vorzuknöpfen und so lange zu verfolgen, bis sie zur Zufriedenheit erledigt ist. Danach werden Sie sich fantastisch fühlen.

Ein konsequent abgehaktes Problem gibt Ihnen ein Gefühl von Erleichterung und Kontrolle, hebt Ihr Selbstbewußtsein, Ihr Selbstwertgefühl und Ihren persönlichen Stolz. Das bereits erwähnte „offene Geschäft“ ist eine weitverbreitete Subkategorie der unvollendeten Aktion. Davon sprechen wir, wenn Sie mit einem anderen Menschen eine schlimme Erfahrung verbinden, die Sache vorbei ist, aber eben noch nicht ausgestanden und Sie immer noch darunter leiden. Sie weigern sich, loszulassen Sie sind immer noch ärgerlich. Merken Sie sich: Niemand hat Macht über Ihre Gefühle, es sei denn, es gibt noch etwas, das Sie von ihm oder ihr wollen – zum Beispiel Respekt, Geld oder Liebe. Sie wollen, daß es der Person leid tut oder sie sich entschuldigt. Aber solange Sie noch etwas wollen, sind Sie mit der Sache nicht fertig. Ich habe Menschen getroffen, die fast 20 Jahre geschieden und immer noch wütend waren. Sie konnten die schlechte Ehe einfach nicht loslassen. Bei anderen ist es das traumatische Verhältnis zu den Eltern, die Arbeitsstelle oder die verflixte geschäftliche Situation. Auch hier ist die Lösung einfach. Lassen Sie endlich los! Nichts ist es wert, daß Sie Ihren Seelenfrieden dafür opfern! Lösen Sie sich, indem Sie fortgehen – zumindest im Geist. Sie werden erstaunt sein, welch große Erleichterung Ihnen dieser Befreiungsschlag verschaffen und wie sehr Ihr Streßpegel sinken wird. Der vierte Hauptgrund für Streß ist die Angst vor dem Versagen. Die Angst vor dem Versagen gilt als die wichtigste Ursache für die Nichterreichung von Zielen im Erwachsenenalter. Die Angst vor dem Versagen verursacht Gefühle von Machtlosigkeit und Ohnmacht: „Ich kann nicht, ich kann nicht, ich kann nicht!“ Diese manifestieren sich in der Unfähigkeit, Entscheidungen zu treffen – Sie können weder vorwärts noch rückwärts. Sie können sich keine Ziele setzen noch eingehend einer Sache widmen. Versagensängste bekommen Sie in den Griff, indem Sie genau das tun, wovor Sie sich fürchten. Nur wenn Sie sich regelmäßig Ihren Ängsten stellen, werden diese allmählich kleiner und verschwinden am Ende ganz. Wenn Sie merken, wie die Angst aufkommt, fragen Sie sich, was als Schlimmstes in dieser Situation passieren kann. Was kann im schlimmsten Fall geschehen? Wenn Sie darüber nachdenken, werden Sie feststellen, daß das schlimmste Szenario gar nicht so schrecklich ist. Also werden Sie aktiv! Ein Gegengift für die Versagensangst besteht darin, permanent zu wiederholen: „Ich kann es! Ich kann es!“ Sie können nicht zwei Gedanken zur gleichen Zeit denken. Sie können nicht gleichzeitig an Angst und „Ich kann es!“ denken. Wann immer Sie „Ich kann es!“ aussprechen, blenden Sie Ihre Ängste aus. Die Angst verschwindet an dem Punkt, wo Sie aktiv werden. Hier zwei Fragen, mit denen Sie Rückschläge oder zeitweiliges Versagen in Erfolge umwandeln können. Die erste Frage lautet: Was habe ich richtig gemacht? Was immer geschehen ist, irgend etwas haben Sie richtig gemacht. Selbst wenn es ein kompletter Reinfall war, analysieren Sie die Situation und sagen Sie, was Sie richtig gemacht haben. Die Antwort auf diese Frage fällt zwangsläufig positiv aus – und das ist der Zweck der Übung. Schreiben Sie alles nieder, was Sie richtig gemacht haben, und Sie werden erstaunt sein, wieviel Sie aus dieser Situation lernen können. Zur Frage Nummer zwei: Fragen Sie sich, was Sie anders machen würden, wenn Sie eine zweite Chance hätten. Was würde ich heute anders machen? Wenn Sie in diese Richtung zu denken beginnen, dann wird Ihre Grundstimmung wieder positiv. Die fünfte Hauptwurzel für Streß ist die Angst vor Zurückweisung, die Angst, nicht akzeptiert, nicht verstanden zu werden. Sie liegt meist in der konditionierten Liebe begründet, die Sie möglicherweise in Ihrer Kindheit erfahren haben, wenn Sie das Gefühl hatten, von Ihren Eltern nicht bedingungslos geliebt oder angenommen zu werden. Diese Form von Liebe wird oft von Vätern praktiziert. Viele von uns wachsen auf mit dem Drang, das Wohlwollen unseres Vaters zu verdienen, unseren Vater dazu zu bewegen, uns bedingungslos zu lieben. Selbst wenn er nicht mehr lebt, fühlen wir uns oft bedrückt und unglücklich, als ob wir etwas besser hätten machen können, um mehr Liebe von ihm zu bekommen. Aber hier ist die Wahrheit: Egal, wieviel Liebe Ihr Vater oder Ihre Mutter Ihnen gab – es war alles, was sie geben konnten. Sie hätten sie niemals dazu bewegen können, Sie irgendwie anders zu behandeln, als sie es taten. Sie hatten ihre eigenen Probleme mit ihren Eltern, ihrem Leben, und sie haben

Ihnen alles gegeben, was sie geben konnten. Mehr war einfach nicht drin. Fühlen Sie sich also weder schuldig noch traurig, weil Sie nicht ihre ganze Liebe oder Akzeptanz bekommen haben. Sie haben all das bekommen, wozu Ihre Eltern fähig waren. Ob sie in der Kindheit oder erst später erworben wurde – Angst vor Zurückweisung manifestiert sich im sogenannten Typ-A-Verhalten, das von einem Hang zum sogenannten Fanatischen geprägt ist. Das ist das eine Extrem. Es gibt aber auch andere Extreme: Gefühle der Hilflosigkeit, Depression und Apathie. Hier einige „Symptome" des immer häufiger werdenden A-Typus – vielleicht erkennen Sie sich ja wieder. Das erste Symptom: Sie bilden sich ein, nur unter zeitlichem Druck eine Menge geschafft zu bekommen, leiden unter einer Art Eil-Krankheit. Sie versuchen, immer mehr in immer weniger Zeit zu bewältigen. Sie fühlen sich sogar schuldig, wenn Sie nicht unter Druck stehen, nicht mit Arbeit zugeschüttet sind. Die Typ-A-Person fühlt sich getrieben in einer Hetzjagd, von äußeren Umständen beherrscht. Der A/B-Typ ist von Leistung und Auftreten besessen, will höchsten Standards, die andere gesetzt haben, gerecht werden. Die Typ-A-Person kennzeichnet sich durch Aggressivität, Feindseligkeit und betontes Konkurrenzverhalten. Sie orientiert sich stärker an Dingen als an Menschen. Sie sieht Menschen eher als Objekte an, die manipuliert oder benutzt werden können. Der Typ A denkt und redet unaufhörlich über seine Arbeit und ist oft geradezu besessen von seinem Vorgesetzten. Der Chef ist so etwas wie ein Ersatzvater für ihn – er tut alles, um sein Wohlwollen zu ergattern. Und schließlich kann ein von starken Zurückweisungsängsten geplagter Typ A nicht entspannen, keine Ferien machen, sich nie bequem zurücklehnen. Darum ist er fast immer unglücklich, gestreßt und ängstlich. Was tun, wenn Sie sich als Typ A entlarven? Ganz einfach: Geben Sie zunächst einmal zu, daß Sie ein Typ A sind und nicht länger so weiterleben wollen. Zweitens: Ändern Sie sich. Drittens: Lernen Sie, zweimal am Tag komplett zu entspannen. Meditieren Sie, hören Sie klassische Musik. Entspannen Sie zweimal am Tag ganz bewußt. Je mehr Sie sich entspannen, um so mehr wird Ihr Typ-A-Verhalten zurücktreten und desto mehr Personal Leadership entwickeln Sie. Der sechste Hauptstreßfaktor ist das Leugnen – die Weigerung, sich unangenehmen Dingen in Ihrem Leben zu stellen. Das kann eine marode Beziehung oder Ehe, eine unbefriedigende Arbeitsstelle, ein despotischer Chef, eine unkluge Investition sein. Das Leugnen ist übrigens die Hauptursache für psychosomatische Erkrankungen, Streß und tief empfundenes Unglück. Die Regel besagt, daß es immer einen Preis gibt, den Sie bezahlen müssen, um sich von jedem Problem in ihrem Leben zu befreien. Fragen Sie sich: „Welcher Situation in meinem Leben möchte ich nicht gegenüberstehen? Was wäre das Schlimmste?“ Was immer es ist – arbeiten Sie daran, es zu akzeptieren und damit umzugehen. Wenn jemand anders ein Problem hat, fragen Sie: „Welcher Sache in deinem Leben weichst du aus!“ Niemand sollte seinen Seelenfrieden aufs Spiel setzen! Für nichts! Wenn etwas Sie aufregt oder unglücklich macht, packen Sie das Problem an, und lösen Sie es. Der siebte und letzte Hauptgrund für Streß ist Ärger – die schlimmste aller negativen Emotionen. Alle negativen Emotionen äußern sich letztlich in Ärger. Dabei macht er entweder andere oder Sie selbst krank. Ärger zerstört Ihre Gesundheit. Er zerstört Ihre Beziehungen. Er zerstört Ihren Seelenfrieden. Verursacht wird Ärger durch Angst, durch Schmerz oder Verletzung. Er entsteht durch Entäuschung, unerfüllte Erwartungen. Menschen agieren und reagieren nicht so, wie wir es von ihnen erwarten. Irgend etwas funktioniert nicht, wie es sollte – Ihre Karriere, Ihre Ehe, Ihre Investition.

Ärger wird durch bestimmte Wahrnehmungen ausgelöst. Folgende Kette spielt sich ab: Sie haben eine Wahrnehmung, eine Art, wie Sie sich die Realität erklären, die Gefühle von Ärger und Angst auslöst. Es ist immer unsere Wahrnehmung und Interpretation. Wenn Sie interpretiert haben, daß Sie attackiert werden, daß jemand durch Sie Vorteile gewinnen will, bereitet sich Ihr Körper sofort auf Kampf oder Flucht vor: Adrenalin wird in Ihr System gepumpt, Blut fließt in Ihre Arme – zum Kämpfen – oder in Ihre Beine – zum Fliehen. In unserer modernen Gesellschaft sind Kampf oder Flucht normalerweise nicht möglich, so daß Ihr Körper in einem Zustand ärgerlicher Erregung verharren muß. Sie stellen fest, jemand hat Ihr Auto auf dem Parkplatz angefahren und ist abgehauen. Sie können sich nicht abreagieren. Oder bei einer Einladung sagt jemand etwas, das Ihnen gegen den Strich geht, aber Sie müssen sich beherrschen. Oder Ihr Chef fällt mit Vorwürfen über Sie her – auch hier ist es nicht ratsam, Ihrem Ärger Luft zu machen. Die Folge: In Ihrem Innern stauen Sie immer mehr Ärger und Frustration an. Das kann Bluthochdruck, Magengeschwüre, Hautkrankheiten, ja sogar Herzinfakte, Schlaganfälle und Krebs begünstigen. Wenn Sie oft genug ärgerlich werden, verselbständigt sich Ihr Ärger zum automatischen Reflex bei jedem kleinen Mißgeschick. Wer sich gestattet, ärgerlich zu werden, reduziert seine Toleranzschwelle gegenüber Ärger und reagiert bald nur noch ärgerlich. Bestimmt kennen Sie Menschen in Ihrem Umfeld, die sich ständig über irgend etwas ärgern. Der Ärger vergiftet ihr System, sabotiert ihre Gesundheit und ihre Beziehungen. Wie sieht die Lösung aus? Psychologen sprechen von der kognitiven Kontrollmethode, das heißt: Sie gebrauchen Ihren Intellekt, um es gar nicht erst zu negativen Gefühlsausbrüchen kommen zu lassen. Zuerst einmal entscheiden Sie im voraus, daß Sie das nächste Mal, wenn eine besondere Situation auftaucht, in der Sie normalerweise ärgerlich werden, Ihren Ärger im Zaum halten. Zweitens: Wenn die Situation dann tatsächlich eintritt, denken Sie an einen Menschen oder eine Situation, die Sie positiv interpretieren können. Sie sagen: „Das ist eine gute Gelegenheit für mich, Selbstkontrolle zu lernen." Oder: „Ich bin verantwortlich! Ich bin verantwortlich für meine Reaktion. Ich bin verantwortlich für meine Gefühle". Wann immer Sie sagen: „Ich bin verantwortlich!", kann sich Ihr Ärger nicht entwickeln – das besagt das Gesetz der Substitution. Es gibt mehrere Gründe, nicht ärgerlich zu werden und statt dessen dem anderen zu vergeben. Bedauern Sie den anderen. Finden Sie Entschuldigungen für ihn. Es ist unmöglich, jemanden zu bedauern und gleichzeitig ärgerlich zu bleiben. Sie können alle Arten von Emotionen kontrollieren, indem Sie Ihre Reaktionen auf bestimmte Situationen im Griff haben. Wann immer Sie sich aufregen oder ärgern, denken Sie an Ihre Ziele. Ihre Ziele sind durch und durch positiv. Reden Sie in positivem Ton mit sich selbst. Sagen Sie: „Ich mag mich! Ich mag mich! Ich mag mich!“ Sie können nicht ärgerlich mit anderen sein, während Sie beschwören, wie sehr Sie sich mögen. Beschäftigen Sie sich mit Dingen, die Ihnen wichtig sind, damit Sie keine Zeit haben, sich aufzuregen oder negativ zu reagieren. Denken Sie daran: Letztendlich sind Sie immer frei, Ihre Reaktionen in jeder einzelnen Situation selbst zu bestimmen. Ihre Lebensqualität hängt davon ab, wie gut Sie mit dieser Freiheit umzugehen wissen. Weniger Streß bedeutet aber auch mehr Leistungsfähigkeit. Weniger Streß und die bewußte Kontrolle über Ihre Gefühle führen zu mehr Selbstbewußtsein, Selbstwertgefühl und persönlichem Stolz, die wiederum langfristig in Personal Leadership und Spitzenleistung resultieren.

Sehen Sie dazu auch die Übungen auf Seite 213f.

17

Nutzen Sie Ihr Genie!

Wie würde es Ihnen gefallen, wenn Sie Ihre geistige Kapazität verdoppeln könnten? Wären Sie gern doppelt so klug, wie Sie es heute sind? Denken Sie, das wäre in Ihrem Leben oder bei Ihrer Arbeit hilfreich? Wir wissen, daß der Durchschnittsmensch nur einen Bruchteil seines geistigen Potentials nutzt. Und das stimmt nirgends mehr als im Bereich der Kreativität und der Problemlösungen. Lösen Sie die Bremsen Ihrer mentalen Fähigkeiten. Wir haben, wie Dr. Harlow Shapley von der Harvard University es nennt, das psychozoide Zeitalter – das Zeitalter des Geistes erreicht. Wir wissen heute mehr über die menschliche Intelligenz und Kreativität als jemals zuvor.

Ich verrate Ihnen jetzt ein Geheimnis: Sie sind ein Genie! Jawohl, Sie haben die Fähigkeit, jedes Problem zu lösen, jedes Hindernis zu beseitigen, jedes Ziel, das Sie sich setzen, zu erreichen, wenn Sie nur lernen wie. Und Ihre Fähigkeit zu lernen ist nahezu unbegrenzt. Einstein hat gesagt, daß jedes Kind als Genie geboren wird. Jedes Kind kommt mit bemerkenswerten Fähigkeiten, zu lernen und Dinge mit neuen Augen zu sehen, auf die Welt. In den ersten zwei Lebensjahren lernen Kleinkinder 26 Sinne zu koordinieren. Sie entwickeln ihre geistige Kapazität mit rasender Geschwindigkeit. Wenn Sie im Alter zwischen zwei und vier Jahren auf ihre Kreativität hin getestet werden – der früheste Zeitpunkt, zu dem dies möglich ist –, stellen sich 95 Prozent als hochkreativ heraus. Doch was passiert mit diesen Kindern? Sie werden älter und gehen zur Schule. Wenn die gleichen Kinder mit sieben Jahren getestet werden, dann sind nur noch vier Prozent hochkreativ. Sie haben gelernt, Punkte mit Linien zu verbinden, daß man Kühe braun statt blau malt. Sie haben gelernt in Schachteln und Schubladen zu denken. Daß sie nicht zappeln dürfen, brav sein und sich anpassen müssen. In der Schule sitzen sie in ordentlichen Reihen, was ihrem Drang, aufzuspringen, sich zu bewegen, Dinge zu berühren, die Welt zu entdecken, komplett widerspricht. Das Sprechen ist ihnen nur erlaubt, wenn sie aufgerufen werden. Sie müssen ihre Hand heben, um eine Frage zu beantworten oder den Raum verlassen zu dürfen. Kein Wunder, daß Kinder, die ihnen in die Wiege gelegte Kreativität schnell verlieren! Dr. Howard Gardner von der Harvard University hat das Buch *Frames of Mind* geschrieben, das seine Studien über menschliche Intelligenz zusammenfaßt. Er gilt als Begründer der Theorie von den „multiplen Intelligenzen". Sieben unterschiedliche Intelligenzen besitzen wir laut Gardner, aber nur zwei davon werden in der Schule getestet. Das ist einmal die verbale Intelligenz – die Fähigkeit zu lesen, zu schreiben und zu reden – und zum zweiten die mathematische Intelligenz – die Fähigkeit, mit Zahlen umzugehen, zu addieren, subtrahieren, multiplizieren usw. Schulische Eignungstests basieren überwiegend auf verbaler und mathematischer Intelligenz, ebenso die meisten IQ-Tests. Diese Intelligenzen werden primär getestet. Doch Dr. Gardner hat noch mehr identifiziert. Die dritte Intelligenz ist die visuell-räumliche Intelligenz – die Fähigkeit, in dreidimensionalen Bildern zu denken, ihre Vorstellungskraft zu nutzen, Gebäude zu entwerfen und mit Farben umzugehen. Die visuell-räumliche Fähigkeit ist außerordentlich wichtig, aber sie wird in der Schule nie getestet. Sie könnten ein Genie auf diesem Gebiet sein, doch niemand würde je davon erfahren. Die vierte Form der Intelligenz ist die musische Intelligenz – die Fähigkeit, Musik zu spielen und zu komponieren, zu singen und zu tanzen. Kaum eine andere Intelligenz ist auf der ganzen Welt so hochbezahlt wie diese. Mozart mag zum Beispiel schlechte Noten in der Schule bekommen haben, aber seine Musik war einmalig. Auch Sie könnten ein musisches Genie sein, während Ihre verbalen oder mathematischen Leistungen enttäuschen. Die fünfte Intelligenz ist die kinästhetische Intelligenz – die Fähigkeit, Ihren Körper effektiv einzusetzen, Sport zu treiben; manuelles Geschick und die Freude an physischer Aktivität. Sie ist weitverbreitet, und auch mit ihr läßt sich – etwa als

Profisportler – viel Geld verdienen. Die sechste Intelligenz ist die interpersonale Intelligenz – die Fähigkeit, gut mit anderen Menschen auszukommen, zu vermitteln, zu schlichten, zu koordinieren, zu beeinflussen, zu überreden, zu verkaufen, zu motivieren und zu inspirieren. Interpersonale Intelligenz wird von Rechtsanwälten, Politikern, Verkäufern, Managern usw. genutzt, und es handelt sich um die bestdotierte Einzelintelligenz in den USA. Sie könnten ein Genie in interpersonaler Intelligenz sein, ohne daß Ihre Schulnoten das jemals reflektiert hätten. Die siebte Form der Intelligenz, die Dr. Gardner entdeckte, ist die intrapersonale Intelligenz – die Fähigkeit zum Alleinsein und zur stillen Reflexion, der Einklang mit sich selbst. Das ist die Fähigkeit, Ziele zu setzen, zu analysieren, zu lernen, zu beurteilen, zu untersuchen, zu verstehen, wer Sie sind und woher Sie kommen. Wie Sie wissen, ist Ihre Fähigkeit, Ziele zu setzen, zu analysieren, Situationen zu beurteilen und Entscheidungen zu treffen, außerordentlich wichtig. Auch sie tritt in keiner Schulnote zutage. Der Engländer Charles Handy postulierte, daß es daneben unternehmerische Intelligenz, technische Intelligenz, abstrakte Intelligenz, intuitive Intelligenz und noch eine Vielzahl anderer Intelligenzen gibt, die noch entdeckt werden müssen. Wenn Sie sich nun eine Note von eins bis zehn für jede dieser Intelligenzen geben, erhalten Sie sieben Zahlen – fast wie eine Telefonnummer. Wenn Sie in einer Stadt mit mehreren Millionen Menschen lebten, hätte jeder Bürger eine individuelle Telefonnummer oder Kombination dieser Zahlen von eins bis zehn. In einem Land mit mehreren zehn Millionen Menschen – und zumal, wenn man zusätzliche Intelligenzen hinzuaddiert – wären das noch mehr unverwechselbare Intelligenzcodes. Was das heißen soll? Das soll heißen, daß Sie eine Intelligenzkombination haben, die in der Welt einzigartig ist. Mit Ihrer einzigartigen Kombination der diversen Intelligenzen gibt es nichts, was Sie nicht erreichen könnten.

Wir wissen also, daß Sie von Natur aus kreativ begabt sind – Ihre Kreativität ist so normal wie das Ein- und Ausatmen. Sie besitzen kreatives Genie. Wie sehr Sie dieses ausleben, wird durch drei Dinge beeinflußt. Da sind einmal Ihre Kindheitserfahrungen. Hat man Ihnen oft gesagt, daß Sie ein kreatives Kind sind? Ich erzähle meinen Kindern ständig, daß sie kleine Genies sind, unheimlich kreativ, mit künstlerischem Talent. Das glauben sie, und es wird zu ihrer Wahrheit. Wenn Ihre Eltern seinerzeit Ihre Kreativität nicht ermutigt oder – schlimmer noch – Sie dafür kritisiert haben, könnten Sie leicht dem Trugschluß erliegen, keine kreativen Fähigkeiten zu haben. Ein anderer Faktor, der Ihre Kreativität beeinflußt, ist Ihr momentanes Umfeld – Ihre Arbeit, die Familie, Ihr Zuhause, Freunde. Erkennt oder fördert Ihr momentanes Umfeld Ihre Kreativität nicht, so könnten Sie ebenfalls denken, nicht kreativ zu sein. Der dritte Einflußfaktor ist Ihr Selbstkonzept – die Art, wie Sie sich selbst sehen, über sich denken, wie Sie fühlen und an sich glauben. Wenn Sie im Rahmen Ihres Selbstkonzepts glauben, daß Sie nicht kreativ sind, werden Sie es auch nicht sein; glauben Sie jedoch, daß Sie ein potentielles Genie sind, dann sind Sie es auch. Ihre Kreativität ist dem Gesetz des regelmäßigen Gebrauchs unterworfen, wie ein Muskel, der bei langem Nichtgebrauch zumindest temporär an Kraft einbüßt. Das Wunderbare an der Kreativität ist, daß sie auch bei langem Nichtgebrauch nicht verschwindet, sondern nur in den Untergrund abtaucht – und wartet. Je regelmäßiger Sie aber Ihre Kreativität nutzen, um so ausgeprägter wird sie. Kreative Menschen handeln und denken permanent kreativ. Sie können jederzeit damit anfangen, Ihr kreatives Genie stärker anzuzapfen, indem Sie einfach die höheren Zentren Ihres Geistes aktivieren. Das Gesetz der Kreativität besagt, daß jeder Fortschritt, jede Verbesserung, jeder positive Wandel in Ihrem Leben, mit einer Idee, einem gedanklichen Konstrukt beginnt. Ideen sind der Schlüssel zur Zukunft. Mit Ideen können Sie fast alles erreichen, und Sie sind in der Lage, eine endlose Flut von Ideen zu erzeugen, die Ihr Leben verbessern, wenn Sie Ihre kreativen Kapazitäten entfesseln. Erfolg, Glück, Ihre Position im Leben, finanzielles Einkommen, Ihr Zuhause, Ihre Familie, Ihr Selbstbewußtsein, Selbstwertgefühl und Ihr persönlicher Stolz werden alle durch die Quantität und Qualität neuer Ideen bestimmt, die Sie entwickeln und umsetzen. Unser Gehirn besteht aus rund 100 Billionen Zellen, und jede dieser Zellen ist wieder mit mehr als 20 000 anderen Zellen verbunden. Was bedeutet das? Gehirnforscher sagen, daß die Anzahl möglicher Hirnverbindungen eine Eins, gefolgt von einer ganzen Seite voller Nullen ist, das entspricht der Summe aller Moleküle im uns bekannten Universum. Mit anderen Worten: Ihr Ideenpotential ist unerschöpflich.

Wir unterscheiden zwei Basistypen des Denkens, die für die Kreativität relevant sind: den adaptiven und den mechanischen Denker. Den mechanischen Denker kennen Sie: ein rigider, absoluter Charakter, der nur in Schwarzweiß denkt. Ja oder nein, „Ich kann" oder „Ich kann nicht" – dazwischen existiert für ihn nichts, Flexibilität ist ihm fremd, Wandel verhaßt. Der adaptive Denker hingegen ist offen, neugierig, flexibel, voller Fragelust. Auch Sie sollten offen und interessiert bleiben, neugierig und willens, Neues in Betracht zu ziehen – egal, aus welcher Quelle die Anregung stammt. Kreative Geister kümmert es nicht, wer recht hat, sondern nur, was richtig ist. Manche Menschen mögen es nicht, Ideen von Leuten zu übernehmen, die sie weder bewundern noch sympathisch finden. Kreative Geister sind hingegen bereit, Ideen anzunehmen, auch wenn sie den Urheber nicht leiden können. Für sie zählt nur, was richtig und in der Situation angebracht ist. Ihre kreativen Kapazitäten stärker zu entwickeln, ist nicht schwer. Sie müssen nur Ihren Geist stimulieren. Je mehr Sie das tun – und mit Sport einen körperlichen Ausgleich schaffen –, um so gesünder und aktiver wird Ihr Geist und um so ausgeprägter Ihre Kreativität. Psychologen führten vor einiger Zeit ein Experiment an der Universität von Minnesota durch, das Sie den „Baby-Klau" nannten. Sie suchten Mütter in der Umgebung von Minneapolis mit einem durchschnittlichen IQ von 80 – was an der Grenze zur geistigen Behinderung steht. Sie nahmen die Kinder dieser Mütter und brachten sie an die Universität von Minnesota, wo Psychologiestudenten den ganzen Tag mit ihnen spielten. Die Kinder wurden täglich mehrere Stunden mit Bildern, Spielzeug, Lachen und Aktionen unterhalten und stimuliert. Als Sie alt genug waren, an einem IQ-Test teilzunehmen, was meinen Sie, was passierte? Wie gesagt: Dies war der Nachwuchs von Müttern mit einem durchschnittlichen Niedrig-IQ von 80, und beim ersten Test im Alter zwischen vier und fünf Jahren wurden ein ungewöhnlich hoher Durchschnitts-IQ von 130 ermittelt. Nach ein paar Jahren wurden dieselben Kinder erneut getestet – mit dem gleichen hohen Ergebnis. Bei einem IQ von 140 spricht man beinahe von einem Genie, so daß 130 als absolut erstaunlich bezeichnet werden kann, besonders wenn man bedenkt, daß dieser Wert hauptsächlich durch gezieltes Stimulieren der geistigen Agilität erreicht wurde.

Wie können Sie Ihren Geist stimulieren? Eines der gebräuchlichsten Stimulanzien ist die Sprache. Je mehr Wörter Sie kennen, desto besser können Sie denken und um so kreativer sind Sie. Aus einem Wortschatz von mehreren 100 000 verfügbaren Wörtern benutzen wir durchschnittlich für die meisten Gespräche nur 1200 – eine traurige Bilanz! Menschen mit schlechter Bildung gebrauchen während eines Tages nicht mehr als 400 Wörter. Wörter sind Gedanken, Bilder, Ideen, Konzepte, und über je mehr Wörter Sie verfügen, desto komplexere und originellere Gedanken können Sie verbalisieren. Desto besser verstehen Sie und um so mehr können Sie lernen. Sie vergrößern Ihr Vokabular, indem Sie regelmäßig Wörter in Ihrem Wörterbuch nachschlagen. Allein das kann Ihre Intelligenz und Ihre Kreativität mächtig steigern. Hier noch einige Tips, wie Sie Ihrer Kreativität Flügel verleihen. Da ist einmal das Instrument der Selbstbestätigung. Sagen Sie sich immer und immer wieder: „Ich bin ein Genie". Sobald diese Botschaft in ihr Unterbewußtsein dringt, stehen die Chancen gut, daß dieses sich einverstanden erklärt und Sie vor Ideen nur so sprühen läßt. Die Leute werden fragen: „Wo haben Sie denn diese Idee her?" Worauf Sie antworten: „Wissen Sie, ich bin ein Genie." Und Sie werden völlig verblüfft sein, was noch alles passiert! Als zweites sollten Sie visualisieren. Stellen Sie sich selbst als jemanden vor, der ständig mit neuen Ideen antwortet, als einen hochkreativen Kopf. Erinnern Sie sich: Ihre mentalen Bilder werden von Ihrem Unterbewußtsein akzeptiert. Und Ihr Unterbewußtsein gibt dann diese entsprechenden Ideen an Ihr Bewußtsein frei. Drittens können Sie Ihre Kreativität stimulieren, indem Sie regelmäßig lesen. Lesen ist für den Geist, was Sport für den Körper ist. Hören Sie beim Autofahren Audio-Programme, sammeln Sie neue Ideen. Besuchen Sie Kurse zu verschiedenen Themen. Nehmen Sie jede Gelegenheit wahr, mit neuen Ideen konfrontiert zu werden. Denken Sie daran: Je mehr Sie sich neuen Ideen aussetzen, um so wahrscheinlicher ist es, daß Sie zur richtigen Zeit an die richtige Idee geraten. Eine zündende Idee kann Ihnen Jahre harter Arbeit sparen. Der vierte Weg, Ihren Geist zu stimulieren, ist der Kontakt mit anderen Menschen. Bilden Sie Netzwerke sowohl in Ihrem Bereich als auch auf anderen Gebieten. Diskutieren Sie mit anderen positiv Gesinnten. Stellen Sie Fragen. Hören Sie zu. Und handeln Sie so, als ob Sie bereits hochkreativ wären. Begegnen Sie jeder Situation mit der ruhigen, vertrauensvollen Erwartung, in irgendeiner Weise von ihr zu profitieren.

Hier ist ein Spiel, daß Sie mit sich selbst spielen können. Fragen Sie bei jeder auftauchenden Situation: „Wäre ich ein Genie, wie würde ich mit dieser Situation umgehen? Was würde ich tun? Wie würde ich reagieren? Wenn ich ein Genie wäre, wie würde ich dieses Problem lösen, dieses Ziel erreichen?“ Sie werden staunen, wieviele Ideen allein durch diese Fragen ans Tageslicht gekitzelt werden. Ihre Kreativität wird durch die verschiedensten Fragen stimuliert. Eine der besten Fragen in jeder Situation ist die Frage nach dem Warum. Wenn jemand sagt, daß etwas nicht getan werden kann, fragen Sie unverblümt: „Warum nicht?“ Wenn jemand sagt: „Wir machen das auf die und die Weise“, dann fragen Sie: „Und warum machen wir das so?“ Die Frage nach dem Warum, die nicht umsonst von Kindern so häufig gestellt wird, ist ein fantastisches Vehikel, das die Lösungsfindung unterstützt. Sie betrachten unterschiedliche Wege, die Ihnen helfen sollen, das gleiche Ziel zu erreichen. Warum? Warum nicht? Warum nicht so? Was wäre, wenn wir es doch könnten? Wie könnten wir es anders machen? Billiger? Einfacher? Wie könnten wir die Qualität verbessern? Diese Fragen bestimmen über Ihren Erfolg im Beruf und im Leben. Sie bestimmen, wieviel Geld Sie verdienen und in welche Positionen Sie aufsteigen. Vergessen Sie niemals: Sie sind ein Genie, und alles liegt bei Ihnen. Wenn es Ihnen gelingt, Ihre Kreativität voll zu entfesseln, gibt es keine Grenzen, bei dem was Sie beruflich und in Ihrem Alltag verbessern können. Holen Sie sich eine Flut von Ideen in Ihr Leben!

Sehen Sie dazu auch die Übungen auf Seite 214.

18

Kreative Problemlösungen

Sie wissen jetzt, daß der Durchschnittsmensch – also auch Sie – in seinem ganzen Leben weniger als zehn Prozent seines Potentials nutzt. Vermutlich liegt diese Zahl wohl sogar noch eher bei zwei Prozent. Das bedeutet auch, daß Sie nur zwei Prozent Ihres kreativen Potentials nutzen. Fakt ist, daß Sie ein Genie sind – zumindest ein potentielles Genie. Sie besitzen die geistige Fähigkeit, jedes Problem zu lösen, jedes Hindernis aus dem Weg zu räumen und jedes Ziel zu erreichen, das Sie sich selbst setzen. Sie brauchen nur damit zu beginnen, Ihr Potential zu nutzen und Ihre Problemlösungsfähigkeit stärker zu entwickeln. Manchmal frage ich meine Seminarteilnehmer nach ihrem Beruf? Und dann füge ich hinzu, daß ich die Antwort bereits kenne. Sie alle lösen Probleme. Jeder ist ein Problemlöser. Egal, in welcher Position, auf welcher Ebene Sie sich innerhalb Ihrer Organisation befinden, Ihre Aufgabe ist es, Probleme zu lösen. Und je besser Sie im Problemlösen werden, um so erfolgreicher werden Sie insgesamt sein. Aufsteiger, die in ihren Organisationen schnell vorankommen, haben sich den Ruf erworben, kleine Probleme gut lösen zu können. Weil sie das bewiesen haben, gibt man ihnen Gelegenheit, auch größere Probleme zu lösen. Das bedeutet dann mehr Verantwortung, eine bessere Position, höheres Gehalt usw. Wer keine Probleme lösen kann, tritt automatisch auf der Stelle. Je mehr Sie Ihr kreatives Potential entfalten, um so besser werden Sie als Problemlöser.

In diesem Kapitel erhalten Sie ein paar Anregungen für kreatives Problemlösen. Diese Methoden werden von Spitzenleistern in allen Bereichen angewendet. Kreatives Denken erfordert vier Dinge. Als erstes benötigen Sie Klarheit. Klarheit macht 80 Prozent des Erfolgs aus, und fehlende Klarheit führt zu 80 Prozent zu Versagen. Klarheit in Bezug auf Ihre Ziele – was wollen Sie wirklich erreichen? Klarheit in bezug auf Probleme – was hält Sie zurück? Wie sieht die Schwierigkeit konkret aus? Wichtig ist natürlich auch Klarheit in bezug auf das gewünschte Ergebnis – wie sieht Ihre Vision aus? Je größer Ihre Klarheit, um so wahrscheinlicher wird Ihr Geist vor lauter Ideen nur so übersprudeln. Und Sie werden sich konsequent auf Ihr Ziel zubewegen. Die zweite Sache, die Sie brauchen, ist Konzentration. Alle Genies der letzten Jahrhunderte haben – unabhängig von IQ oder Schulnoten – die Gabe der Konzentration entwickelt, die Fähigkeit, sich auf nur ein einziges Problem zu konzentrieren, ohne sich in irgendeiner Weise ablenken zu lassen. Konzentration ist der Schlüssel, Ihre ganze Kreativität zu wecken. Außerdem benötigen Sie einen offenen Geist – das A und O in einer Zeit des schnellen Wandels. Sie benötigen Aufgeschlossenheit, Flexibilität, Spontanität. Besonders müssen Sie dies beachten: Sollte ein Weg der Problemlösung nicht funktionieren, so gibt es noch viele andere Wege, ein Ziel zu erreichen. Nicht erfolgreiche Menschen neigen oft zu Halsstarrigkeit. Sie bestehen darauf, daß es nur den einen Weg gibt. Wenn dieser nicht funktioniert, legen Sie sich um so verbissener ins Zeug. Erfolgreiche Menschen halten, wenn etwas nicht funktioniert, nach neuen, besseren, schnelleren, einfacheren Lösungsansätzen Ausschau. Die vierte Sache, die Sie benötigen, ist eine Methode, ein System. Genau wie in der Medizin, Architektur oder in einem anderen Beruf gibt es Methoden, die sich in der Vergangenheit bewährt haben, auch beim professionellen Problemlösen. Wenn Sie beginnen, diese systematische Methoden zu nutzen, werden Sie mehr erreichen, als Sie sich möglicherweise vorstellen können.

Kreatives Denken wird im wesentlichen durch drei Faktoren angeregt. Das sind einmal intensiv gewünschte Ziele. Je intensiver Sie etwas wollen, je brennender das Verlangen danach ist, je öfter Sie es aufschreiben und entscheiden, warum Sie es wollen, Pläne erstellen und Ihre Belohnung visualisieren, um so mehr wird Ihr Gehirn die Ideen produzieren, die Sie benötigen, um an Ihr gewünschtes Ziel zu gelangen. Ihr Geist wird sowohl psychische Energien als auch physische Kräfte freisetzen, die Sie verblüffen werden. Der zweite Stimulationsfaktor ist die Dringlichkeit des Problems. Wenn Sie ein Problem wirklich lösen, ein Hindernis unbedingt beseitigen wollen, wenn Ihnen etwas echte Sorge bereitet, werden Ihrer Kreativität Flügel wachsen. Je dringlicher ein Problem ist und je mehr Gefühle Sie investieren, um so kreativer werden Sie sein. Das erfordert natürlich Klarheit. Sie müssen sich über Ihre Ziele, über das, was Sie wollen, klar sein, ebenso wie über Ihr Problem und das, was Sie benötigen, um es zu lösen. Der dritte Faktor zur Anregung Ihrer Kreativität sind fokussierte Fragen – wirklich überlegte Fragen, provokative Fragen, Fragen, die tief in eine Thematik hineinbohren. Was versuchen wir zu tun? Wie versuchen wir, es zu tun? Könnte es einen besseren Weg geben? Was, wenn unser Weg komplett falsch ist? Diese Art fokussierten Fragens vermag viel von Ihrem noch verborgenen kreativen Potential aufzubrechen. Eine einfache Methode kreativen Problemlösens besteht darin, ein Problem oder eine Frage vor dem Schlafengehen in Ihrem Unterbewußtsein zu positionieren und dann vertrauensvoll auf eine Antwort zu warten. Sagen Sie vor dem Einschlafen: „Ich habe folgendes Problem mit dieser Person, diesem Kunden. Ich brauche jetzt eine Lösung für dieses Problem." Dann lassen Sie Ihr Unterbewußtsein acht Stunden daran arbeiten, während Sie schlafen. Wenn Sie am Morgen aufwachen, wissen Sie oft schon die Antwort. Oder sie schießt Ihnen während des Frühstücks durch den Kopf. Es handelt sich um einen machtvollen Trick, der recht zuverlässig funktioniert, vorausgesetzt, Ihre Frage ist klar genug formuliert.

Lernen Sie nun eine Methode kennen, die Ihnen beweisen wird, daß Sie tatsächlich ein Genie sind – eine der effektivsten Problemlösungsmethoden, die jemals entdeckt wurden. Sie wurde von mehr Menschen auf der Leiter zum Erfolg genutzt, als jede andere Methode. Wenn Sie sie regelmäßig anwenden, verspreche ich Ihnen, Sie werden Ideen haben, die einfach fantastisch sind – und das immer und immer wieder. Ihr Name? Ich nenne sie die „Gedankensturm"- oder „20-Ideen-Methode". Und wie funktioniert sie? Das Verfahren ist so einfach, daß es fast furchteinflößend ist. Erinnern Sie sich an die große Regel: Denken Sie auf dem Papier. Alle erfolgreichen Menschen denken auf dem Papier. Je mehr Sie auf dem Papier denken, um so intelligenter und kreativer werden Sie sein. Nehmen Sie sich nun einen Schreibblock und notieren Sie in der obersten Zeile Ihr Problem oder Ihr Ziel in Form einer Frage. Angenommen Sie wollen Ihr Einkommen erhöhen. Dann schreiben Sie: „Was kann ich tun, um mein Einkommen in den nächsten zwölf Monaten um 25 Prozent zu erhöhen?" Oder, wenn Sie abnehmen wollen notieren Sie: „Was kann ich tun, um in den nächsten zwölf Monaten zehn Kilo Gewicht zu verlieren?" Oder, Sie wollen mehr Zeit haben, um Dinge erledigt zu bekommen: „Was kann ich tun, damit ich mehr Zeit habe? Was kann ich tun, um zwei zusätzliche produktive Stunden am Tag zu erhalten?" Was immer Ihr Ziel ist, schreiben Sie es in die erste Zeile Ihres Papierbogens und dann machen Sie sich an die Arbeit. Zwingen Sie sich, wenigstens 20 Antworten auf Ihre Frage niederzuschreiben – keine 19, auch keine 10, aber gern 22 oder 30 Antworten, wenn Ihnen so viele einfallen. Das Minimum liegt jedenfalls bei 20 Antworten. Die ersten drei bis fünf Antworten gehen Ihnen leicht von der Hand, die nächsten fünf bis zehn werden schon schwieriger. Wenn Sie neu mit dieser Methode arbeiten, werden Ihnen die nächsten zehn Antworten extrem schwer fallen. Aber je mehr Konzentration nötig ist, je mehr Sie in Ihre Kreativität eintauchen, um so spontaner werden die Antworten fließen. Es ist absolut erstaunlich: Ganze Lebensentwürfe wurden mit dieser einfachen Methode umgekrempelt. Wenn Sie diese Aufgabe täglich als erstes frühmorgens durchführen, denken Sie den ganzen Tag über kreativ. Sobald Sie mindestens 20 Antworten gesammelt haben, wählen Sie wenigstens eine Antwort aus und beginnen sofort mit der Umsetzung. Das setzt eine Lawine in Gang und verursacht, daß Sie auch alle anderen Antworten in Angriff nehmen. Wenn Sie aber diese Aufgabe durchführen, ohne eine Handlung einzuleiten, dann wird auch künftig wenig passieren.

Die zweite Methode neben dem Gedankensturm wird als systematische Methode bezeichnet. Der Startpunkt der systematischen Methode ist, eine logische Lösung anzunehmen. Gehen Sie davon aus, daß jedes Problem in sich selbst eine Lösung trägt. Ihre Annahme soll positiv, vertrauend und optimistisch sein. Betrachten Sie das Problem mit der Gewißheit, daß es irgendwo eine Lösung enthält, die Sie nun aufspüren müssen. Als zweites benutzen Sie eine positive Sprache, um die Situation zu beschreiben. Statt von einem Problem – ein negatives Wort – sprechen Sie von einer Situation, was neutraler klingt. Noch besser wäre es, von einer Herausforderung zu reden – „Dies ist eine interessante Herausforderung" – oder von einer Gelegenheit. Sie können beispielsweise formulieren: „Wir haben es heute mit einer interessanten Gelegenheit zu tun, die unseren Geist beruhigt, den Kopf klar macht und unsere Kreativität zum Fließen bringt". Drittens müssen Sie Ihre Situation schriftlich eindeutig definieren. Wie sieht die Situation exakt aus? Was ist ganz präzise die Herausforderung oder das Problem? Das ist so ähnlich wie bei einer Krankheit, wo die korrekte Diagnose schon der halbe Weg zur Heilung ist. Sobald Sie Ihre Definition haben, haken Sie nach: „Was ist außerdem das Problem? Wie könnten wir das anders formulieren?" Die Formulierung: „Unsere Verkaufszahlen sind im Keller" ist ein Weg, die Sachlage auszudrücken; „Unsere Kunden kaufen zuviel bei unserem Mitbewerber", ein komplett anderer Weg. Wenn Sie erst einmal soweit sind, werden Sie auch auf Gründe stoßen. Was hat diese Situation verursacht? Wer hat sie verursacht? Wie wurde sie verursacht? Warum? Sehen Sie, wenn Sie ein Problem haben, daß es wiederholt auftaucht, dann haben Sie sich nicht mit den Ursachen beschäftigt, sondern nach schnellen Lösungen gesucht. Wenn Sie nicht alle möglichen Ursachen identifizieren, bevor Sie mit der Arbeit an einer Lösung beginnen, so gelangen Sie nur zu einer Teillösung, die die wahren Gründe unberührt läßt, so daß das Problem immer wieder auftauchen kann. Machen Sie also Listen mit allen möglichen Gründen, nur dann werden Sie gute Lösungen finden. Eine wichtige Regel besagt, daß sich die Qualität von Entscheidungen proportional zu ihrer Quantität verhält. Bemühen Sie sich daher um alle möglichen Lösungen, und geben Sie sich nicht mit den einfachen und offensichtlichen zufrieden. Was könnten noch Lösungen sein? Was könnten wir noch tun? Was ist, wenn wir keinerlei Lösung finden? Was wäre, wenn wir unsere Annahmen völlig ändern würden? Je unterschiedlicher Ihre potentiellen Lösungen, um so eher werden Sie mit Lösungen – oder mit Kombinationen von Lösungen – aufwarten können, die sich von den Standard-Lösungen anderer abheben. Wenn Sie alle möglichen Lösungen zusammengetragen haben, wird es Zeit für eine Entscheidung. Das ist die größte aller Herausforderungen, da viele an diesem Punkt kneifen und überlegen, daß sie alles erst noch einmal überdenken wollen. Aber nicht Sie! Sie drücken sich nicht vor der Entscheidung! Denn: In 80 Prozent aller Fälle ist jede Entscheidung besser als keine. Wenn Sie einmal eine Lösung haben, dann entscheiden Sie, wer welche Verantwortung übernehmen soll. Wer wird was tun? Bis wann? In welchem Umfang? Viele Problemlösungsdiskussionen enden mit einer formalen Übereinkunft über die Lösung, woraufhin jeder aufsteht und geht. Das Problem kommt dann beim nächsten Treffen erneut auf den Tisch. Nicht bei Ihnen! Sie betrauen Ihre Mitarbeiter mit spezifischen Verantwortungsbereichen. Wer? Wann? Warum? Und setzen Sie zum Schluß eine Deadline. Sie wissen ja: Diskussionen ohne Deadline sind pure Zeitverschwendung. Auf der letzten Stufe der systematischen Methode treten Sie in Aktion: Sie bewegen sich so schnell Sie können auf Ihre Ziele zu.

Es gibt noch eine dritte wichtige Problemlösungsmethode. Sie heißt *Brainstorming* und wird in der Gruppe durchgeführt. Hier die Grundregeln: Als erstes erfordert Brainstorming klare Fragestellungen, die dann eine praktische Lösung verlangen. Hüten Sie sich vor zu allgemeinen Fragen. Seien Sie präzise: „Wie können wir in den nächsten zwölf Monaten unseren Profit bei dieser Produktlinie um zwölf Prozent steigern?" Die ideale Teilnehmerzahl für Brainstorming-Sitzungen liegt zwischen vier und sieben Personen. Weniger als vier Teilnehmer bringen nicht genügend Synergieeffekte, bei mehr als sieben wird es chaotisch und unübersichtlich. Die ideale Dauer beträgt zwischen 15 und 45 Minuten. Kündigen Sie vorher an, wie lange die Sitzung dauern soll, und dann starten und stoppen Sie pünktlich auf die Minute. Ihr Ziel ist es, die größtmögliche Anzahl an Ideen während der Sitzung zu sammeln.

Machen Sie sich zu diesem Zeitpunkt noch keine Sorgen über die Qualität. Versuchen Sie nur, möglichst viele Ideen zusammenzutragen. Verzichten Sie auf Bewertungen. Produzieren Sie einfach Ideen vom Fließband. Jede Idee ist in Ordnung. Bewertungen blockieren die Kreativität der Gruppe, und der Prozeß gerät ins Stocken. Ziehen Sie nichts ins Lächerliche, üben Sie keine Kritik. Je mehr ungewöhnliche, verrückte Ideen während der Brainstorming-Sitzung auftauchen, um so besser für das Ergebnis. Beauftragen Sie jemanden aus der Gruppe, die geäußerten Ideen zu protokollieren, damit sie zu einem späteren Zeitpunkt eingehender besprochen werden können. Der Leiter der Brainstorming-Gruppe agiert als Katalysator. Er ermutigt jeden, Ideen beizusteuern – auch wenn diese zunächst abwegig klingen mögen.

Egal welcher Problemlösungsmethode Sie sich bedient haben – früher oder später ist der Moment der Entscheidung da. Sie haben den Prozeß durchexerziert und nun unendlich viele Ideen an der Hand. Denken Sie daran, daß 80 Prozent aller Entscheidungen sofort und nur 20 Prozent zu einem späteren Zeitpunkt getroffen werden sollten. Im zweiten Fall sagen Sie folgendes: „Ich kann diese Entscheidung jetzt nicht treffen, aber ich werde sie nächsten Donnerstag bis 12 Uhr mittag treffen." Diese festgelegte Deadline übt Druck auf Sie aus und stellt sicher, daß Sie die richtige Antwort zur richtigen Zeit parat haben. Grundsätzlich ist es wichtig, daß Sie aktiv werden. Aktion erzeugt Feedback. Sie befähigt Sie, zu lernen, sich zu korrigieren und kontinuierliche Fortschritte zu machen. Entscheidungsfreudigkeit ist definitiv ein Schlüssel zum Erfolg, das Gegenteil eine Ursache von Versagen. Entscheidungsfreudigkeit gründet auf Vertrauen und Glauben und baut umgekehrt das Selbstbewußtsein auf. Meistens ist eine Entscheidung besser als keine Entscheidung. Eine Studie untersucht Berufstätige, die schnell befördert wurden, und solche, die nicht befördert wurden. Der einzige Unterschied zwischen den beiden Gruppen: Die Schnell-Aufsteiger waren bereit, Entscheidungen zügig zu treffen und prompt zu agieren. Die zweite Gruppe hatte Angst vor Versagen, Angst vor Kritik und nahm sich zuviel Zeit, um Entscheidungen dann doch nicht zu treffen. Entscheidungen zu treffen ist viel Gewohnheitssache. Erfolgreiche Menschen sind nicht unbedingt die, die immer die richtigen Entscheidungen treffen, aber wenigstens treffen sie Entscheidungen. Sie agieren, akzeptieren Feedback, nehmen neue Informationen auf, ändern ihren Kurs und korrigieren ihre Entscheidungen. Hier ist die richtige Reihenfolge: Durchdenken Sie eine Situation, analysieren Sie sie sorgfältig, und wenden Sie eine der bekannten Problemlösungsmethoden an. Dann treten Sie in Aktion. Handeln Sie so, als sei es unmöglich, zu versagen. Wagen Sie es, vorwärtszugehen, sich dem Unbekannten zu stellen. Denken Sie daran: Es ist die Bereitschaft, Entscheidungen zu treffen und voll Zuversicht zu handeln, die herausragende Persönlichkeiten charakterisiert. Eine meiner bevorzugten Devisen lautet: „Handle kühn, und unsichtbare Kräfte werden dir zu Hilfe eilen.“ Ihre Fähigkeit, Probleme zu analysieren, kreative Lösungen zu finden, zu entscheiden und zu handeln, beeinflußt Ihren Erfolg, Ihr Glück, Ihr Selbstbewußtsein, Ihr Selbstwertgefühl und Ihren persönlichen Stolz mehr als alles andere.

Sehen Sie dazu auch die Übungen auf Seite 214f.

19

So steigern Sie Ihren Popularitätsgrad

Wir erwähnten es bereit: Es gibt kaum ein wichtigeres Glücks- und Erfolgsattribut als Ihre interpersonale Intelligenz – Ihre Fähigkeit, mit anderen Menschen zurechtzukommen. Studien zufolge resultieren 85 Prozent Ihres Lebensglücks aus guten intakten Beziehungen zu anderen, während nur 15 Prozent auf nach außen sichtbaren Leistungen zurückzuführen sind. Der große Fehler besteht darin, uns die ganze Zeit auf äußerliche Leistungen zu konzentrieren und dabei zu vergessen, daß die Beziehungen es sind, die unser Leben bestimmen und ihm Bedeutung geben.

Ihre Persönlichkeit ist sehr entscheidend für Ihren Erfolg. Sie bestimmt Ihre berufliche Position, Ihr Einkommen, Ihre Aufstiegsmöglichkeiten, ja sogar welche Hilfestellung Sie bekommen. Ihre Persönlichkeit und Ihre Ausstrahlung sind absolut wichtig! Fest steht: Beliebte Mitarbeiter mit positiver Ausstrahlung werden als erste eingestellt und als letzte entlassen. Immer mehr Firmen stellen heute Mitarbeiter nicht zuletzt aufgrund ih rer Persönlichkeit ein. Je mehr Sie Kontakt mit anderen Menschen haben, desto glücklicher und aktiver sind Sie in Ihren Beziehungen und um so mehr profitiert Ihre Gesundheit. Je besser Ihre Gesundheit ist und je weniger Sie krank sind, um so mehr Energie können Sie auch in Ihr berufliches Engagement stecken. Außerdem wurde herausgefunden, daß glückliche Beziehungen die Lebenserwartung positiv beeinflussen. Menschen, die aktiv in ihren Beziehungen und ihrem sozialen Umfeld sind, die sich für andere einsetzen, leben einige Jahre länger als Eigenbrötler. Sie sollten auf die Menschen eingehen, die Sie mögen und von denen Sie gemocht werden. Menschen mit glücklichen Beziehungen erfüllen oft den Tatbestand einer robusten, „patenten" Persönlichkeit. Diese ist widerstandsfähig gegen Streß und Abgeschlagenheit, Krankheit und Unpäßlichkeit. Sie ist resistent gegenüber negativen Einflüssen. Sie ist die Art von Persönlichkeit, die jeder mag und gerne um sich hat. Je besser Sie in Ihren Beziehungen werden – und das können Sie lernen –, desto besser wird Ihr Leben werden.

Jeder möchte eine gesunde Persönlichkeit haben. Jeder möchte sagen: Ja, ich bin vollkommen in Ordnung. Ich habe eine funktionierende, gesunde Persönlichkeit. Wie aber definiert man eine gesunde Persönlichkeit? Jahre der Forschung wurden damit verbracht, eine Antwort auf diese Frage zu finden. Es gibt vier Wege, die Persönlichkeit eines Menschen zu beurteilen. Es geht dabei nicht darum, was Sie sagen, denken oder sich wünschen, sondern nur um Ihr Handeln. Das erste Merkmal einer gesunden Persönlichkeit ist Ihre positive Reaktion auf Streß und Unglück. Streß und Unglück kommen auf Sie zu – egal, was Sie tun. Aber Ihre Fähigkeit, diese Dinge zu verkraften, ist ein Maßstab, festzustellen, wie es in Ihrem Inneren aussieht. Es ist wie bei einem medizinischen Check-up, bei dem Ihr Pulsschlag vor und nach körperlicher Anstrengung gemessen wird. Die Person, deren Pulsschlag am schnellsten auf den Ruhepuls zurückgeht, ist die gesündere. Ihre Persönlichkeit ist in dem Maße gesund, in dem Sie Rückschläge und Enttäuschungen in Ihrem Leben verkraften und trotzdem Ihre positive mentale Haltung beibehalten können. Das zweite Merkmal einer gesunden Persönlichkeit ist Ihre Neigung, immer nur auf das Gute in einer Situation zu achten. Alle wirklich erfolgreichen Menschen haben sich eine Technik angewöhnt: Sie versuchen, in jedem negativen Erlebnis, jeder Enttäuschung das Gute, den Nutzen, die Lektion für sich zu entdecken. Machen Sie es genauso, und Sie werden garantiert fündig! Das dritte Merkmal ist die Bereitschaft, anderen Menschen zu vergeben, Verletzungen und Kränkungen, die gegen Sie gerichtet waren, zu vergessen. Es ist Ihre Fähigkeit, zu vergeben und das Verhalten des anderen, das Sie gekränkt hat, zu verzeihen. Die Fähigkeit zu vergeben ist das Herzstück einer gesunden Persönlichkeit. Das letzte Kriterium ist Ihre Gabe, mit vielen unterschiedlichen Menschen auszukommen. Jeder kann für kurze Zeit mit einigen Menschen klarkommen, aber die wirklich gesunde Persönlichkeit zeichnet sich dadurch aus, über einen langen Zeitraum mit sehr vielen Menschen auszukommen.

Neben diesen erlernbaren Fähigkeiten existieren ein paar beziehungstechnische Gesetzmäßigkeiten, die wir zwar bereits an früherer Stelle diskutiert haben, aber noch einmal kurz durchgehen wollen. Das erste und vielleicht wichtigste Gesetz ist das Gesetz der Anziehung. Es besagt, daß Sie ausnahmslos Menschen und Umstände in Ihrem Leben anziehen, die in Einklang mit Ihren dominanten Gedanken und Gefühlen stehen. Das bedeutet im Nebenschluß: Wenn Sie andere Menschen in Ihr Leben holen möchten, müssen Sie sich als Person ändern. Eine der wichtigsten Fragen, die Sie sich im Hinblick auf Ihre Beziehungen – besonders auf die unglücklichen – regelmäßig stellen sollten, lautet: Was an mir zieht solche Menschen in mein Leben? Welche Gedanken, Gefühle, Wünsche, welches innerste Verlangen? Das zweite Gesetz ist das Gesetz der Erwartung, sprich: Was immer Sie voll Zuversicht erwarten, wird zu Ihrer eigenen sich-selbst-erfüllenden-Prophezeiung. Ihre Erwartungshaltung nimmt enormen Einfluß auf Ihren Ehepartner, Ihre Kinder, Mitarbeiter, Kollegen, auf Leute, die zu Ihnen aufsehen. Die Empfehlung: Immer nur das Beste von anderen erwarten! Wirklich erfolgreiche Menschen hegen anspruchsvolle Erwartungen an ihr Umfeld, die sie selten im Stich lassen. Das dritte Gesetz ist das Gesetz der Übereinstimmung. Er besagt ganz einfach, daß Ihre Beziehungen zur Außenwelt ein Spiegelbild Ihres Innenlebens sind. Deshalb hat es wenig Zweck, Ihre Mitmenschen ändern zu wollen – Sie müssen als erstes sich selbst ändern! Dann werden sich auch die Menschen um Sie herum ändern. Wenn Sie eine bessere, nettere, glücklichere und fröhlichere Person werden, wird das durch Ihre Umgebung reflektiert. Vergleicht man das Diagramm einer gesunden Persönlichkeit mit dem von sehr extrovertierten, sehr introvertierten, sehr oder gar nicht selbstbewußten Charakteren, erkennt man folgendes: Menschen mit niedrigem Selbstbewußtsein kommen immer nur mit wenigen Individuen aus der Mitte des Persönlichkeitsspektrums zurecht – nämlich mit normalen, natürlichen, weder introvertierten noch extrovertierten Charakteren. Je höher Ihr Selbstbewußtsein, umso besser kommen Sie mit sehr vielen unterschiedlichen Menschen zurecht. Ihre Fähigkeit zur effektiven Interaktion mit einer größeren Anzahl von Menschen wächst. Mit anderen Worten: Je mehr Sie sich selbst mögen, respektieren und als wertvolle Person einschätzen, um so mehr werden Sie gemocht und mit um so mehr Menschen unterhalten Sie fruchtbare, lohnende und positive Beziehungen.

Kommen wir zu einem der aufregendsten Prinzipien menschlicher Beziehungen – dem Prinzip der indirekten Bemühung. Dieses Prinzip geht davon aus, daß wir das, was wir von anderen wollen, eher indirekt als direkt erhalten. Ein Beispiel: Angenommen Sie möchten, daß andere Menschen sich für Sie interessieren. Der direkte Weg wäre nun, in die Offensive zu gehen, ihnen alles von sich zu erzählen, um so ihr Interesse zu wecken. Sie werden aus eigener Erfahrung wissen, daß das nicht allzu gut funktioniert. Der indirekte Weg besteht darin, daß Sie sich für andere interessieren. Denn je mehr Sie sich für andere interessieren, desto mehr wird man sich umgekehrt für Sie interessieren. Dale Carnegie hat einmal gesagt, daß Sie in ein paar Tagen mehr Freunde gewinnen können, indem Sie aufrichtiges Interesse an ihnen bekunden, als in mehreren Jahren, die Sie mit dem Versuch verbringen, andere für sich zu interessieren. Möchten Sie andere beeindrucken? Je mehr Sie von anderen beeindruckt sind, um so beeindruckter wird man von Ihnen sein. Auch hier gilt das Prinzip der indirekten Bemühung. Sie möchten einen echten Freund haben? Dann seien Sie ein echter Freund. Möchten Sie, daß andere an Sie glauben? Dann glauben Sie an andere. Sie wollen, daß andere Ihnen vertrauen? Dann schenken Sie Vertrauen. Das Prinzip der indirekten Bemühung funktioniert immer. Wenn Sie also Ihr eigenes Selbstwertgefühl steigern, eine gesündere und positivere Persönlichkeit werden wollen, ist der beste Weg der, das Selbstwertgefühl anderer zu steigern. Man könnte auch vom Gesetz der Reziprozität sprechen. Auf menschliche Beziehungen übertragen bedeutet es, wann immer Sie etwas tun, damit ein anderer sich besser fühlt, werden Sie sich automatisch auch besser fühlen. Wir sind so strukturiert, daß wir nicht das Selbstbewußtsein anderer schwächen oder stärken können, ohne unser eigenes Selbstbewußtsein entsprechend zu schwächen oder zu stärken. Sie können also nichts tun, was das Selbstbewußtsein anderer mindert, ohne ihr eigenes in Mitleidenschaft zu ziehen. Merken Sie sich: Jeder Mensch, den Sie treffen, kann einen Selbstbewußtseinsschub gut gebrauchen. Das Selbstbewußtsein eines jeden – auch das von Konzernchefs, Spitzenmanagern und Staatsmännern – ist etwas fragil, und jeder schätzt die Person, die ihm hilft, es zu kräftigen. Beginnen Sie damit, es sich zur Gewohnheit zu machen, immer freundlich über andere zu denken und höflich zu sein. Begegnen Sie jedem, den Sie treffen, mit Heiterkeit und Wärme. Denn jeder trägt irgendeine Bürde mit sich, kämpft mit Problemen und Schwierigkeiten, die ihn belasten und ängstigen. Wenn Sie diesen Menschen etwas Nettes oder Aufbauendes sagen oder etwas tun, das ihr Selbstbewußtsein hebt, dann schaffen Sie, daß der andere sich in seinem Leben besser fühlt. Gleichzeitig heben Sie Ihr eigenes Selbstbewußtsein und fühlen sich in Ihrem Leben ebenfalls besser. Sorgen Sie dafür, daß andere Menschen sich gut und wichtig fühlen – und Sie rücken dem Erfolg deutlich näher.

Es gibt sieben Arten, wie Ihnen das gelingt. Zunächst einmal dürfen Sie sich niemals beschweren, niemals andere verurteilen und niemals destruktive Kritik ihnen gegenüber äußern. Warum nicht? Weil all diese Dinge dazu führen, daß andere sich im Wert herabgesetzt fühlen. Möglicherweise rufen sie alte Gefühle von Zurückweisung, Versagen, Mißbilligung und Verlegenheit wach. Wenn Sie nichts Nettes sagen können, rate ich Ihnen, lieber gar nichts zu sagen. Seien Sie zumindest neutral, und sagen Sie nichts Negatives. Zweitens bemühen Sie sich stets um Übereinstimmung. Vermeiden Sie Uneinigkeit und Disharmonie. Streben Sie nach Einigkeit und Konsens. Wenn jemand etwas sagt, dem Sie nicht zustimmen können, lassen Sie es durchgehen. Sollte etwas wirklich sehr, sehr wichtig sein, könnten Sie eine vorsichtige Frage stellen. Aber streiten Sie nie! In solchen Situationen sollten Sie versuchen, Ihr Gegenüber zu verstehen, seinen Hintergrund. Anstatt den anderen gewaltsam dazu bringen zu wollen, Ihre Einstellung zu akzeptieren, nehmen Sie sich die Zeit, Fragen zu stellen, zuzuhören und zu begreifen, warum der andere sagt, was er sagt, warum er glaubt, was er glaubt. Dabei finden Sie manchmal heraus, daß Ihr Gegenüber rationale, aber eben nicht vollkommen stichhaltige Argumente für seine Aussagen hat. Eine Regel in der Metaphysik besagt, daß alles verstehen auch alles verzeihen bedeutet. Wenn Sie eine andere Person, und die Einflüsse, denen sie auch in der Vergangenheit ausgesetzt war, komplett verstehen, dann können Sie Ihr nicht nur vergeben, sondern eventuell sogar mit ihr übereinstimmen. Nicht-Übereinstimmung löst immer Gefühle der Zurückweisung, des Versagens oder der Ablehnung aus. Wann immer Sie einem Menschen sagen, daß er falsch liegt, sagen Sie damit, daß seine Art zu denken und seine Meinung unpassend oder minderwertig sind! Und indem Sie das tun, initiieren Sie alle möglichen negativen Reaktionen. Sie verringern das Selbstbewußtsein Ihres Gegenübers und – zumal wenn Sie sich in einen Streit verwickeln lassen – auch Ihr eigenes. Übereinstimmung ist das A und O. Der dritte Schlüssel, um das Selbstbewußtsein anderer aufzubauen ist die Akzeptanz. Akzeptanz befriedigt das tiefe innere Verlangen jedes Individuums, sich von anderen angenommen zu fühlen. Viele soziale Probleme rühren daher, daß Menschen sich nicht akzeptiert oder sogar zurückgewiesen fühlen. Sie sind zornig und frustriert. Tatsächlich erklären Psychologen, daß das erste, was zwischen zwei Menschen passiert, der Aufbau von Akzeptanz oder Zurückweisung ist. Solange kein bestimmtes Akzeptanzniveau erreicht ist, haben diese beiden Menschen erhebliche Kommunikationsprobleme. Unbegrenzte Akzeptanz ist das, was wir in unserer Kindheit erleben – oder erleben sollten. Wir möchten ohne Bedingungen von unseren Eltern anerkannt und geliebt werden. Als Erwachsene wünschen wir uns das auch von unseren Freunden und Kollegen. Bedingungslose Akzeptanz, die Sie einer anderen Person entgegenbringen, stärkt deren Selbstbewußtsein, wie auch Ihr eigenes. Ein einfaches Lächeln genügt. Seien Sie fröhlich. Seien Sie freundlich. Richten Sie nicht und zeigen Sie ein Lächeln. Zeigen Sie sich stets von einer vorurteilsfreien, milden Seite. Das vierte Mittel, damit andere sich wichtig fühlen, ist Verständnis. Wenn er Verständnis erfährt, fühlt sich jeder Mensch wertvoller. Verständnis und Mitgefühl fördern das Selbstbewußtsein. Und wie drücken Sie beides aus? Indem Sie Dankbarkeit demonstrieren. Seien sie dankbar für Ihr Leben, für Ihre Gesundheit. Dankbar für Ihre Familie, dankbar für Ihre Welt. Dankbar für alles in Ihrem Leben. Sagen Sie einfach bei jeder Gelegenheit Danke. Bedanken Sie sich bei jedem, der irgend etwas für Sie getan hat – egal, was es konkret war. Wann immer Sie sich bedanken, erhöhen Sie das Selbstbewußtsein anderer und Ihr eigenes. Das Demonstrieren von Dankbarkeit und simple Aussprechen eines Dankeschöns fängt zuhause an, bei Ihrem Ehepartner. Danken Sie ihm oder ihr für alles, womit er oder sie Ihr Leben bereichert. Danken Sie Ihren Kindern. Danken Sie Ihrem Chef, Ihren Kollegen, Ihrer Belegschaft. Im Restaurant bedanken Sie sich bei Kellnerinnen und Kellnern. Bedanken Sie sich bei jedem, der etwas für Sie tut. Danke ist eines der schönsten Worte, die es gibt – egal, in welcher Sprache. Der fünfte Schlüssel, um das Selbstbewußtsein anderer zu heben, ist Anerkennung. Wenn Sie jemanden loben, fühlt er sich wichtiger, wertvoller, wirklich wohl in seiner Haut. Schieben Sie kein Lob hinaus, und drücken Sie Ihre Anerkennung präzise aus. Loben Sie niemanden für etwas, das er einen Monat vorher getan hat. Verzichten Sie auf pauschale Formulierungen, indem Sie etwa sagen, daß jemand ein klasse Typ ist. Loben Sie speziell, und teilen Sie dem anderen mit, daß er in diesem oder jenem Bereich exzellente Arbeit geleistet hat. Loben Sie sowohl große als auch kleine Dinge. Wenn Sie jemanden vor Publikum loben, verdoppelt das den Wert des Lobes. Wenn Sie jemandem unter vier Augen ein konstruktives Feedback geben, lindern Sie den emotionalen Druck. Also loben Sie im großen, bewerten Sie im kleinen Rahmen. Loben Sie kontinuierlich. Wenn Sie ein neues Verhalten heranbilden wollen, dann sollten Sie kontinuierlich, wann immer die Person etwas Positives tut, loben – so lange, bis das neue Verhalten automatisch erfolgt. Der sechste Weg, das Selbstbewußtsein anderer aufzubauen, ist, ihnen Bewunderung zuteil werden zu lassen, die ihnen ein Gefühl von Wichtigkeit vermittelt. Bewundern Sie ihre Optik, ihren Charakter, ihr Wissen, ihren Geschmack, ihren Reichtum usw. Erinnern Sie sich: Jeder mag Komplimente. Besonders beliebt sind jedoch aufrichtige, ehrliche Komplimente. Komplimente sind Balsam für das Selbstbewußtsein anderer und für Ihr eigenes. Männer sind oft angetan, wenn man ihnen Komplimente über ihre beruflichen Erfolge, Autos, Schuhe oder Krawatten macht. Frauen lieben es, Komplimente über ihre Kleidung, ihr Erscheinungsbild, ihr Zuhause, ihre Familie und ihre Kinder zu bekommen. Beide Geschlechter mögen generell Komplimente für Dinge, die sie geleistet haben. Das siebte Mittel ist Aufmerksamkeit. Aufmerksamkeit bedeutet Zuhören. Zuhören hebt das Selbstbewußtsein desjenigen, dem zugehört wird. Wann immer Sie einer anderen Person aufmerksam zuhören, würdigen Sie ihre Worte, schätzen ihre Gedanken. Ich schätze Sie. Sie sind eine wertvolle Person. Zuhören ist eine machtvolle Technik zur Verbesserung des Selbstbewußtseins auf beiden Seiten und der Kommunikationsqualität. Hören Sie aufmerksam und geduldig zu, nicken und lächeln Sie. Unterbrechen Sie nie! Lassen Sie Ihren Gesprächspartner ausreden. Wenn er Atem holt, warten Sie einen Moment, bevor Sie antworten. Halten Sie stets drei bis fünf Sekunden inne, bevor Sie etwas sagen. Das macht einen sehr guten Eindruck. Effektvoll ist auch das Nachfragen zur Klärung. Wenn jemand etwas sagt und Sie nicht ganz sicher sind, was er meint, fragen Sie: „Wie meinen Sie das genau?" Oder: „Wie funktioniert das?" Stellen Sie Fragen, um Ihr Gegenüber genau zu verstehen. Zum Schluß sollten Sie seine Gedanken noch einmal mit Ihren eigenen Worten wiedergeben, um ihm zu zeigen, daß Sie ihm aufmerksam zugehört und ihn korrekt verstanden haben.

Stellen Sie sich einen Bumerang vor: Was immer Sie anderen an echten Gefühlen entgegenbringen, kommt zu ihnen zurück. Was auch immer Sie zu einem Menschen sagen – ihm selbst oder anderen gegenüber –, es wird einen Bogen schlagen und auf Sie zurückfallen. Sprechen Sie also immer positiv über andere Leute, gerade wenn diese nicht anwesend sind. Abschließend erinnern Sie sich an diese goldene Regel – sie ist der Schlüssel zu glücklichen Beziehungen. Sie besagt, daß Sie andere immer so behandeln sollen, wie Sie selbst behandelt werden wollen. Behandeln Sie Ihren Chef so, wie Sie selbst gern behandelt würden. Behandeln Sie Ihre Untergebenen so, wie Sie es gern hätten, wenn Sie umgekehrt für sie als Ihre Vorgesetzten arbeiten müßten. Behandeln sie Ihren Partner so, wie Sie selbst gern behandelt würden. Und behandeln Sie Ihre Kinder so, wie Sie als Kind gern behandelt würden. Wenn Sie diese goldene Regel beherzigen und fortwährend nach Wegen Ausschau halten, das Selbstbewußtsein anderer aufzubauen, werden Sie nicht nur Ihr eigenes Selbstbewußtsein aufbauen, sondern darüber hinaus einer der positivsten, beliebtesten – und erfolgreichsten – Menschen werden, die man sich vorstellen kann.

Sehen Sie dazu auch die Übungen auf Seite 215f.

20

Persönlichkeitstypen und wie Sie am besten mit ihnen umgehen

Ihre Fähigkeit, mit anderen zurechtzukommen und effektiv mit ihnen zu arbeiten, macht also im Arbeitsleben und in der heutigen Welt 85 Prozent Ihres Erfolges aus. Menschen unterscheiden sich in vielen Aspekten, sind andererseits aber auch in vielen Dingen gleich. Alle wollen gesund sein. Alle wollen glückliche Beziehungen, erfüllte Arbeit und keine Geldsorgen. Es gibt noch andere gemeinsame Nenner. Jeder mißt das Glück im Rahmen seines Selbstbewußtseins, seines Selbstvertrauens und seines persönlichen Stolzes. Selbstbewußtsein meint, daß jeder Mensch sich wertvoll fühlen möchte. Er möchte sich wichtig fühlen, von anderen geschätzt. Und alles, was Sie tun können, damit sich ein Mensch wertvoll, wichtig und geschätzt fühlt, erleichtert die Zusammenarbeit. Der nächste Punkt ist das Selbstvertrauen. Jeder will von seinen Mitmenschen sowohl akzeptiert als auch respektiert werden. Von allen unbewußten Bedürfnissen, die wir haben ist das eines der intensivsten. Und letztendlich ist da der Aspekt des persönlichen Stolzes: Jeder Mensch möchte spüren, daß sie oder er gute Arbeit leistet, der Welt etwas zu geben hat. Jedesmal wenn Sie anderen Menschen dieses Gefühl vermitteln, steigern Sie ihr Selbstbewußtsein, Selbstvertrauen und Ihren persönlichen Stolz, und die Qualität Ihrer Beziehung zu ihnen verbessert sich.

Kennen Sie Clydesdale-Pferde? Das sind kräftige, schottische Pferde, die sehr schwere Lasten ziehen können. Man sieht sie oft vor einen Wagen mit Bierfässern gespannt. Jedes Pferd allein kann 5000 Pfund ziehen – eine riesige Last. Spannt man aber zwei Pferde vor eine Last, sind sie zusammen fähig, 15 000 Pfund von der Stelle zu bewegen. Vier Clydesdale-Pferde, harmonisch in einem Geschirr vereint, schaffen sogar

50 000 Pfund und mehr. Warum erzähle ich das? Nun, wenn wir verschiedene Menschen in ein „Geschirr" nehmen und zusammen arbeiten lassen, werden sie wesentlich mehr erreichen als jeder für sich allein. Der Sinn von Organisation besteht darin, Menschen mit unterschiedlichen Stärken dazu zu bringen, harmonisch auf gemeinsame Ziele hinzuarbeiten. Das ist auch der Grund, warum Sie verschiedene Menschen mit unterschiedlichen Stärken und Schwächen benötigen. Erinnern sie sich. Jedes Individuum hat mehr Schwächen als Stärken. Der Sinn einer Organisation ist also, die Stärken zu vereinen, um die Schwächen zu kompensieren. Menschen sind unterschiedlich, aber keiner ist besser oder schlechter als der andere. Jedes Individuum ist intelligent und mit speziellen Talenten ausgestattet. Probleme im Beruf tauchen nur auf, wenn die Stärken und Talente der Aufgabe nicht gerecht werden. Das mindert aber keineswegs den Wert der betreffenden Person.

Harmonie und Synergie sind die Stichworte. Harmonie bedeutet, daß Mitarbeiter mit positiven, freundlichen Gefühlen, getragen von gegenseitiger Unterstützung kooperieren. Synergie bedeutet, daß die Arbeitsergebnisse einer Gruppe wesentlich höher sind als die der einzelnen Individuen, und zwar unabhängig von Geschlecht, Rasse, religiös-ethischen Hintergründen oder sonstigen Gesichtspunkten. Die Schwierigkeit besteht darin, Menschen zu harmonischen und synergetischen Teams zu verbinden und dennoch zu individueller Leistung zu animieren. Es gibt zwei hilfreiche Regeln im Umgang mit Menschen. Die erste besagt, daß Menschen sich nicht ändern. Das heißt nicht, daß sie sich in bestimmten Situationen immer stereotyp verhalten, aber sie werden kaum ihre Grundstruktur, ihr charakterliches Gerüst ändern. Natürlich gibt es bisweilen Wunder, aber auf Wunder können Sie sich nicht verlassen. Wir brauchen ein ganzes Leben, um zu der Persönlichkeit zu werden, die wir sind. Wenn sie von jemandem erwarten, daß er ein Problem löst, obwohl er dazu einen fundamentalen Teil seiner Persönlichkeit ändern muß, verschwenden Sie womöglich Ihre Zeit – nicht nur, weil Menschen sich nicht ändern, sondern weil Menschen sich nicht ändern wollen. Die zweite Regel besagt, daß Schwäche lediglich als fehlgeleitete Stärke zu verstehen ist. Es kann sein, daß jemand eine brillante Stärke besitzt, bringt man ihn jedoch in die falsche Situation, schlägt seine Stärke in eine Schwäche um. Eine Änderung der Situation kann dazu führen, daß das, was die Person gebremst oder gestört hat, wegfällt und seine Stärken Raum zur Ausdehnung bekommt. Wir werden auf diesen Punkt später noch einmal zurückkommen.

Was ist der Schlüssel zu Spitzenleistung im Umgang mit anderen? Die Antwort: Selbstkenntnis. Je mehr sie über sich wissen, je besser Sie sich verstehen und natürlich auch akzeptieren. Der größte Fehler, den Sie im Umgang mit anderen machen können, ist der, sie zu behandeln, als seien sie so wie Sie und hätten nicht ihre ureigene Persönlichkeit. Flexibilität, Offenheit und die Fähigkeit, die Unterschiedlichkeit zu akzeptieren, ist der Königsweg zum Erfolg im Umgang mit Mitarbeitern. Menschen können analysiert werden, indem man sie unterschiedlichen Persönlichkeitstypen zuordnet. Dazu gibt es Studien, die mehr als 50 Jahre zurückgehen. Normalerweise benutzt man ein Vier-Felder-Modell als Zuordnungsmuster (siehe dazu Modell nächste Seite). Wir zeichnen auf einem Blatt eine horizontale und eine vertikale Linie wie eine Art Fadenkreuz, so daß vier Quadrate entstehen. Die waagrechte Achse von links nach rechts kennzeichnet introvertierte (I) und extrovertierte (E) Persönlichkeiten. Unter introvertierte Persönlichkeiten versteht man Menschen, die den Blick nach innen richten und ungern viel von sich preisgeben, bis hin zu extrovertierten, nach außen gerichteten und expressiven Persönlichkeiten. Jeder wird sich irgendwo auf dieser Bandbreite wiederfinden. Die Achse von unten nach oben integriert Persönlichkeiten, die auf andere Menschen und Beziehungen fixiert sind. Im oberen Teil finden wir eher Persönlichkeiten, die stark aufgaben- und ergebnisorientiert sind sowie an bestimmten Grundwerten festhalten. Daraus ergeben sich die vier Basis-Persönlichkeitstypen. Zu welchem Typ gehören Sie? Wo würden Sie Ihren Chef einordnen? Ihren Ehepartner? Welchem Persönlichkeitstyp gehören Ihre Kinder an? Ihre Kollegen? Kommen wir zur Schlüsselfrage: Wie können Sie lernen, effektiver mit den diversen Persönlichkeitstypen umzugehen?

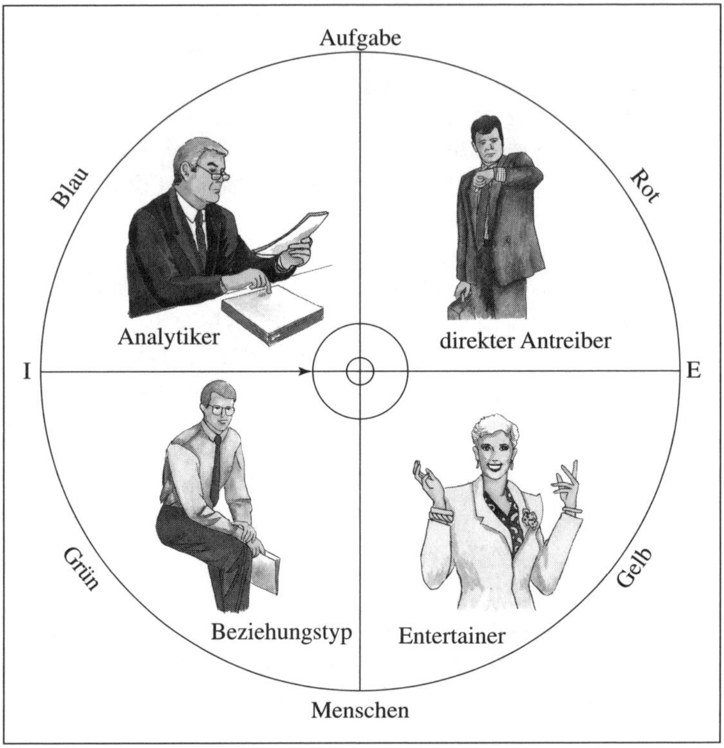

Dazu bedarf es Ihrer näheren Beschreibung. Im Quadrat links unten finden Sie den „Beziehungstyp“. Die Bezeichnung ist treffend, denn es handelt sich hier um Menschen, die sehr auf andere Menschen eingehen, den Blick auf das Innere richten. Sie sind sensibel, gute Zuhörer und mögen es, gemocht zu werden. Sie reden sparsam, und ihre primäre Zielsetzung im Leben ist, gut zurechtzukommen und als Teil eines Teams akzeptiert zu werden. Ihre Devise: Laßt uns einen Weg finden, wie es funktioniert. Laßt uns miteinander klarkommen und zusehen, daß jeder glücklich ist. Der Beziehungstyp erwägt seine Entscheidungen langsam und mit Bedacht. Er benötigt die Meinung anderer, bevor er eine Entscheidung fällt, die andere Menschen treffen könnte. Er mag es nicht, wenn er gedrängt wird. Wenn Sie mit ihm arbeiten, müssen Sie Behutsamkeit an den Tag legen, denn er möchte Sie erst besser kennenlernen, bevor er sich auf Dinge einläßt, die Sie vorschlagen. Der Beziehungstyp bevorzugt bestimmte Berufsfelder, vornehmlich pädagogische, beratende und helfende Berufe. Lehrer, Psychologe, Krankenschwester, Berater – für diese Berufe fühlt er sich berufen. Den zweiten Typus, im oberen linken Quadrat angesiedelt, nennen wir den „Analytiker". Er ist extrem aufgabenorientiert. Er sagt nicht viel, kümmert sich überaus intensiv um seine Arbeit und kaum um andere Menschen. Sein primäres Interesse gilt seiner Aufgabe, und es ist wichtig für ihn, daß alles in jeder Hinsicht korrekt abläuft. Der Analytiker fühlt sich stark motiviert, wenn Sie seine Gründlichkeit und Sorgfalt loben. Weist man ihn hingegen auf Fehler hin, macht ihn das niedergeschlagen. Details und Einzelheiten sind ihm enorm wichtig. Während der Erzähler möglichst viel über Sie erfahren will, stellt der Analytiker viele Fragen zu Details und schätzt die Präzision Ihrer Antworten. Er begrüßt es, wenn sie Sachverhalte schriftlich ausarbeiten und möchte, daß Sie jede Ihrer Aussagen beweisen und rechtfertigen können. Analytiker fühlen sich zu den Berufen Buchhalter, Controller, Ingenieur oder Programmierer hingezogen. Sie suchen sich Bereiche, die Detailgenauigkeit und Konzentration verlangen. Im oberen rechten Quadrat finden wir den „Direktor" oder „Antreiber". Er orientiert sich kaum an anderen Menschen, richtet sein Tun stark an den anstehenden Aufgaben aus. Der Direktor ist meist extrovertiert, eloquent und spricht sehr deutlich. Es ist wichtig für ihn, die Arbeit fertig zu bekommen, auf den Umgang mit Menschen legt er weniger Wert. Im Extremfall überfährt er seine Mitmenschen, nur um seine Arbeit abschließen zu können. Details machen ihn ungeduldig – der Direktor hat eben nie Zeit. Er erwartet schnelle und präzise Antworten, und will immer wissen, was für ihn herausspringt. Wenn Sie beruflich mit ihm zu tun haben, sollten Sie sich im Gespräch kurzfassen und direkt auf den Punkt kommen. Welche Berufe sucht sich der Direktor? In der Regel wird er Geschäftsmann, Produktmanager, Handelsreisender – oder Feuerwehrchef. Jede Tätigkeit, die direkt sichtbare Ergebnisse bringt, eignet sich perfekt für ihn. Den vierten

Persönlichkeitstyp im unteren rechten Quadrat nennen wir den sozial-expressiven Typ, den „Entertainer“. Er hat das Gesamtbild im Auge und ist an der Leistung orientiert. Für ihn ist es wichtig, daß alle auf ihn schauen und sehen, was er geleistet hat. Dieser Typ liebt es, über sich selbst zu sprechen. Er stellt gerne Fragen und hört gerne zu. Er ist sehr geschäftig, kreativ und flexibel. Manchmal versucht er zu viele verschiedene Dinge auf einmal, was ihn zum Scheitern verurteilt. Normalerweise fühlen sich diese Menschen zu komplexen verantwortungsbetonten Aufgaben hingezogen. Unter ihnen findet man viele Manager, Politiker, Schauspieler, Verkäufer und natürlich Unternehmer.

Das sind also die vier wichtigsten Persönlichkeitstypen, die mit bestimmten Verhaltensweisen aufwarten. Wenn alles glatt läuft, verhalten sich Menschen, wie es ihrer Grundpersönlichkeit entspricht. Unter Druck verfallen sie noch extremer in ihr Grundverhaltensmuster. Ein Direktor wird, wenn die Dinge nicht perfekt laufen, seine Leute noch schärfer antreiben, ein Analytiker wird noch mehr ins Detail gehen. Der Erzähler wird sich noch mehr auf zwischenmenschliche Beziehungen besinnen, und der Entertainer wird in Krisensituationen um so stärkeren Wert auf Kreativität und Persönlichkeitsausdruck legen. Erweisen sich diese Extreme als unwirksam, dann fällt die Person auf die entgegengesetzte Seite ihres Quadrats. Ein Direktor, der mit verschärftem Antreiben keine Ergebnisse erzielt, mutiert zum Erzähler. Der sozial-expressive Typ bemüht sich plötzlich um Details und Genauigkeit. Wenn Sie diese Verhaltensmuster an sich und anderen verstehen, hilft Ihnen das, die Unterschiede zwischen Menschen zu schätzen und sich darauf einzustellen. Dadurch gelingt Ihnen ein effektiverer Umgang mit anderen Menschen, die übrigens noch einmal in drei Kategorien eingeteilt werden können. Diese erneute Unterteilung basiert auf der sogenannten Primärmotivation. Was motiviert Leute, weckt automatisch ihr Interesse? In der ersten Kategorie haben wir den Macher. Dieser Persönlichkeitstyp ist hochmotiviert, wenn er schwierige Aufgaben allein bewältigen kann. Er mag es, wenn man ihn an seinen Leistungen mißt. Er ist ein Einzelkämpfer, ein Pionier, der in die Welt geht, handelt und nur an sich selbst gemessen wird. Ein Tennisspieler zum Beispiel wird an seinem Solo-Erfolg gemessen. Woran erkennt man, ob man es mit einem Macher zu tun hat oder nicht? Ganz einfach: durch Fragen. Fragen Sie einfach, worauf die Person in ihrem Leben besonders stolz ist. Ein Macher wird als Antwort immer Leistungen nennen, die er durch Beharrlichkeit im Alleinkampf erreicht hat. In der zweiten Kategorie folgt der Beeinflußer. Der Beeinflußer mag es, Dinge mit Hilfe anderer zu erledigen, indem er ihre Tätigkeiten koordiniert, mit ihnen als Team arbeitet. Er ist ein hervorragender Manager oder Trainer. Wenn Sie dem Beeinflußer die Frage stellen, worauf er in seinem Leben besonders stolz ist, wird er sich daran erinnern, wie er mit einem Team gearbeitet, ihm geholfen und es motiviert hat, bestimmte Ziele zu erreichen. Die dritte Kategorie der Teilnehmer, der Teamplayer, mag es, in einer Gruppe zu arbeiten, von ihr akzeptiert und geschätzt zu werden. Diese Menschen unterstützen andere nach Leibeskräften. Sie freuen sich, mit der Gruppe auf gemeinsame Ziele hinzuarbeiten, die von jedem getragen werden. Aber sie wollen für das, was sie zu geben in der Lage sind, auch geschätzt werden. Jeder dieser Menschen erfüllt eine ganz spezielle wertvolle Funktion in der Organisation. Der Schlüssel zur Analyse sämtlicher Persönlichkeitstypen, besonders bei Einstellungsgesprächen, liegt im Herausfinden dessen, was diesen Menschen ihr Selbstbewußtsein, Selbstwertgefühl und persönlichen Stolz verleiht. Was waren ihre wichtigsten Erfahrungen in der Vergangenheit, an die sie sich heute noch mit Freude und Vergnügen erinnern? Was möchten sie gerne richtigmachen, und was würde ihnen am meisten Erfüllung bringen? Ist Ihnen jemals aufgefallen, daß wenn Sie einen Verkäufer – also einen Macher – zum Verkaufsleiter – einem Beeinflußer – befördern, dieser oft scheitert? Plötzlich auf ein Teamergebnis angewiesen zu sein, wo er sich doch vorher ausschließlich auf sich verlassen konnte, ist für ihn vollkommen ungewohnt, verunsichert ihn und raubt ihm seinen Elan.

Einer der wesentlichen Gründe für das Versagen von Mitarbeitern nach Jobwechseln besteht darin, daß ihr Motivationssystem ein anderes ist als das, welches für die Position benötigt wird – ein überaus wichtiger Faktor. Kennen Sie das INSIGHTS®-Modell? Es ist ein bekanntes System – basierend auf der Typologie des Schweizer Psychologen C.G. Jung – das hilft, sich selbst und andere besser zu verstehen: woher Sie kommen, wie Sie denken, wie sie fühlen, Ihre Stärken, Ihre Schwächen, Ticks, Empfindlichkeiten usw. Dieses Modell beinhaltet vier Farbtypen: Rot (Direktor), Gelb (Entertainer), Grün (Beziehungstyp) und Blau (Analytiker). Die Farbe Rot steht für Dominanz. Dieser Typ ist extrovertiert, freimütig, ergebnisorientiert und sehr individualistisch. Es gibt bestimmte Aufgaben, die ein hohes Maß an Direktheit und persönlicher Initiative erfordern – für sie ist dieser Typ eine Idealbesetzung. Die zweite Farbe Gelb steht für intuitiv. Dieser Typ ist warmherzig, freundlich und überzeugend. Er mag andere Menschen und kommt gut mit ihnen zurecht. Er beweist einen hohen Grad an Intuition und Optimismus. Intuitive Menschen können andere gut überzeugen, an einem Strang zu ziehen, um ein Projekt zügig zu beenden. Die dritte Farbe Grün steht für strebsam und energisch. Dieser Typ ist arbeitsorientiert, ernsthaft und beständig, wenn auch nicht sehr kreativ. Es handelt sich um gefestigte, verläßliche, kaum emotionale Persönlichkeiten. Sie sind nicht besonders leidenschaftlich und es fehlt ihnen an Eigeninitiative. Anweisungen führen sie folgsam aus – nicht mehr und nicht weniger. Diese Menschen sind die solide Basis, die jede Organisation benötigt, weil man sich Tag für Tag auf sie verlassen kann. In Führungspositionen sind sie nicht gut aufgehoben, und kreative Aufgaben sind auch nicht ihre Stärke. Die vierte Farbe Blau steht für gewissenhaft. Dieser Typ hält sich gern an Regeln. Richtig oder falsch, gut oder schlecht, schwarz oder weiß – Zwischentöne gibt es für ihn nicht. Er ist unflexibel, aber immer korrekt. Seine Gewissenhaftigkeit prädestiniert ihn für den Posten eines Buchhalters oder Controllers.

Ein weiteres Unterscheidungsmerkmal zwischen Menschen ist ihre Art der Informationsverarbeitung. Ihr Chef, Ihre Kollegen, Ihr Ehepartner – jeder bevorzugt eine bestimmte Methode Informationen zu verarbeiten. Dementsprechend wichtig ist es, wie ihnen die Informationen präsentiert werden. Mißfällt jemandem Ihre Art der Informationsdarbietung, werden Sie immer Probleme mit dieser Person haben. Lassen Sie mich erklären, was ich damit meine. Manche Menschen sind visuelle Typen. Sie sagen etwas, und sie würden das gern schriftlich sehen. Zahlen hätten sie gern schwarz auf weiß vor sich. Wenn Sie über einen Artikel oder einen Buchtext reden, möchten ihn diese Menschen lesen. Ein visueller Chef will alles schriftlich von Ihnen haben. Wenn Sie ihm Informationen lieber mündlich mitteilen, gehören Sie dem auditiven Typ an. Sie drücken sich aus, indem Sie sprechen. Ihr Gegenüber wird Ihre Botschaft aber erst dann verarbeiten, wenn sie ihm schriftlich vorliegt. Fragen Sie Ihren Chef: „Wie hätten Sie gern die Ergebnisse, mündlich oder schriftlich?“ Der auditive Typ bevorzugt das Gespräch. Er möchte nichts erklärt haben. Wenn er doch Erklärungen benötigt, dann will er sie mündlich. Ein dritter Weg, um an Informationen zu gelangen, ist der Dialog. Sokrates sagte, daß wir immer nur lernen, wenn wir uns austauschen. Manche Menschen brauchen die Diskussion. Sie wollen argumentieren. Sie wollen analysieren. Sie wollen den Dingen auf den Grund gehen, um Hintergründe zu verstehen. Diese Menschen verarbeiten Informationen, indem sie fragen, argumentieren und sich ein Urteil bilden.

Der Schlüssel zum Erfolg im Umgang mit anderen Menschen liegt darin, erst einmal sich selbst und die eigene einzigartige Persönlichkeit zu verstehen. Sobald Sie sich in Ihrer Einzigartigkeit und Originalität verstanden haben, lernen Sie auch die Verschiedenartigkeit der Menschen um sich herum verstehen und schätzen. Wenn Sie mit anderen kooperieren wollen, denken Sie an die Regel: Menschen ändern sich nicht – weder Sie noch andere! Aber es muß sich auch niemand ändern. Wir alle müssen nur das tun, was wir am besten können. Das heißt für Sie: versuchen Sie, Ihr Potential bestmöglich zu verwirklichen und in Harmonie und Synergie zu leben und zu arbeiten. Dann dürfen Sie sich auf herausragende Ergebnisse freuen!

Sehen Sie dazu auch die Übungen auf Seite 216.

21

Interne und externe Kundenzufriedenheit garantieren

Ich habe mit unzähligen Firmen und Menschen in 18 Sprachen und über 30 Ländern gearbeitet. Ich habe mir permanent erfolgreiche Geschäfte angesehen, um das herauszufinden, was ich das integrierende Prinzip nenne. Es ist ein einfaches Prinzip, das alles subsumiert. Ihr Ziel soll sein, so erfolgreich, glücklich und respektiert in Ihrer Arbeit und Ihrem Leben zu sein, wie es eben nur möglich ist. Sie werden lernen, daß dieses integrierende Prinzip über Erfolg oder Mißerfolg in Ihrer Karriere bestimmt. Welche berufliche Tätigkeit haben Sie? Egal, wie Ihr offizieller Titel lautet. Ihr Job ist es auf alle Fälle, ein Problemlöser zu sein. Je mehr und je wichtigere Probleme sie lösen, um so mehr Erfolg genießen Sie. Nun eine andere Frage: Was ist Ihre Hauptverantwortung? Die Antwort muß heißen: Kundenzufriedenheit. Ihr Arbeitsauftrag als Problemlöser ist es, den Kunden zufriedenzustellen. Wir alle sind letztlich im Geschäft, um den Kunden zufriedenzustellen. Wie definiert man Kunde? Zwei Alternativen existieren. Erstens: Ein Kunde ist jemand, der von Ihnen abhängig ist, weil er etwas für sein privates Leben oder seine Arbeit von Ihnen benötigt. Jeder innerhalb der Firma, der Sie braucht, damit er seine Arbeit tun kann, ist damit Ihr Kunde. Jeder, der aus irgendeinem Grund von Ihnen abhängig ist, ist ein Kunde. Die zweite Definition: Ein Kunde ist jemand, von dem Sie in Ihrem Erfolg und Ihrer Zufriedenheit bei der Arbeit oder in ihrem persönlichen Leben abhängig sind. Wenn Sie sich diese Definitionen anschauen, stellen Sie fest, daß fast jeder um Sie herum ein Kunde ist. Bei der Arbeit haben Sie lauter Kunden um sich herum, und auch außerhalb der Firma. Ihr Erfolgsschlüssel besteht darin, konkret zu definieren, wer Ihr wichtigster Kunde ist und ihn dann mit allem, was er braucht, optimal zu versorgen.

Ihr Erfolg ist massiv gefährdet, sobald Sie dies nicht tun. Umgekehrt wird er sich fast zwangsläufig einstellen.

Vier Ebenen der Kundenzufriedenheit können unterschieden werden. Auf der ersten Ebene wird der Kunde als selbstverständlich angesehen. Seine Bedürfnisse werden einmal erfüllt, aber dann wird er links liegengelassen. Statistiken wissen, daß 68 Prozent der Kunden auf dem Markt ihrem Händler die Treue brechen, fortgehen und woanders kaufen, weil sie sich von irgend jemandem in der Firma gleichgültig behandelt oder gar ignoriert fühlten. Ebenfalls bekannt ist, daß die meisten verlorenen Aufträge aus Gleichgültigkeit gegenüber Kunden resultieren. Viele Unternehmen empfinden Kunden als lästig, man redet respektlos über sie. Fragen, Beschwerden und Probleme gelten als Zumutung oder zumindest als irritierend. Man ruft nicht telefonisch zurück, der Kunde erscheint als notwendiges Übel. Solche Unternehmen haben keine Zukunft in unserer Wettbewerbswirtschaft. Und auch die Menschen, die eine derartige Haltung gegenüber dem Kunden an den Tag legen, haben keine Zukunft. Auf der zweiten Ebene wird der Kunde zufriedengestellt. Der Kunde nennt seinen Wunsch, zahlt und bekommt genau das, wofür er bezahlt hat. Das ist das Minimum, weil es (fast) überall gewährleistet ist. Am Markt und in Ihrem Beruf sollte die Zufriedenheit des Kunden das absolute Minimum sein. Wer bestimmt eigentlich den Grad der Kundenzufriedenheit, der nötig ist, um geschäftlich zu überleben? Den bestimmen Ihre Wettbewerber – alle anderen, die die gleichen Kunden wie Sie zufriedenstellen müssen, um erfolgreich zu sein. Wenn eine Firma eine hohe Ebene der Kundenzufriedenheit anbietet, avanciert dieses erwartete Minimum zum Standard für alle anderen Unternehmen der Branche. Die dritte Ebene nenne ich Kundenbegeisterung. Diese Ebene ist erreicht, wenn ein Kunde begeistert ist über die Erfahrung, die er mit Ihnen gemacht hat. Merken Sie sich, alle Spitzenunternehmen und Spitzenleister sind absolut fixiert darauf, ihre Kunden zu begeistern – als Gegenleistung, weil sie sich entschieden haben, gerade mit ihnen zusammenzuarbeiten. Die vierte Ebene der Kundenzufriedenheit will ich „Kunden-Erstaunen" nennen. Das ist der Punkt, an dem Sie Ihre Kunden nicht nur zufriedenstellen oder begeistern – Sie erstaunen sie. Ihre Kunden sind schier überwältigt, wieviel besser Sie sich um sie kümmern, ihre Probleme lösen und ihre Bedürfnisse befriedigen als andere. Die Fähigkeit, Ihre Kunden zu erstaunen, ist der Schlüssel zu Dominanz am Markt und hohem wirtschaftlichem Profit. Mitunter können Sie dann sogar höhere Preise als Ihre Wettbewerber berechnen. Wenn Sie Ihre Kunden erstaunen, sind diese oft durchaus bereit, ein bißchen mehr für jemanden zu bezahlen, der sich so gut um sie kümmert.

Um Kunden zufriedenzustellen, beginnen Sie immer mit ihren Bedürfnissen. Was braucht und fordert der Kunde, um auf einer hohen Ebene zufriedengestellt zu werden? Überlegen Sie, wie diese Bedürfnisse zu befriedigen sind. Sie zum Erstaunen des Kunden zu befriedigen, das ist der Schlüssel zu Spitzenleistung in allen Bereichen. Hier ist eine der wichtigsten Regeln, die Sie jemals lernen werden: Ihr Erfolg steht immer in direkter Proportionalität zu dem, was Sie mehr getan haben, als man von Ihnen erwartete. Er richtet sich danach, was Sie zusätzlich tun, nachdem Sie die Erwartungen erfüllt haben. Beschränken Sie sich auf das Erfüllen von Erwartungen – nicht mehr und nicht weniger –, so limitieren Sie damit Ihr Zukunftspotential. Tun Sie etwas mehr, sammeln Sie Pluspunkte. Tun Sie aber viel mehr, als von Ihnen erwartet wurde, übertreffen Sie kühnste Hoffnungen, dann öffnen Sie sich Tür und Tor für den großen Erfolg.

Wer ist der Hauptkunde in Ihrer Arbeitswelt? Ich werde es Ihnen verraten: Ihr Chef! Und wenn Sie selbst Chef einer Firma sind, dann ist Ihr Kunde am Markt Ihr übergeordneter Boß. Wenn sie als Angestellter für eine Firma arbeiten, hat Ihr Chef Sie ausgewählt und für diese Position eingestellt. Er hat Sie geholt, damit Sie ihm helfen, die Kunden der Firma zufriedenzustellen. Aber Ihr Chef ist und bleibt Ihr Hauptkunde. Warum? Ihren Chef zu befriedigen ist essentiell für Ihren Erfolg und Ihr berufliches Weiterkommen. Manche Leute empören sich: „Ich bin nicht hier, um meinem Chef zu gefallen!" Ach nein? Dann schlage ich vor, daß Sie Ihren Chef in der nächsten Zeit auf irgendeine Weise verärgern und zusehen, wie sich das auf Ihre Karriere auswirkt. Wir haben eine heilige Verantwortung, unserem Chef dabei zu helfen, die Kunden zu befriedigen. Wenn Ihr Chef also Hauptkunde ist, was braucht er von Ihnen, um zufrieden zu sein? Übrigens sind sich 80 Prozent der Befragten über die Antwort auf diese Frage nicht im klaren. Und wissen Sie was? Die meisten Chefs haben auch keine Ahnung. Das ist ein Grund für die vielen Probleme zwischen Vorgesetzten und Mitarbeitern. Als Lösungsansatz sollten Sie eine Liste von den Aufgaben anfertigen, für die Sie glauben, eingestellt worden zu sein – eine Liste mit all Ihren Verantwortlichkeiten. Gehen Sie mit dieser Liste zu Ihrem Chef. Sagen Sie ihm, daß Sie sicherstellen wollen, an den Dingen zu arbeiten, die er für am wichtigsten hält. Bitten Sie ihn, Ihre Liste nach Prioritäten zu ordnen. Sobald Sie die geordnete Liste Ihres Chefs vorliegen haben, diskutieren Sie sie mit ihm. Durchleuchten Sie jedes Detail, analysieren und vergleichen Sie. Am Ende sollten Sie und Ihr Chef bei der Frage, was getan werden muß, wann es getan werden sollte und mit welchem Ergebnis, vollkommen übereinstimmen. Nur so haben Sie das notwendige Werkzeug an der Hand, um Ihren Hauptkunden auf der höchsten Ebene zufriedenzustellen. Folgendes habe ich in den vielen Jahren meiner Tätigkeit mit unterschiedlichen Firmen herausgefunden: Die besten Tage sind immer die, an denen Sie und Ihr Chef sich vollkommen über die Prioritäten einig sind, die schlechtesten sind die, an denen Sie herausfinden, daß Sie überhaupt nicht auf einer Wellenlänge liegen. Was Sie auch machen, es ist aus irgendeinem Grund nicht das, was Ihr Chef in diesem Augenblick von Ihnen will oder braucht.

Wenn wir über Service und Qualität sprechen, was ist dann Qualität? Nun, Qualität wird definiert als eine Kombination von Produkt und Service, plus der Art und Weise, wie das Produkt oder die Dienstleistung geliefert wird. Hier ein Beispiel: Sie gehen in ein teures Restaurant und bestellen ein exquisites Essen in stimmungsvoller Umgebung. Wie wäre es, wenn der Ober käme, das Essen auf den Tisch knallte und sagte: „Da!" Es könnte ein fantastisches Essen, teuer und wunderbar zubereitet, in einem traumhaften Restaurant sein – wenn es schlecht serviert wird, ist alles ruiniert, für die Katz! Sie müssen begreifen: Wenn Sie Ihre Arbeit positiv, freundlich und vergnügt erledigen, ist sie doppelt soviel Wert, vielleicht sogar fünfmal soviel. Sie wird mehr respektiert, als wenn Sie sich bei der Arbeit neutral, negativ oder schwierig gebärden. Hier eine wichtige Frage: Was brauchen Ihre Kollegen, die auf gleicher Hierarchieebene wie Sie arbeiten, um ihre Arbeit besser zu machen? Warum Sie sich darüber Gedanken machen sollten? Ich werde Ihnen sagen, warum. Es bringt nicht viel, Punkte zu sammeln bei Mitarbeitern, die Ihrer Autorität unterstellt sind, die Sie einstellen oder entlassen können. Es sind die Mitarbeiter, über die Sie keine Autorität haben, die Ihr Vorankommen fördern, Ihre Macht, Ihren Einfluß und Respekt in der Firma mehren können. Bemühen Sie sich, anderen zu helfen, ohne etwas im Gegenzug zu erwarten. Nur Leute mit begrenzter Zukunft fragen ständig danach, was für sie herausspringt. Menschen mit unbegrenztem Zukunftspotential suchen stets nach Möglichkeiten, anderen zu helfen. Sie wissen, daß sie immer etwas zurückbekommen – und das genau zu dem Zeitpunkt, zu dem sie es benötigen. Die erfolgreichsten und einflußreichsten Mitarbeiter in jeder Organisation sind die, die anderen die meiste Unterstützung zukommen lassen. Sie werden am meisten geschätzt und respektiert. Wer anderen hilft, löst das wundervolle Gesetz der Gegenseitigkeit aus, dem zufolge andere das Bedürfnis haben werden, sich zu revanchieren. Vertrauen Sie darauf: Menschen werden sich erkenntlich zeigen, wenn Sie in Vorlage gehen.

Neben Ihrem Chef ist auch Ihre Abteilung einer Ihrer wichtigsten Kunden, da Ihr Output auch der Output Ihres Teams ist, und der Output Ihres Teams ist gleichzeitig Ihr Output. Ihre Abteilung zufriedenzustellen ist die Voraussetzung, um Ihren Chef und den Markt zufriedenzustellen – sie zu begeistern ist Ihr Schlüssel zum Erfolg. Wirklich erfolgreiche Führungskräfte und Manager beherrschen es exzellent, sich um ihre Mitarbeiter zu kümmern. Entscheidend sind auch hier ihre Bedürfnisse. Was brauchen Ihre Mitarbeiter um zufrieden zu sein? Wenn Sie es nicht sicher wissen, fragen Sie nach. Fragen Sie speziell, was sie benötigen, um ihre Arbeit gut zu machen. Erinnern Sie sich: Selbstbewußtsein, Selbstwertgefühl und persönlicher Stolz ergeben sich daraus, eine Arbeit wirklich gut zu machen und dafür anerkannt zu werden. Alles, was Sie tun, das Ihren Mitarbeitern hilft, ihre Arbeit gut zu machen, steigert ihre Loyalität Ihnen gegenüber und ihre Hingabe an den Job. Damit helfen Sie Ihnen letztlich auch, erfolgreicher zu werden. Was macht einen idealen Chef aus? In einigen Studien wurden Tausende von Mitarbeitern zu dieser Frage interviewt. Zwei Schlüsselmerkmale kristallisierten sich heraus. Nummer eins: Gute Chefs formulieren klare Erwartungen. Die Mitarbeiter wissen genau, was von ihnen erwartet wird. Ein gesundes Arbeitsklima entsteht, wenn alle Bescheid wissen, was Sie von ihnen wollen, wann Sie es wollen und warum Sie es wollen. Nicht zu wissen, was von einem erwartet wird, ist demoralisierend. Wenn sie nicht genau wissen, was sie tun sollen, können Ihre Mitarbeiter keine gute Arbeit leisten und folglich auch nicht mit sich selbst zufrieden sein. Sie können kein Selbstbewußtsein, kein Selbstwertgefühl und keinen persönlichen Stolz genießen. Nummer zwei: Gute Chefs zeigen ihre menschliche Seite: Rücksichtnahme, Mitgefühl, Respekt und Höflichkeit. Sie sind zwar sehr auf die Sache konzentriert, kümmern sich aber auch um die Menschen. Die besten Vorgesetzten sind die, die ihre Mitarbeiter als Individuen, wenn nicht gar als Freunde behandeln. Wie sollte Ihre Strategie aussehen? Ganz einfach: Fragen Sie jeden einzelnen Ihrer Mitarbeiter, wie Sie mithelfen können, damit seine Arbeit noch besser getan werden kann. Und dann tun Sie genau das. Schaffen Sie gute Arbeitsbedingungen für Ihre Untergebenen, und setzen Sie sich für Sie ein.

Der nächste Kundentypus sind die externen Kunden, die außerhalb Ihrer Firma stehen. Ihre externen Kunden sind von zentraler Bedeutung für das Überleben und Wachstum Ihres Unternehmens. Denken Sie daran: Ihr Unternehmen ist nicht autonom, jeder Erfolg oder Mißerfolg kommt von außen. Alle Ergebnisse resultieren aus der Art und Weise, wie Sie sich auf dem wettbewerbsumkämpften Markt und im Umgang mit Kunden bewähren. Ein externer Kunde ist jemand, der Ihrem Unternehmen Einkünfte bringen oder vorenthalten kann, Je größer die möglichen Einkünfte oder Nicht-Einkünfte, um so wichtiger ist der Kunde für Sie. Nach dieser Definition sind auch Zulieferer,

Banken und Gewerkschaften Kunden, die es gilt, in Begeisterung oder Erstaunen zu versetzen. Es gibt zwei Maßstäbe, an denen Sie festmachen können, wie gut Sie das bewerkstelligen. Da ist einmal der zweite Verkauf – ein Resultat der Kundenbindung. Sie verkaufen ein Produkt, und der Kunde ist zufrieden, daß er erneut bei Ihnen kauft. Einige Unternehmen, zum Beispiel Kaufhäuser, fordern ihre Mitarbeiter auf, sich vorzustellen, ihre Kunden trügen ein Schild auf der Stirn, auf dem 10000, 20000, 40000 oder 50000 DM geschrieben steht. Wenn ein Kunde hereinkommt und ein Problem hat, soll der Mitarbeiter sich vorstellen, daß dieser dem Unternehmen im Laufe der Jahre 10000, 20000, oder 50000 DM bringen wird. Darum sollte man ihn auch wie einen 50000-DM-Kunden behandeln. Die besten Warenhäuser, die besten Firmen behandeln ihre Kunden so zuvorkommend, daß diese jederzeit wiederkommen – und wieder kaufen. Zweitens wäre da das wichtige Phänomen der Mundpropaganda: Der Kunde verkauft für Sie. Er redet mit Bekannten und Freunden, wird zur wandelnden Reklametafel für Sie. Er erzählt allen, wie gut Sie ihn behandelt haben. Menschen kaufen zu 84 Prozent etwas, weil sie von anderen darüber gehört haben. Top-Unternehmen trainieren ihre Mitarbeiter, die externen Kunden so sehr zu begeistern und zu erstaunen, daß diese allen Personen in ihrer Umgebung empfehlen, in dieses Geschäft oder zu dieser Firma zu gehen.

Vor einigen Jahren schrieb der Präsident des Skandinavischen Luftdienstes, James Carlson, ein Buch, mit dem Titel *Momente der Wahrheit.* Wann immer ein Kunde mit Ihnen oder Ihrer Firma in Berührung kommt, findet seiner Meinung nach ein solcher Moment der Wahrheit statt, der mit entscheidet, ob der Kunde wiederkommt oder nicht, ob er Sie weiterempfiehlt oder nicht. Ihr Ziel muß sein, diesen Moment der Wahrheit – den Anruf, den Brief, die persönliche Begegnung – so positiv zu gestalten, daß Ihr Kunde immer wieder Ihre Dienste gern in Anspruch nimmt und das Freunden nahelegt. Das Grundprinzip lautet, daß letztlich jeder Job das Ziel hat, einen Dienst zu erweisen, ihre Probleme zu lösen und ihre Bedürfnisse zu befriedigen. Und alles, was Sie tun, hilft oder stört bei der Realisierung dieses Ziels, führt dazu, Kunden zu behalten oder zu verlieren. Alles zählt! Finden Sie heraus, wie Sie Ihre tägliche Arbeit wertvoller gestalten können. Sie schafften das, indem Sie Ihren Job ein bißchen besser oder schneller machen als andere. Fragen Sie sich immer wieder, was Sie heute tun können, um den Wert Ihrer Dienstleistung für den Kunden noch zu erhöhen. Fragen Sie sich, wie Sie die ultimative Zufriedenheit all Ihrer Kunden – intern wie extern – noch besser garantieren können. Und dann handeln Sie!

Sehen Sie dazu auch die Übungen auf S. 216.

22

Erfüllende Beziehungen aufbauen

In diesem Kapitel soll die Rede sein von der eigentlichen Natur und Wichtigkeit liebevoller Beziehungen. Die Wahl Ihres Partners, die Qualität Ihres Zuhauses und Ihres Familienlebens bestimmen Ihren Erfolg mindestens so sehr, wie jeder andere Faktor. Benjamin Disraeli sagte einmal, kein Erfolg im öffentlichen Leben könne ein Versagen im Privaten kompensieren. Männer und Frauen sind die Hälfte eines Ganzen. Sie gehören zusammen. Ihre Fähigkeit, sich auf langwährende Beziehungen einzulassen, ist der wahre Maßstab für emotionale Reife. Nun laufen Beziehungen nicht immer reibungslos. Jeder Mensch hat eine andere Vorstellung von allen möglichen Dingen, andere Einstellungen aufgrund gemachter Erfahrungen oder einer unterschiedlichen Erziehung, hat andere Erfahrungshintergründe, unterschiedliche Gefühle. Jeder Mensch ist in sich selbst sehr komplex. Daß zwei Menschen zusammenfinden und lange Zeit zusammenbleiben ist von daher als großartige Leistung zu werten. Laut Statistiken enden 90 Prozent aller Ehen erst, wenn einer der beiden Partner stirbt. Ich halte das ganze Gerede über Scheidungsquoten für eine Manipulation der Wahrheit. Tatsächlich gibt es viel mehr glückliche und erfolgreiche Ehen als Scheidungen.

Es gibt sechs Hauptprobleme, die eine Partnerschaft belasten können. Je besser Sie sie verstehen, um so eher können Sie sie im Laufe der Zeit lösen oder bereits im Vorfeld ausschalten. Das erste Problem ist die mangelnde Bereitschaft, volle Engagement für die Beziehung zu zeigen. Statt dessen hält man sich stets ein Hintertürchen offen, nach dem Motto: Ich gehe die Hälfte des Weges, wenn du die andere Hälfte gehst. Ich leiste meinen Anteil, wenn du deinen leistest. Ich mache dies, wenn du das machst. Ich habe mein Konto, du hast dein Konto. Ich kaufe dies, du kaufst das. Ich bezahle für dies, du bezahlst für das, usw. Dahinter steckt die Angst vor dem Versagen. Ein gutes Beispiel sind die sogenannten Eheverträge. Zwei Menschen schließen, bevor sie heiraten, einen Vertrag ab. Die Scheidungsquote von Ehen mit Ehevertrag beläuft sich auf fast 90 Prozent. Der Vertrag basiert ja bereits auf der Annahme, daß die Ehe scheitern wird! Von diesem Moment an achten die Partner auf jedes Anzeichen für eine Krise, was ein Gefühl der Unsicherheit erzeugt. Gefühle von Zurückweisung – nicht gut genug für den Partner zu sein – entstehen. Die Lösung? Sie müssen sich mit Haut und Haaren der Beziehung verpflichten – ohne Hintertürchen. Das zweite Hauptproblem besteht darin, den anderen ändern zu wollen oder zu erwarten, daß er sich ändert. Viele Menschen begeben sich in Ehen und Beziehungen mit dem Vorsatz, den anderen zu ändern, um dann endlich rundum zufrieden mit ihm zu sein. Jemanden ändern zu wollen ist bereits eine Form von Zurückweisung. Sie wissen, daß wir alle Angst vor Zurückweisung haben. Die Ursprünge dieser Angst gehen weit in die Kindheit zurück. Wenn Sie nun versuchen, jemanden zu ändern, dann holen Sie all diese negativen Emotionen wieder an die Oberfläche und unterstellen, daß er oder sie nicht gut genug ist. Das suggeriert Überlegenheit: Derjenige, der den anderen verändern will, glaubt, besser als er oder sie zu sein. Das Gegengift für diese Verhaltensweise ist das vollständige Akzeptieren der anderen Person mit allen Schwächen. Merken Sie sich, wenn Sie einen Menschen nicht ohne Einschränkung akzeptieren können, dann ist etwas ernsthaft nicht in Ordnung. Sie sollten keine Beziehung – oder gar Ehe! – mit ihm eingehen, bis sie nicht vollkommen überzeugt sind, daß dies die perfekte Wahl für Sie ist. In diesem Punkt müssen Sie kompromißlos sein. Eifersucht ist ein weiteres schwerwiegendes Problem in einer Beziehung. Dieses Gefühl hat meist nichts mit der anderen Person zu tun. Es hat nur etwas mit dem zu tun, der eifersüchtig ist. Eifersucht wird durch ein niedriges Selbstwertgefühl ausgelöst, durch das Gefühl, von keinem wirklich geliebt zu werden. Wenn Sie das glauben, wird sich das in Ihrem Umfeld für Sie bestätigen. Eifersüchtige haben niemals bedingungslose Liebe und Akzeptanz durch ihre Eltern erfahren. Als Erwachsene sind sie dann negativ darauf programmiert, niemandem zu trauen und immer zu fürchten, daß man ihnen die Liebe entzieht. Wenn ihre Eltern ihnen Liebe vorenthalten oder Sie heftig kritisiert haben, dann wird die Eifersucht zu Ihrem ständigen Begleiter, sofern Sie nichts dagegen unternehmen. Wie bekommen Sie Ihre Eifersucht in den Griff? Sie sollten realisieren und akzeptieren, daß Sie ein guter Mensch sind und dann gezielt Ihr Selbstwertgefühl aufbauen. Stehen Sie jeden Morgen auf und sagen Sie: „Ich mag mich. Ich mag mich. Ich mag mich!“ Je mehr Sie sich mögen, um so einfacher können Sie sich akzeptieren. Je mehr Sie sich als wertvolle und liebenswerte Person sehen, desto mehr erkennen Sie, daß alles, was ein anderer tut, keine Auswirkungen auf Ihren Wert hat. Wenn jemand, mit dem Sie liiert sind, jemand anderen plötzlich mehr mag, hat das nichts mit Ihrem Wert zu tun. Sie sind ein guter, wertvoller und wichtiger Mensch. Selbstmitleid ist das vierte große Problem in Beziehungen. Es wird ebenfalls mit elterlicher Zurückweisung und konditionierter Liebe in Verbindung gebracht. Es handelt sich um eine Angewohnheit, die wir von einem Elternteil, der ständig jammert und in Selbstmitleid versinkt, übernehmen. Wir wissen, daß Selbstmitleid oft auch durch das Fehlen von Zielen, von Bedeutung und Sinnhaftigkeit im Leben entsteht. Einfaches Gegenmittel: Stecken Sie sich Ziele und arbeiten Sie fleißig an den Dingen, die wichtig für Sie sind. Denken Sie daran, daß Ihr Bewußtsein nur einen Gedanken auf einmal fassen kann. Es kann nicht mit Ihren Zielen und Plänen beschäftigen und gleichzeitig voll sein mit Selbstmitleid. Sie sollten so eingespannt sein, daß Sie gar keine Zeit haben, selbstmitleidige Gedanken zu hegen. Das fünfte Problem in Beziehungen sind negative Erwartungen. Erwartungen neigen dazu, erfüllt zu werden. Wir wissen, daß das Scheitern der meisten Beziehungen durch die negativen Erwartungen, die der eine oder andere Partner ausgedrückt hat, vorherbestimmt wird. Negative Erwartungen werden oft als Anklagen geäußert, was den anderen in die Rolle des Schuldigen rückt. Wir äußern bereits eine negative Erwartung, wenn wir von anderen vermuten, daß er uns enttäuschen könnte, uns betrügt oder mehr Zeit in seine Arbeit als in sein Zuhause investiert. Das geschieht so lange, bis der andere sagt: „Nun, wenn das von mir erwartet wird, dann werde ich den anderen auch nicht enttäuschen.“ Versuchen Sie, ab sofort nur das Beste von Ihrem Lebenspartner zu erwarten, ihm permanent zu versichern, daß Sie an ihn glauben und absolutes Vertrauen in ihn haben. Zu wissen, daß jemand, der für uns wichtig ist, tatsächlich an uns glaubt, ist ein atemberaubendes Gefühl, das unser Selbstbewußtsein enorm stärkt. Der sechste Grund für das Scheitern von Beziehungen ist fehlende Übereinstimmung, die Tatsache, daß man im Grunde nicht oder immer weniger zusammenpaßt. Normalerweise müssen Sie mit Dutzenden von Mitgliedern des anderen Geschlechts ausgehen, bevor Sie eine Person finden, die wirklich mit Ihnen kompatibel ist, wobei sich Maß und Qualität der Kompatibilität wie gesagt im Laufe der Zeit verändern. Wie können Sie erkennen, daß der Prozeß des Sichauseinanderlebens eingesetzt hat? Das erste Signal ist, daß sich das Lachen aus der Beziehung verabschiedet hat. Zwei Menschen lachen nicht mehr miteinander, finden nichts mehr, das sie beide amüsiert. Auch das Gespräch verflüchtigt sich immer mehr: Es gibt keine gemeinsamen Themen mehr, über die man sich unterhalten könnte. Und so leben beide nebeneinander her, und keiner ist glücklich. Diesem Prozeß können Sie nur mit Ehrlichkeit begegnen. Es ist gut möglich, daß zwei Menschen sich in entgegengesetzte Richtungen entwickeln. Daran hat niemand Schuld. Niemand hat etwas falsch gemacht. Niemand ist schlecht, wenn zwei nicht mehr zusammenpassen. Das passiert ganz einfach – so wie das Wetter umschlägt. Die Chemie in einer Beziehung ist eine komplexe und sich wandelnde Angelegenheit: Manchmal funktioniert sie und manchmal nicht. Doch selbst im letzteren Fall kann man unter Umständen die Beziehung retten. Suchen Sie eine Eheberatung auf. Diskutieren und reden Sie über Ihre Probleme. Machen Sie eine Therapie. Tun Sie, was immer möglich ist, um die Beziehung zu retten. Aber bleiben Sie niemals in einer unglücklichen Beziehung ohne Liebe, weil Sie sich Sorgen machen, was andere Leute sagen werden! Kaum vorstellbar, wieviele Menschen in schlechten Beziehungen bleiben, nur weil sie vor dem Gerede anderer Angst haben! Zum Schluß gehen sie dann doch auseinander und entdecken die Wahrheit, die Wahrheit, daß es niemanden großartig kümmert. Menschen denken nämlich zu 99 Prozent ihrer Zeit über sich selbst und ihre eigenen Probleme nach. Die Sorgen anderer berühren sie nur temporär und am Rande. Wenn es keine Übereinstimmung mehr zwischen Ihnen gibt, akzeptieren Sie das als Tatsache. Retten Sie die Beziehung, wenn es in Ihrer Macht liegt. Verharren Sie aber nicht in Ihrem Unglück, weil Sie denken, daß andere sich verletzt fühlen könnten.

Eine erfüllende Partnerschaft ist ein wirklicher Meilenstein in einem glücklichen, zufriedenen Leben. Setzen Sie sich das Ziel, eine wundervolle Beziehung zu pflegen, und dann beginnen Sie mit der Umsetzung. Lassen Sie sich auf nichts anderes ein, als auf Freude und Erfüllung in Ihrer Beziehung. Es gibt sechs Schlüssel zu erfolgreichen Beziehungen, die sich über Jahrhunderte hinweg bewahrheitet haben. Je mehr Sie von diesen sechs Schlüsseln umsetzen, um so glücklicher werden Sie sein. Der erste Schlüssel hängt mit größtmöglicher Übereinstimmung zusammen. Am besten sind Ihre Glücksaussichten mit einem Menschen, der ähnliche Interessen und Werte, einen ähnlichen Geschmack wie Sie besitzt. Besonders ins Gewicht fallen Einstellungen zu Themen wie Geld, Kinder, Sex, Religion oder Politik. Wichtig sind auch gemeinsame Freizeitaktivitäten. Sie sind ein springender Punkt in jeder Beziehung. Unzählige Beziehungen scheitern, weil die Partner in puncto Freizeitgestaltung keinen gemeinsamen Nenner finden: Der eine will dies, der andere das – und schließlich geht man getrennte Wege.

Der zweite Schlüssel resultiert aus dem Sinnspruch: „Gegensätze ziehen sich an". Das stimmt aber nur beim Temperament. Die Natur verlangt Balance in allen Dingen. Sie verlangt auch, daß zwei Menschen einander, was ihr Temperament angeht, harmonisch ergänzen. Ist der eine introvertiert, sollte der andere extrovertiert sein. Redet der eine gerne und viel, sollte der andere ruhiger sein. Wie gut sich die Temperamente ergänzen, kann im Gespräch getestet werden. In gut ausbalancierten Beziehungen hat jeder die Möglichkeit, sowohl zu sprechen als auch zuzuhören. Keiner ist der Auffassung, daß er zu kurz kommt, und keinen stört es, wenn auch mal geschwiegen wird. Dies kann als ein Maßstab für Ihre Kompatibilität mit dem Partner betrachtet werden. Engagement ist der dritte Schlüssel für erfolgreiche Beziehungen und wahrscheinlich der wichtigste. Er setzt voraus, daß beide Parteien absolut alles für das Gelingen der Beziehung zu tun. Eine der besten Definitionen von Liebe lautet: Liebe ist die uneingeschränkte Bereitschaft, dafür zu sorgen, daß der andere sein Potential voll verwirklichen kann. Wenn der Schlüssel zu Ihrem Glück das Glück des anderen ist, dann können Sie sagen, daß Sie diesen Menschen wirklich lieben. Entscheidend ist, daß keiner der beiden Partner jemals über eine Trennung redet oder sie auch nur in Erwägung zieht. Keiner droht dem anderen, ihn zu verlassen. Starke Beziehungen können aufgrund des hohen Grades an Engagement und Verpflichtung immer Lösungen für ihre Probleme finden. Sich zu mögen ist der vierte Schlüssel zu einer erfolgreichen Beziehung, oft wichtiger und befriedigender, als verliebt zu sein. Wer eine ideale Beziehung hat, empfindet, daß sein Partner auch gleichzeitig sein bester Freund ist. Wenn zwei Menschen sich begegnen und bemerken, daß sie etwas Besonderes teilen, dann identifizieren sie sich als Seelenverwandte. Es gibt niemanden, mit dem Sie lieber zusammen sind. Verliebt sein ist ein Zustand, der kommt und geht, gegenseitiges Mögen hält ewig. Alle Untersuchungen über Langzeitehen bestätigen, daß auch Bewunderung und Respekt für den Partner ein wichtiger Leim sind, der die Beziehung zusammenhält. Das fünfte Charakteristikum: Ähnliche Eigenkonzepte ziehen sich an und sind am besten kompatibel. Was bedeutet das? Es bedeutet, daß Sie am ehesten mit jemandem glücklich werden, der genauso glücklich ist wie Sie. Sie stimmen besonders mit jemanden überein, der zu einem ähnlichen Prozentsatz so positiv denkt wie Sie. Ein wichtiger Punkt: Zwei negative Menschen können natürlich ideal zueinander passen. Einer ist genauso unglücklich wie der andere. Sie hocken zusammen, beschweren sich, jammern und verdammen die Welt, weil sie sich auf der gleichen Ebene des Eigenkonzepts bewegen. Doch gemeinsames Glück ist das wahre Maß für die Ähnlichkeit Ihrer Eigenkonzepte. Gemeinsam zu lachen, die Gesellschaft des anderen zu genießen ist der richtige Maßstab, um zu erkennen, wie kompatibel Ihre Eigenkonzepte sind. Der sechste Schlüssel für erfolgreiche Beziehungen ist eine gelungene Kommunikation, und die setzt Ruhe und Muße für ungestörte Zweisamkeit voraus. Männer und Frauen haben sehr unterschiedliche Bedürfnisse in Beziehungen, speziell bezogen auf die Kommunikation. Wie gut oder schlecht Sie kommunizieren, bestimmt die Qualität Ihres Lebens – und das ist nirgends wichtiger als in Ihrer Partnerschaft. Wir wissen, daß Frauen ein wesentlich komplexeres Innenleben als Männer haben. Männer tendieren dazu, in simpleren, einfacheren Bahnen zu denken – ohne komplizierte Umwege. Oft sind Männer direkter, während Frauen um die Ecke denken. Hier ein Beispiel zur Illustration: Ein Mann und eine Frau sind seit zwei Stunden im Auto unterwegs und kommen an einem Restaurant oder Schnellimbiß vorbei. Sie fragt ihn, ob er durstig sei. Er verneint und fährt weiter. Tatsache ist, sie hat Durst und hätte gern angehalten. Anstatt aber vorzuschlagen: „Warum halten wir nicht an und trinken etwas?“, fragt sie, ob er durstig sei. Er hört nur die Frage selbst, verneint und fährt weiter. Diese Problematik ist so alt wie die Geschlechter selbst. Lassen Sie mich eins dazu sagen: Männer sind keine Gedankenleser, und Frauen sollten manchmal direkter zum Punkt kommen. Andererseits sollten Männer lernen, mehr Fragen zu stellen und besser zuzuhören. Beide sollten die vollständige Verantwortung für die Qualität ihrer Kommunikation übernehmen. Das impliziert, sowohl auf die Wörter als auch auf deren Bedeutung zu achten.

Verbringen Sie viel Zeit allein miteinander, ohne andere Menschen, Lärm oder Störungen. Autofahrten, die Sie gemeinsam unternehmen, eignen sich sehr gut dazu. 30, 60, 90 Minuten oder sogar mehrere Stunden ohne Radio nebeneinander zu sitzen, sich auszutauschen und einander zuzuhören.

Sie können Ihr eigenes Potential nur wahrnehmen und daran wachsen, wenn Sie sich in einer gesunden, glücklichen Beziehung mit jemandem befinden, den Sie lieben, respektieren und bewundern, und der Sie umgekehrt liebt, respektiert und bewundert. Das setzt voraus, daß Sie Ihre Gedanken und Gefühle klar artikulieren. Nur so ist Ihnen bewußt, wer Sie wirklich sind und was Sie fühlen. Diese Anerkennung Ihres Ichs mündet in Eigenakzeptanz, indem Sie einsehen, daß Sie kein schlechter Mensch sind. Mit den Zweifeln, Problemen und Bedenken, die Sie umtreiben, sind Sie trotzdem ein ziemlich guter Mensch. Je mehr Sie sich als umgängliche und wertvolle Persönlichkeit akzeptieren, desto mehr mögen Sie sich. Je mehr Sie sich mögen, um so besser werden Sie in allem, was Sie tun. Der Aufbau und Erhalt qualitativ hochwertiger Beziehungen ist ein Schlüssel zu Gesundheit, Glück und wahrer Freude am Leben. Es handelt sich gewiß um keine einfache Aufgabe, die Sie dennoch meistern, wenn Sie sich Ziele setzen und konsequent an ihnen arbeiten. Letztendlich ist es Ihr eigener Grad an Selbstbewußtsein, Selbstwertgefühl und persönlichem Stolz, der die Qualität Ihrer Beziehungen zu anderen Menschen bestimmt. Und je mehr Sie sich selbst mögen, um so mehr werden Sie andere mögen. Und um so mehr Sie andere mögen, um so mehr werden andere diese Sympathie erwidern – und desto glücklicher werden Sie in allem, was Sie tun.

Sehen Sie dazu auch die Übungen auf Seite 217.

23

Erfolgreiche Kinder großziehen

Ein kluger Philosoph schrieb einst: „Bevor ich Kinder hatte, hatte ich sechs Philosophien, Kinder großzuziehen. Jetzt habe ich sechs Kinder und keine einzige Philosophie." Ich selbst habe vier Kinder und ebenfalls keine Philosophie. Die Beziehung zwischen Eltern und Kind ist die wichtigste im ganzen Leben, denn sie endet nie. Sie dauert so lange, bis einer von beiden stirbt. Sie ist schwieriger als Jobs, die kommen und gehen, Ehen, die zerbrechen können, Freundschaften, materielle Angelegenheiten oder irgend etwas sonst im Leben. Eltern bleiben Sie Ihr Leben lang. Niemand wird als perfekter Elternteil geboren. Es ist wie Fahrradfahren oder Schreibmaschineschreiben, man lernt es recht schnell, aber man muß es lernen. Obwohl es auch viele Leute gibt, die behaupten, es handele sich um eine Art Instinkt. Sie können eine Menge lernen, indem Sie lesen oder sich Rat bei Freunden, Verwandten oder auch Fachpädagogen holen. Wenn Eltern ihr erstes Kind haben, sind sie sofort auf den Beinen, sobald das Baby hustet oder auch nur einen Laut von sich gibt. Meine Frau und ich waren damals fast jede Nacht wach, weil unsere kleine Christine schrie. Wir standen auf, nahmen sie aus dem Bettchen, liefen mit ihr herum. Dann rieten uns „professionelle" Eltern – Eltern von vier Kindern – wir sollten sie schreien lassen: „Laßt das Kind schreien! Nach ein paar Minuten hört sie auf und schläft friedlich ein. Ihr werdet sehen!" Beim nächsten Mal ließen wir sie schreien, und es stimmte: Sie schlief für den Rest der Nacht. Das hat unsere gesamte Lebensqualität verändert. Ich will damit nicht sagen, daß Sie Kinder stundenlang schreien lassen sollen, sondern Ihnen nur den Tip geben, Ihre Sorge nicht zu übertreiben und sich ein wenig Gelassenheit zuzulegen.

Worum geht es beim Elternsein in erster Linie? Jedenfalls nicht darum, Ihr Kind mit Geld zuzuschütten, ihm tolle Reisen und jeden materiellen Luxus zu ermöglichen. Es geht vielmehr um Liebe, Unterstützung, Ihr Kind mit einem Grad an Selbstbewußtsein und Selbstwertgefühl auszustatten, der es für das Leben wappnet. Alles andere ist zweitrangig für die geistige und emotionale Entwicklung von Kindern – nur Selbstbewußtsein und Selbstwertgefühl zählen. Wenn Sie Gewinner großziehen möchten, dann sollten Sie sich darauf konzentrieren. Es ist eine Tragödie, daß der durchschnittliche Erwachsene heute 40 Jahre damit verbringt, über seine ersten fünf Lebensjahre mit allen Fehlern, die seine Eltern gemacht haben, hinwegzukommen. Kinder reagieren extrem verletzlich auf destruktive Kritik seitens der Eltern. Sie tut ihnen weh und zerreißt sie innerlich – fast so, als ob man sie schlägt. Sie sollten also äußerst vorsichtig mit destruktiver Kritik sein und Ihre Kinder nicht mit Worten quälen. Eltern kritisieren ihre Kinder, um sie klüger, besonnener oder effektiver zu machen. Aber destruktive Kritik senkt das Selbstbewußtsein und das Selbstwertgefühl. Und damit sinkt natürlich auch die Effektivität, so daß genau das Gegenteil vom beabsichtigten Zweck erreicht wird. Diese verunsicherten Kinder werden als Erwachsene hyperempfindsam und extrem ängstlich sein. Sie werden keine Entscheidungen treffen und keinerlei Risiken eingehen können. Das Fehlen von Liebe ist der zweite verheerende Faktor bei der Erziehung von Kindern. Fehlende Liebe kann physische, mentale und emotionale Schäden anrichten, sogar das körperliche Wachstum hemmen. Übrigens kann man ein Kind nicht zuviel lieben. Die Behauptung, Säuglinge, Kleinkinder und Jugendliche zu sehr zu verwöhnen, ist purer Unsinn, Sie können Kindern in den formenden Jahren einfach nicht genug Liebe geben. Angenommen zu werden, geliebt zu werden, etwas wert zu sein, kreativ, lustig zu sein – ein Kind muß das jederzeit spüren. Und es spürt diese Dinge nur, wenn Sie sie mit Gesten oder Worten zum Ausdruck bringen. Hierzu erschien in einer Psychologiezeitschrift vor nicht allzu langer Zeit ein interessanter Artikel. Es ging um einen zweijährigen Jungen, der wundervolle und liebevolle Eltern hatte. Sie vertrauten ihn einem Babysitter an, um Essen zu gehen. Auf dem Nachhauseweg wurden beide bei einem tragischen Unfall getötet. Der kleine Junge, der niemals von seinen Eltern getrennt gewesen war, fand sich nun bei Pflegeeltern wieder. Dort entwickelte er Verhaltensprobleme, weinte unentwegt und näßte ins Bett. Mehrmals kam er zu neuen Pflegeeltern, und die Problematik verschlimmerte sich erheblich. Der Junge wuchs körperlich nicht mehr, und auch sein emotionales und mentales Wachstum stagnierte. Drei oder vier Jahre später hatte er noch exakt die gleiche Größe wie zum Zeitpunkt des Todes seiner Eltern. Dann entschloß sich ein wundervolles Paar, ihn zu adoptieren. Sie nahmen ihn mit nach Hause und überschütteten ihn mit Liebe – Woche für Woche, Monat für Monat. Als der Junge realisierte, daß er sicher und geborgen war und geliebt wurde, begann er wieder zu wachsen. Innerhalb von acht Wochen hatte er das fehlende Wachstum der letzten vier Jahre nachgeholt. Er erreichte die normale Größe für ein Kind seines Alters nur unter dem Einfluß ständiger, aufrichtiger Liebe.

Kinder brauchen diesen kontinuierlichen Fluß an Zustimmung und Liebe seitens der Eltern. Diese Liebe ist wie ein Rettungsanker – genauso wichtig wie Nahrung und Unterkunft, wie der Sauerstoff und das Blut, das konstant zum Gehirn fließt. Sie können diesen Fluß niemals unterbrechen, ohne nicht gleichzeitig den Zugang der Liebe zu Gehirn und Herz zu verhindern und damit der Persönlichkeit des Kindes empfindlich zu schaden. Die Quantität und Qualität der in jungen Jahren erfahrenen Liebe bestimmen die geistige und körperliche Gesundheit des Kindes und vielleicht sogar später des Erwachsenen. Wer in der Kindheit nicht genug Liebe und Wärme erfährt, wird sein ganzes Leben danach suchen. Die Psychologie weiß, daß wir als Erwachsene danach suchen, was uns als Kind am meisten vorenthalten wurde. Wenn Ihnen Liebe und Unterstützung vorenthalten wurden, werden Sie beides in Ihren Beziehungen als Erwachsener suchen. Wenn Ihnen Geld und materielle Sicherheit vorenthalten wurden, werden Sie als Erwachsener danach streben. Das Fehlen von Liebe wird in späteren Persönlichkeits- und Verhaltensproblemen erkennbar. Wenn Sie einen Menschen treffen, der ärgerlich, negativ, schwierig oder neurotisch ist, können Sie davon ausgehen, daß ihm als Kind Liebe entzogen wurde und er unser Verständnis braucht. Fehlende Liebe und Unterstützung ist so ähnlich wie ein Mangel an Kalzium. Wenn ein Kind nicht genug Kalzium bekommt, kann es O-Beine entwickeln, die es sein ganzes Erwachsenenleben behält. Genauso kann man einen frühen Liebesmangel an den Verhaltensweisen von Erwachsenen erkennen. Die kindliche Psyche benötigt verschiedene Dinge für ein gesunde Entwicklung, so wie der Körper Vitamine, Mineralien und andere Nährstoffe braucht, um gesund aufzuwachsen. Lob und Ermutigung sind das A und O. Kinder fühlen sich klein und unterlegen, so daß sie einen steten Fluß an Lob und Unterstützung brauchen. Sagen Sie ihnen oft, wie gut sie sind, wie toll sie etwas gemacht haben. Bewundern und schätzen Sie ihre Leistungen, damit sie sich wertvoll und stark fühlen. Meinen Kindern habe ich ständig gesagt: „Du bist fantastisch!" Zeigen Sie ein hohes Maß an Verständnis und Akzeptanz – besonders, wenn Ihr Nachwuchs Fehler macht und dumme Dinge sagt. Denken Sie daran: Kinder sind keine Erwachsenen im Taschenformat. Sie sind kleine wachsende Organismen und noch nicht fähig, kluge Entscheidungen zu treffen und alles richtig zu machen. Wenn sie Fehler begehen, brauchen sie mehr als alles andere Verständnis, Geduld und Freundlichkeit. Besonders, wenn sie gerade mal nicht liebenswert sind. Bei pausenlos liebenswerten, wundervollen, göttlichen, braven Kindern ist es einfach, gute Eltern zu sein. Um so mehr können Sie ihnen zeigen, wie sehr Sie sie wirklich lieben, wenn Sie mal nicht lieb und brav sind. Der wichtigste Moment, bedingungslose Liebe zu zeigen, ist der, wenn Ihre Kinder etwas falsch gemacht haben. Dann brauchen sie Ihre Liebe mehr als alles andere. Dann können Sie beweisen, wie gut Sie als Vater oder Mutter sind. Kinder entwickeln bestimmte Verhaltensweisen ihren Eltern gegenüber, mit denen sie im Grunde immer nur eins fragen: „Liebst du mich? Liebst du mich wirklich?" Manchmal machen sie Dinge kaputt, manchmal weinen und schreien sie, manchmal raufen sie oder sie ziehen sich zurück. Manchmal können sie sehr passiv sein, aber sie wollen immer eine Antwort auf die Frage, ob Sie sie lieben. Es ist ihr Sauerstoff und ihr Blut. Für ein gesundes Wachstum müssen Kinder wissen, ob ihre Eltern sie lieben. Kinder brauchen Liebe, wie Rosen den Regen. Kinder brauchen Liebe, wie Rosen den Sonnenschein, um voll zu erblühen. Es gibt vier Dinge, mit denen Sie Ihren Kindern signalisieren können, daß Sie sie immer lieben. Der erste und wohl wichtigste Punkt von allen: Machen Sie deutlich, daß Sie Ihre Kinder bedingungslos lieben – jederzeit und hundertprozentig. Knüpfen Sie Ihre Liebe nicht an Marionettenfäden! Als meine Kinder klein waren, brachte ich ihnen ein Spiel bei, das ich das „Liebe-Spiel" nannte. In diesem Spiel fragte ich: „Wie sehr liebt euch euer Papa?", und sie antworteten: „So viel." Ich fragte: „Wieviel?", und sie sagten: „So viel." Dann fragte ich: „Und was ist, wenn ich mit euch schimpfe?" Sie antworteten, daß ich sie immer noch genauso viel liebe. „Und wenn ich euch auf euer Zimmer schicke?" „Noch genauso viel." Dann fragte ich sie, ob es wirklich nichts gäbe, womit ich ihnen den Eindruck geben könnte, sie nicht zu lieben. Und sie sagten: „Nein. Egal, was du tust, du liebst uns immer." Die zweite Sache, mit der Sie Ihren Kindern zeigen, daß Sie sie lieben, ist der liebevolle Blick. Schauen Sie Ihre Kinder intensiv an, halten Sie liebenden Blickkontakt. Wann immer Sie ein kleines Kind sehen, schauen Sie ihm in die Augen. Lächeln Sie und Sie werden erstaunt sein, wie das Kind reagiert. Kinder trinken Liebe aus den Augen – so, als hätten sie einen emotionalen Benzintank und füllten ihn mit der Liebe aus dem Blickkontakt mit den Eltern. Physische Liebkosungen sind die dritte Sache. Kinder brauchen es, regelmäßig berührt, umarmt und geküßt zu werden. Sie brauchen den körperlichen Kontakt zu ihren Eltern. Virginia Satir, eine bekannte Kinderexpertin, sagt, daß Kinder vier Umarmungen pro Tag zum Überleben, acht für die Gesundheit und zwölf Umarmungen für den moralischen Reifeprozeß brauchen. Wenn Sie Ihre Kinder umarmen, dann sagen Sie ihnen, daß sie wertvoll, kostbar und wichtig sind. Der bloße Körperkontakt kann diese Botschaft übermitteln. Wenn Kinder aufwachsen, brauchen sie Anleitung und gewisse Richtlinien. Verstehen Sie aber bitte, daß Anleitung Training heißt, nicht Strafe. Bringen Sie Ihren Kinder bei, mehr Dinge richtig als falsch zu machen. Wenn sie etwas falsch machen oder eine Dummheit begehen, sollten sie nicht ärgerlich werden, sondern sagen, daß jeder Fehler macht. Und fragen: „Was lernst du aus diesem Fehler? Was wirst du beim nächsten Mal machen, wenn so etwas passiert?“ Ermutigen Sie Ihre Kinder, zu überlegen, was sie gelernt haben und wie sie sich bessern können. Wissen Sie, was meine Kinder machen, wenn ihnen ein Fehler unterlaufen ist und ich sie danach frage? Sie berichten haarklein, was passiert ist, und erklären sogleich, was sie daraus gelernt haben. Sie sehen jede Erfahrung als eine Lektion, die ihnen hilft, sich zu bessern. Dr. McClowland von der Harvard University beobachtete über viele Jahre hinweg die Erziehung junger Menschen und ihren Einfluß auf ihren späteren Erfolg im Leben. Er fand heraus, daß positive Erwartungen der Schlüssel sind, um erfolgreiche junge Menschen großzuziehen. Diese Eltern überschütten ihre Sprößlinge geradezu mit positiven Erwartungen. Vorsicht: Positive Erwartungen sind keine Forderungen. Es geht nicht darum, Forderungen an Ihr Kind zu stellen und es bei „Nicht-Funktionieren“ zu bestrafen oder ihm die Liebe zu entziehen. Vielmehr geht es darum, daß Sie ihm vollstes Vertrauen entgegenbringen und dabei absolut sicher sind, daß es Ihre Erwartungen erfüllen wird. Positive Erwartungen hängen offenbar mit demokratischen Strukturen zusammen. Fragen Sie Ihr Kind nach seiner Meinung – egal, wie klein es ist – und Sie stärken seine Gesundheit und sein Selbstbewußtsein. Als unsere Kinder klein waren, haben wir sie immer gefragt, was sie gern essen, anziehen, in dieser oder jener Situation tun wollten? Wir haben sie immer nach ihrer Meinung gefragt. Und selbst als Dreikäsehochs haben sie uns sehr durchdachte Meinungen präsentiert. Sie waren sehr bestimmt in ihren Vorstellungen, da sie wußten, daß ihre Meinung zählte. Beziehen Sie Ihre Kinder in Diskussionen innerhalb der Familie ein, um ihnen ein Gefühl von persönlichem Wert und Vertrauen zu vermitteln. Wenn sie später in die Welt gehen, erwarten sie, ernstgenommen zu werden. Denn während ihrer Entwicklung wurden sie von den bedeutendsten Personen in ihrer Welt ernstgenommen. Wenn Ihre Kinder in der Schule schlechte Noten bekommen, was ja immer mal passiert, sagen Sie, daß Sie wissen, daß es beim nächsten Mal besser wird, weil Sie wissen, wie klug sie sind. Kinder wachsen an den an sie gestellten Erwartungen. Geben Sie ihnen kontinuierlich Dosen an Lob, Bestätigung und Ermutigung. Davon kann ein Kind nie genug bekommen. Außerdem sollten Sie Ihrem Kind sehr früh beibringen, zu sagen: „Ich mag mich!“ „Ja, ich mag mich!“ Bringen Sie Ihre Kinder dazu, sich selbst zu unterstützen und zu bestärken, indem sie sagen: „Ich mag mich!“ Kinder mit intaktem Eigenkonzept sind gut in der Schule und beliebt bei ihren Freunden. Sie haben mehr Selbstvertrauen. Einfach sind Kinder mit großem Selbstbewußtsein allerdings nicht immer. Aber sie reifen zu wundervollen Menschen heran. Diese Kinder sind nicht zerstörerisch, wie viele andere Kinder heutzutage – weder sich selbst noch fremden Menschen oder Sachen gegenüber. Diese Kinder haben keine Persönlichkeits- oder Verhaltensprobleme.

Das erste, was Sie heute als Eltern zur „Vergangenheitsbewältigung“ tun sollten, ist, Ihre (inzwischen vielleicht pubertierenden oder erwachsenen) Kinder um sich zu versammeln und in Ruhe mit ihnen zu reden. Dann entschuldigen Sie sich für sämtliche destruktive Kritik, die Sie ihnen jemals angetan haben. Sagen Sie, daß es Ihnen leid tut, und legen Sie ein Versprechen ab: „Ich verspreche, daß ich euch niemals wieder kritisieren werde. Es tut mir leid, wie ich mich in der Vergangenheit verhalten habe. Ich verstehe jetzt, wie verletzend das für euch gewesen sein muß.“ Das Motiv hinter der Entschuldigung: Sie nehmen Ihren Kindern Gefühle von Schuld und Wertlosigkeit, indem Sie sich voll verantwortlich für jedes Erzeugen von Schuldgefühlen bekennen. Nachdem Sie sich entschuldigt haben, erlauben Sie Ihren Kindern, Sie an Ihr Gelübde zu erinnern, falls Sie rückfällig werden. Ich garantiere Ihnen: Wenn Sie sich entschuldigt und Ihrem Kind die Bürde abgenommen haben, wird es sich so befreit fühlen, als ob es nach Jahren aus einem emotionalen Gefängnis entlassen worden wäre. Wir haben Kinder erlebt, die sich über Nacht vollkommen veränderten, nur weil ihre Eltern sich für alles entschuldigten, was sie ihnen jemals angetan hatten. Sich bei seinen Kindern zu entschuldigen verlangt Mut und Charakter. Die meisten Eltern sind dafür zu schwach. Manche meinen auch, ihre Kinder würden sie dann weniger respektieren.

In Wirklichkeit ist das genaue Gegenteil der Fall. Wenn sie Mut und Charakter beweisen, indem sie sich entschuldigen, werden ihre Kinder sie nicht nur mehr lieben und respektieren, sondern auch selbst Mut und Charakter entwickeln, da sie ein positives Beispiel bekommen haben. Kinder lernen hauptsächlich durch Nachahmen ihrer Eltern. Wenn Eltern sich entschuldigen können, dann haben auch die Kinder für den Rest ihres Lebens keine Mühe, begangene Fehler einzugestehen und sich dafür zu entschuldigen. Gehen Sie stets mit gutem Beispiel voran – das ist die beste Gewähr, daß Ihr Nachwuchs sich so entwickelt, wie Sie es sich wünschen. Ein Fall aus meiner eigenen Erfahrung: Als mein Sohn David gestern etwas auf dem Boden verschüttete, brüllte ich ihn an, daß ich ihn gebeten hätte, das Gefäß mit beiden Händen zu halten. Er war vollkommen niedergeschlagen, und mir war klar, ich hatte einen Fehler gemacht. Dann nahm ich ihn in die Arme und sagte: „Es tut mir leid, daß ich dich angeschrien habe. Kannst du mir verzeihen?“ Er erwiderte: „Nein!“ Ich bat: „Kannst du mir bitte verzeihen?“ Und er sagte wieder: „Nein!“ Ich bat eindringlicher: „Bitte verzeih mir!“ Und er sagte: „Ich verzeihe dir, wenn ich dir in den Bauch hauen darf.“ Ich willigte ein: „Okay, leg los!“ Er schlug mich und war zufrieden, daß alles wieder in Ordnung war.

Probieren Sie es aus: Sie können sogar Gefühle erwachsener Kinder positiv verändern, wenn sie zu ihnen gehen und sie um Verzeihung bitten, für alles, was Sie ihnen jemals angetan haben, was sie verletzt haben könnte. Indem Sie Ihre Kinder mit einem permanenten Fluß an Liebe, Zuwendung, Akzeptanz und positiven Erwartungen versorgen, geleiten Sie sie auf die Sonnenseite des Lebens. Sie erfüllen damit die wichtigste Rolle, die Eltern im Leben haben können. Sie erziehen Kinder mit einem hohen Grad an Selbstbewußtsein, Selbstwertgefühl und persönlichem Stolz, die für sich selbst ein wundervolles Leben gestalten können. All das gelingt Ihnen, indem Sie Ihren Kindern sagen, daß Sie sie lieben – immer und immer wieder.

Sehen Sie dazu auch die Übungen auf Seite 217f.

24

Die Balance in Ihrem Leben wiederherstellen

Das wohl fundamentalste Gesetz der westlichen Philosophie ist das Gesetz von Ursache und Wirkung. Es besagt, daß alles aus einem Grund geschieht und es kein Resultat ohne Ursachen gibt. Selbst wenn wir nicht wissen, warum etwas passiert, wissen wir doch, daß für alles ein Grund existiert. Wir wissen auch, daß die Natur eine Balance, ein harmonisches Gleichgewicht in allen Dingen fordert. Um beruflich und privat Ihr Bestes zu geben, müssen Sie Ihr Leben so ausrichten, daß Sie einen hohen Grad an Selbstbewußtsein, Selbstwertgefühl und persönlichem Stolz darin erreichen. Ihr persönliches Glück sollte Ihr Hauptziel sein. Es sollte das vorrangige Ziel und organisierende Prinzip in Ihrem Leben sein. Warum? Wenn Sie es sich nicht als Ziel setzten, wird es keiner tun! Manche Menschen sagen, daß es sie nicht interessiert, ob sie glücklich sind, es sei ihnen wichtiger, andere Menschen glücklich zu machen. Aber Sie können nicht geben, was Sie nicht haben! Sie können niemand anderen glücklich machen, wenn Sie nicht selbst glücklich sind. Wenn Ihnen die Menschen in Ihrem Leben wirklich am Herzen liegen, dann werden Sie eine glückliche Person. Es ist eine Tatsache, daß glückliche Eltern glückliche Kinder erziehen, und glückliche Vorgesetzte ein positives Arbeitsumfeld schaffen. Glückliche Verkäufer haben glückliche Kunden. Setzen Sie sich Ihr Glück als Hauptziel, und denken Sie daran: Wenn Sie sich nicht ausreichend darum kümmern und genügend darauf konzentrieren, wird das kein anderer für Sie tun. Hier der zweite Punkt bezüglich der Balance im Leben: Eine positive mentale Haltung ist die äußerlich am ehesten erkennbare Charakteristik einer glücklichen, ausgeglichenen Persönlichkeit. Und wie sehr Sie diese an den Tag legen, liegt ausschließlich in ihrer Hand. Lassen Sie mich dies erklären: Menschen sagen oft, wenn man alle Probleme und Rückschläge kennen würde, mit denen sie in ihrem Leben konfrontiert waren, daß man nicht von ihnen erwarten würde, jederzeit positiv und fröhlich zu sein. Wirklich nicht? Folgendes Beispiel: Wenn Ihnen jemand eine Pistole an die Schläfe hielte und drohte: „Wenn du jetzt nicht auf der Stelle positiv bist, blase ich dir dein Gehirn weg!“ Könnten Sie dann wohl auf Kommando positiv sein? „Selbstverständlich“, werden Sie sagen, „In dieser Situation könnte ich positiv sein.“ Womit bewiesen wäre: Sie entscheiden, ob Sie positiv oder negativ sein wollen. Wenn Sie sich entscheiden, ein positiver Mensch mit einer positiven mentalen Haltung zu sein, wird das Ihre Lebensqualität in ungewohnter Weise steigern.

Wir wissen auch, daß ein Sinn für Kontrolle die Basis für eine positive mentale Haltung ist. Sie fühlen sich in dem Maß negativ, in dem Sie die Kontrolle über Ihr Leben vermissen. Wenn Ihr Leben sich von einem Extrem ins andere bewegt, Sie sich von äußeren Umständen kontrolliert fühlen, wirft Sie das aus der Balance und stimmt Sie negativ. Sie genießen Ihr Leben nicht mehr so, wie Sie es sich wünschen. Und noch eine Anmerkung zur Balance: 85 Prozent unseres Glücks resultieren aus den Beziehungen zu anderen Menschen. Wir haben das jetzt wieder und wieder erwähnt, und man kann es gar nicht oft genug wiederholen. Das allererste Anzeichen, daß Ihr Leben aus der Balance geraten ist, sind in der Regel Probleme in Ihren Beziehungen. Was passiert, wenn das Vorderrad Ihres Wagens nicht richtig ausbalanciert ist und Sie auf der Autobahn fahren? Das Rad vibriert ein bißchen, und wenn Sie schneller fahren, könnte es sein, daß der Reifen abspringt, und Sie sich mit Ihrem Fahrzeug im Graben wiederfinden! Mit Ihrem Leben ist es nicht viel anders. Wenn Ihr Leben und Ihre Beziehungen aus der Balance geraten, beginnt Ihr Leben gleichsam zu vibrieren. Sie werden reizbar, ärgerlich und ungeduldig. Sie schlafen nicht richtig, scheinen bei jeder Kleinigkeit aus der Haut zu fahren. Kurz: Alle negativen Anteile Ihrer Persönlichkeit werden zum Vorschein kommen. Anstatt Sie zu ignorieren – was viele Menschen tun, die dann physisch krank werden oder ihre Beziehungen ruinieren –, sollten Sie dieser Problematik direkt begegnen. Streß und Unzufriedenheit keimen immer dann auf, wenn Ihre Aktivitäten und Ziele auf der einen Seite mit Ihren Wertvorstellungen auf der anderen Seite nicht länger übereinstimmen. Mit anderen Worten: Ihre äußere und Ihre innere Welt sollten zusammenpassen, so wie eine Hand selbstverständlich in einen Handschuh gleitet. Sobald das nicht mehr gewährleistet ist, fühlen Sie sich aus der Balance und Ihr Leben gerät immer mehr aus den Fugen.

Was können Sie tun, um die Balance in Ihrem Leben wiederherzustellen? Zunächst einmal sollten Sie sich in jedem Bereich Ihres Lebens fragen, ob es irgend etwas gibt, das Sie mit Ihrem heutigen Wissen nicht mehr machen würden. Gibt es eine Beziehung in Ihrem Leben, die Sie mit Ihrem heutigen Wissen niemals mehr eingehen würden? Jemanden, den Sie nicht mehr einstellen oder beruflich unterstützen würden? Etwas Familiäres, das Sie heute anders lösen würden? Investitionen oder Verpflichtungen, auf die Sie sich mit Ihrem jetzigen Wissen nicht mehr einlassen würden? Sie können Ihren Streßpegel als Barometer verwenden. Wann immer Sie Streß in irgendeinem Bereich Ihres Lebens empfinden, fragen Sie sich, ob Sie mit Ihrem jetzigen Wissen wieder in eine derartige Situation geraten würden. Wenn die Antwort „Nein!“ ist, dann sollte die nächste Frage lauten, wie Sie aus dieser Situation wieder herauskommen – und wie schnell?

Wie kriegen Sie Ihr Leben wieder ins Lot? Wie eliminieren Sie die Streßmomente, die Ihrem Glück zuwiderlaufen? Um Ihre Balance zurückzuerhalten, sollten Sie sodann Ihre Wertvorstellungen hinterfragen. Was ist wirklich wichtig für Sie? Eine aufschlußreiche Frage in diesem Kontext: Wie würden Sie Ihre Zeit verbringen, wenn Sie heute erführen, daß Sie nur noch sechs Monate zu leben haben? Wie immer Ihre Antwort auf diese Frage ausfällt – sie ist ein Indiz für Ihre wahren Werte und möglicherweise ein Tip, wie Sie Ihre Balance zurückerobern können. Üben Sie zudem, sich in allen Dingen moderat zu verhalten. Ein griechisches Sprichwort besagt, daß Sie eine gute Balance zwischen Arbeit und Privatleben benötigen, um glücklich und produktiv zu sein. Dies ist ein sehr wichtiger Punkt, denn viele Menschen denken, sie müßten unheimlich hart arbeiten und sich quälen, um ihren Job zu erledigen. Doch es sieht so aus, als seien die produktivsten Menschen jene, die ein ausbalanciertes Leben führen. Als Resultat arbeiten sie kreativer und produktiver als andere, die sich die ganze Zeit abrackern und zulassen, daß ihr Leben aus dem Gleichgewicht gerät. Denken Sie daran: Kein Erfolg im öffentlichen Leben kann ein Versagen im Privaten wettmachen. Es gibt nichts Schlimmeres, als im öffentlichen Leben Erfolg zu haben und dort zu versagen, wo es wirklich zählt. Nehmen Sie sich regelmäßig die Zeit, Ihr Leben eingehend zu betrachten. Wo stehen Sie im Augenblick? Wo möchten Sie hin? Sind Sie glücklich mit dem, was Sie tun? Ist es das, was Sie ursprünglich im Kopf hatten? Eine gute Übung besteht darin, sich hinzusetzen und einen idealen Lebensstil zu beschreiben, eine „Traumliste“ zu erstellen. Eine Traumliste ist eine Aufzählung, bei der Sie so tun, als gäbe es keinerlei Begrenzungen. Wenn Sie Ihr perfektes Leben erschaffen könnten, wie würde es aussehen? Wenn Sie alles Geld, alle Zeit, alles Wissen, alle Fähigkeiten und Kontakte der Welt hätten? Schreiben Sie es auf. Wenn Sie einen Partner haben, fertigen Sie die Liste gemeinsam an. Beschreiben Sie Ihren idealen Lebensstil – von morgens bis abends, Montag bis Sonntag, Januar bis Dezember. Was würde Ihr perfektes Leben charakterisieren? Welche Zutaten würden Sie besonders glücklich machen? Die entscheidende Frage lautet: Was könnte Sie veranlassen, sofort mit der Arbeit an diesem Idealleben zu beginnen, in dem Sie wieder ins Gleichgewicht kommen? Lernen Sie, Ihre Zeit wie Geld zu behandeln. Wenn Sie einen bestimmten Geldbetrag zur Verfügung hätten, würden Sie ihn sehr sorgfältig investieren, um den größtmöglichen Gewinn zu erzielen.

Investieren Sie Ihre Zeit genauso überlegt, um maximale Befriedigung, Glück und das Erfolgstrio Selbstbewußtsein, Selbstwertgefühl und persönlichen Stolz zu erreichen. Eines der wichtigsten Worte, um Ihre Balance wiederzufinden, ist: „Nein“. Wenn ein Projekt – egal, ob beruflich oder privat – nicht die beste Art ist, Ihre Zeit zu verbringen oder zu investieren, sagen Sie „Nein!“ und tun Sie etwas anderes, was es wert ist. Um Ihr Leben wieder ins Lot zu bringen, müssen Sie mit einigen Dingen brechen und andere um so intensiver betreiben.

Was sind das für Dinge, die Sie hinter sich lassen sollten? Womit sollten Sie aufhören, um mehr freie Zeit zu gewinnen? Sie können nicht mehr Zeit bekommen, wenn Sie sich nicht von bestimmten Dingen, die zuviel Zeit in Ihrem jetzigen Leben verbrauchen, lösen. Wenn Sie unsicher sind, was das sein könnte, gehen Sie zu Ihrem Vorgesetzten. Fragen Sie ihn, ob es Dinge gibt, die Sie momentan tun und die sehr viel Zeit benötigen, die aber eigentlich überflüssig sind oder von einem anderen getan werden könnten. Setzen Sie sich mit Ihrer Familie zusammen, und fragen Sie, ob es Dinge gibt, die Sie ohne Probleme oder Nachteile aufgeben könnten. Sie werden hilfreiche Antworten erhalten. Hier eine wichtige Regel, die wohl den meisten Menschen in der Geschichte mehr als alles andere zum Erfolg verholfen hat und dabei sehr einfach ist: Es liegt an Ihnen, sich Ihren Seelenfrieden als höchstes Ziel zu setzen und Ihr Leben danach zu organisieren. Erklären Sie diesen Frieden zu Ihrem obersten Ziel, und ordnen Sie ihm alle kleineren Ziele unter. Wenn Sie das tun, wird sich Ihr ganzes Leben verändern. Gerald Tempolski stellte die provokante Frage: „Wollen Sie glücklich sein, oder wollen Sie Recht haben?“ Den meisten Menschen ist es so wichtig, ihren Standpunkt zu verteidigen, Recht zu haben, daß sie gar nicht bemerken, wie sie dieses Beharren auf ihrem Recht ihr Glück kostet. Streß, Anspannung und Ängstlichkeit sind Warnzeichen – Warnzeichen, daß Sie nicht mehr in Harmonie mit sich sind. Jeder Mensch ist anders, jeder benötigt eine unterschiedliche Kombination von Zutaten für die richtige Balance in seinem Leben. Was für den einen gut ist, muß für den anderen längst nicht gut sein. Der einzige Weg, herauszufinden, was gut für Sie ist, liegt darin, auf Ihren inneren Frieden zu achten – er ist ihr Seismograph.

Spitzenleister und erfolgreiche Menschen jedes Kalibers – egal, ob Männer oder Frauen – leben in voller Integrität mit sich. Was sie nach außen tun, steht im vollkommenen Einklang mit ihrem inneren Denken und Fühlen. Eine Rückbesinnung auf Ihre inneren Werte und tiefsten Überzeugungen erweist sich tatsächlich als die Lösung für jedes Problem in Ihrem Leben. Wann immer Sie Ihre Balance vermissen, fragen Sie, welche Werte Sie vernachlässigen, um Ihr derzeitiges Leben zu führen? Integrität? Ehrlichkeit? Verbindlichkeit? Großzügigkeit? Freundlichkeit? Liebe? Welche Werte geben Sie auf und opfern dafür Ihre Balance? Für nichts auf der Welt dürfen Sie Ihren Seelenfrieden aufs Spiel setzen – nicht für einen Job, nicht für Geld oder eine Beziehung. Sie werden am Ende immer ohne alles darstehen – ohne Job, ohne Geld, ohne Beziehung. Hören Sie auf Ihre innere Stimme, lassen Sie sich von ihr führen wie von einem Radarsystem. Vertrauen Sie Ihrer Intuition. Wenn Sie eine Familie haben, ist Ihr Schlüssel zur Balance die Konzentration auf zwei Dinge: Arbeit und Familie. Besonders wenn Sie erst angefangen haben, eine eigene Familie aufzubauen, sollten Sie von allem Abstand nehmen, was nicht zu einem der beiden Bereiche gehört, um genug Zeit für beide zu haben. Tun Sie nichts anderes, bis alle Bedürfnisse und Pflichten in beiden Bereichen erfüllt sind. Den größten Fehler begehen Sie, wenn Sie immer neue Verantwortlichkeiten übernehmen und versuchen, sich obendrein um alles andere zu kümmern – so geraten Sie schnell aus dem Gleichgewicht. Wenn sie arbeiten, arbeiten Sie während Ihrer Arbeitszeit und dann hundertprozentig. Wir verschwenden oft 50 Prozent unserer Arbeitszeit mit persönlichem Kram, sozialem Geplänkel, Kaffepausen, Mittagessen und Zeitunglesen. Die Arbeit bleibt inzwischen liegen. Es sammelt sich immer mehr Arbeit an, und dieser Streß wirft Sie aus der Balance. Verschwenden Sie keine Zeit! Wenn Sie arbeiten, arbeiten Sie – und das die ganze Zeit. Peitschen Sie sich immer wieder an die Arbeit zurück. Wenn jemand hereinkommt und mit Ihnen plaudern möchte, sagen Sie: „Es tut mir leid, aber ich kann jetzt nicht reden. Ich muß an meine Arbeit zurück." Umgekehrt sollten Sie, wenn Sie mit Ihrer Familie zusammen sind, das ebenso hundertprozentig und mit Haut und Haaren sein. Machen Sie nicht den Fehler, physisch anwesend, aber emotional abwesend zu sein.

Wenn Sie zu Hause sind, begrenzen Sie alle anderen Tätigkeiten. Verbringen Sie die erste Stunde nach dem Heimkommen nur damit, mit Ihrer Familie zu reden. Lassen Sie das Fernsehgerät aus. Legen Sie die Zeitung und Post beiseite. Reden Sie einfach. Stellen Sie Fragen und hören Sie zu. Es ist wichtig, daß Sie reden, sich austauschen, diskutieren, Ihr Zusammensein kultivieren. Essen Sie mit Ihrer Familie – ohne Unterbrechungen oder Ablenkungen. Das stärkt das Familienzusammengehörigkeitsgefühl. Sprechen sie bei Tisch nicht über Ihre Arbeit, wenn die Kinder dabei sind. Kinder hassen es, wenn die Eltern ständig über die Arbeit sprechen. Wenn Sie mit den Kindern zusammen am Tisch sitzen, reden Sie über familiäre Belange, Schule, Freizeitgestaltung usw. Lassen Sie die Arbeit beiseite. Ein Schlüssel zur Balance besteht darin, ungestörte Zeitblöcke – 30, 60, 90 Minuten oder länger – im intensiven Austausch mit den wichtigsten Menschen in Ihrem Leben zu verbringen. Stellen sie Radio und Fernsehen ab, setzen Sie sich hin und reden Sie. So bietet beispielsweise eine Autofahrt eine gute Gelegenheit für eingehende Gespräche. Machen sie auch lange Spaziergänge. Schaffen Sie Gelegenheit für ungestörtes Zusammensein und denken Sie daran: Für Ihren Partner und Ihre Kinder bedeutet Liebe viel Zeit. Die wichtigste Regel für Balance im Leben ist, daß die Qualität der zu Hause oder bei der Arbeit verbrachten Zeit mehr zählt als die Quantität.

Fragen Sie sich immer wieder, was Sie tun würden, wenn Sie nur noch sechs Monate, sechs Wochen, sechs Tage, oder sogar nur noch sechs Stunden zu leben hätten? Was, wenn Ihnen nur noch 60 Minuten Lebenszeit vergönnt wären? Sie wissen nicht, was wirklich wichtig für Sie ist, bevor Sie nicht wissen, was Sie tun würden, wenn Sie nur noch eine Stunde zu leben hätten. Wenn Sie nur noch eine einzige Stunde übrig hätten, würden Sie garantiert nicht zurück ins Büro wollen, um rasch noch ein paar Anrufe zu erledigen! Tatsache ist: Mit wem auch immer Sie Ihre letzten Stunden verbringen wollen, es ist die Person, mit der Sie schon jetzt mehr Zeit verbringen sollten, um Ihr Leben wieder in perfekte Balance zu bringen. Das ist der Schlüssel zu einem hohen Grad an Selbstbewußtsein, Selbstwertgefühl und persönlichem Stolz.

Sehen Sie dazu auch die Übungen auf Seite 218.

Übungsteil

Modul 1

1. Listen Sie die sieben Zutaten des Erfolgs auf, die uns allen gemeinsam sind. Bewerten Sie dann, wie Sie Ihrer Meinung nach in jedem dieser Bereich stehen, indem Sie Noten zwischen eins (niedrig) und zehn (hoch) geben.

_1____ Note___
_2____ Note___
_3____ Note___
_4____ Note___
_5____ Note___
_6____ Note___
_7____ Note___

2. Welche dieser Zutaten ist Ihnen zur Zeit am wichtigsten?

____

3. Welches sind die drei Folgen oder Vorzüge des Erfolgs? Definieren Sie sie:

_1________________ _2________________ _3________________

4. Definieren Sie Personal Leadership für sich selbst. Was bedeutet „Leadership" Ihnen?

____

5. Bestimmen und definieren Sie die wichtigsten Qualitäten von Leadership.

_1________________________ _2________________________
_3________________________ _4________________________

6. Was sind die Regeln für Spitzenleistung und Leadership im 21. Jahrhundert? Wie können Sie sie anwenden, um heute Ihr Leben zu verbessern?

____
____
____

Modul 2

1. Das Gesetz der Kontrolle:
Listen Sie zwei Bereiche in Ihrem Leben auf, in denen Sie ein starkes Gefühl der Kontrolle, der Zuversicht und der Sicherheit empfinden:

_1________________________ _2________________________

Listen Sie zwei Bereiche auf, in denen Sie Kontrollmangel, Unbehagen, Sorge oder Streß empfinden:

_1________________________ _2________________________

Was können Sie tun, um Ihre Kontrolle zu verstärken bzw. Ihren Kontrollmangel zu verringern?

____

2. Das Gesetz des Zufalls:
Listen Sie zwei Bereiche auf, in denen Sie sich auf den Zufall verlassen:
_1______________________________ _2______________________________

3. Das Gesetz von Ursache (Gedanken) und Wirkung (Umstände):
Nennen Sie einen Ihrer Erfolge. Was waren die konkreten Ursachen - mental und physisch - für diesen Erfolg?

____

Nennen Sie einen Bereich des Scheiterns in Ihrem Leben. Was waren die Ursachen - mental und physisch - dafür?

____

Nennen Sie einen Bereich im Leben, wo Sie dieses Gesetz wirksam sehen (Finanzen, Gesundheit, Familie etc.)

____

4. Das Gesetz des Glaubens:
Welche kraftgebenden Überzeugungen haben Ihnen geholfen, dahin zu kommen, wo Sie jetzt sind?

____

Welche selbstbegrenzenden Überzeugungen haben Sie, die Sie vor mehr Erfolg abhalten könnten?

____

5. Das Gesetz der Erwartung:
In welchen Lebensbereichen neigen Sie zu Optimismus und Selbstvertrauen?

____

In welchen Lebensbereichen neigen Sie zu Pessimismus und Zynismus?

____

In welchen dieser Bereiche sind Sie am erfolgreichsten und am glücklichsten? Welche Schlüsse ziehen Sie aus dieser Erkenntnis?

____

6. Das Gesetz der Anziehung:
Alles, was Sie haben, haben Sie durch Ihre ganz eigene Persönlichkeit an sich gezogen. Ändern Sie Ihre Persönlichkeit, können Sie auch Ihre Lebensumstände ändern.
Welche persönlichen Qualitäten haben Sie, denen Sie Ihre Familie, Freunde und Bekannte verdanken?

____

Welche Qualitäten Ihren Denkens sind im positiven oder negativen für Ihre berufliche oder finanzielle Situation verantwortlich?

____

Was können Sie an Ihrem Denken verändern, um es in größere Harmonie mit den Menschen und Umständen zu bringen, die Sie sich wünschen?

____

7. Das Gesetz der Korrespondenz:
Betrachten Sie Ihre problematischen Beziehungen. Nennen Sie die Person, deren Beziehung zu Ihnen Ihre eigenen inneren Schwierigkeiten und Probleme widerspiegelt.

____

Ihre berufliche und finanzielle Erfahrung - was gibt es in Ihrem Denken, das sich in Erfolgen und Mißerfolgen widerspiegelt?

____

Ihre Gesundheit und Harmonie - körperlich und geistig: Welche Einstellungen oder Gewohnheiten führen zu Gesundheit oder auch Krankheit?

____

Modul 3

1. Listen Sie je die drei Bereich in Ihrem Leben auf, in denen Ihre Einstellung weitgehend positiv und weitgehend negativ ist:

_1______________ _1______________
_2______________ _2______________
_3______________ _3______________

2. In welchem Bereich könnte eine Änderung Ihrer Einstellung bessere Resultate erbringen?

____

3. Welche drei lebenden oder toten Personen bewundern Sie am meisten? Welche drei Eigenschaften an diesen Personen bewundern Sie am meisten? Bewerten Sie die Eigenschaften nach ihrer Wichtigkeit mit Noten zwischen eins und neun:

_1______________________________
_2______________________________
_3______________________________

4. Nennen Sie drei Aktivitäten, bei denen Ihr Selbstbild gut ist. Wo trauen Sie sich viel zu und bringen gute Leistungen?

_1__________ _2__________ _3__________

Nennen Sie drei Bereiche, in denen Ihr Selbstbild nicht so positiv ist. Wo sind Sie unsicher oder fühlen sich unfähig?

_1__________ _2__________ _3__________

Überlegen Sie nun, wie Sie „sich selbst sehen“ würden, wenn Sie in diesen Bereichen gut wären:

_1__________ _2__________ _3__________

5. Nennen Sie drei Faktoren in Ihrer Erziehung, die Sie als Erwachsenen beeinflussen - positiv oder negativ:
_1_________________ _2_________________ _3_________________

6. Was ist Ihre größte Angst im Leben?

____

In welcher Weise hat diese Angst Ihnen in Ihrer Vergangenheit geschadet? Unter welchen Umständen?

____

In welcher Weise hat Ihnen diese Angst genützt? Unter welchen Umständen?

____

Was würden Sie verändern, wenn Sie diese Angst verlieren würden?

____

Was würde sich in Ihrem Leben, Ihrer Beziehung, Ihrer Karriere ohne diese Angst verändern?

____

Modul 4

1. In welchen Bereichen Ihres Lebens empfinden Sie das stärkste Kontrollgefühl?

____

2. Gibt es in Ihrem Leben etwas, worauf Sie sich nicht nochmal einlassen würden?

____

3. Was würden Sie ändern, wenn Sie die totale Alleinherrschaft hätten, und alles ohne Rechenschaft nach Ihren Wünschen formen könnten?
Ehe-/Lebenspartner: ______________________________
Kinder, Freunde, Kollegen: ______________________________
Job, Karriere: ______________________________
Gesundheit, Angewohnheiten: ______________________________
Lebensstil, Reisen, Sport: ______________________________
Finanzen: ______________________________

Modul 5

1. Das Ausschalten negativer Emotionen ist wesentlich, um Glück und Harmonie zu erlangen. Welche der folgenden negativen Emotionen erleben Sie? Wann oder wem gegenüber erleben Sie sie?
Angst ______________________________
Zweifel ______________________________
Neid ______________________________
Eifersucht ______________________________

Groll ____

Schuld ____

Haß ____

Zorn ____

Sorge ____

2. Identifikation – Dinge persönlich oder subjektiv auffassen – ist wesentlich für negative Emotionen. Eine wirkungsvolle Methode, diese Tendenz zu neutralisieren, ist der Prozeß der „De-Identifizierung", bei dem Sie bewußt Abstand einnehmen. Z. B.:

„Ich habe einen Körper, aber ich bin nicht mein Körper."

„Ich empfinde Sorge, aber ich bin nicht meine Sorge."

„Ich denke bestimmte Gedanken, aber ich bin nicht meine Gedanken."

Wählen Sie nun eine negative Situation in Ihrem Leben aus und deidentifizieren Sie sich davon.

Stellen Sie sich vor, diese Situation wäre jemand anderem passiert. Wie würden Sie sich fühlen?

____

Stellen Sie sich vor, es wären zehn Jahre vergangen. Wie ernst war die Situation rückblickend?

____

Stellen Sie sich vor, die Situation sei eingefädelt worden, um Ihnen eine wertvolle Lektion zu erteilen. Welche wäre das?

____

Modul 6

1. Negative Emotionen werden in der frühen Kindheit infolge destruktiver Kritik. Liebesmangel oder Strafe erlernt. Versuchen Sie sich zu erinnern, wer Sie für was kritisierte, als Sie ein Kind waren. Welche Wirkungen könnte das heute auf Sie haben?

Vater: ____________________ ____________________

Mutter: ____________________ ____________________

Verwandter: ____________________ ____________________

Lehrer: ____________________ ____________________

Freunde: ____________________ ____________________

2. Vergebung ist der Schlüssel zu innerem Frieden, Glück, Gesundheit und Harmonie in den verschiedenen Beziehungen. Nennen Sie drei Personen, denen Sie vergeben müssen, um sich von Ihrer Vergangenheit zu befreien:

_1 ____

_2 ____

_3 ____

Vier Schritte, um sich von einer gescheiterten persönlichen Beziehung zu befreien:

1. Schreiben Sie einen Brief.
2. Sagen Sie: „Ich übernehme die hundertprozentige Verantwortung für unsere Beziehung."
3. „Ich vergebe dir vollkommen für alles, was du je getan hast, das mich verletzt hat." (Gehen Sie in die Details, wenn Sie wollen) - und:
4. „Ich wünsche dir Gutes."

Schicken Sie dann den Brief ab - und wenden Sie sich dem Rest Ihres Lebens zu!

Modul 7

1. Inwiefern sind Sie, wo Sie sind und was Sie sind, wegen Ihrer Art, wie Sie denken?

____

2. Inwiefern ziehen Ihre Gedanken und Gefühle ähnliche Menschen und Umstände in Ihrem Leben an?

____

3. Inwiefern wird das, womit Sie sich ausgiebig beschäftigen oder worauf Sie sich konzentrieren, in Ihrem Leben wachsen und sich ausdehnen?

____

4. Wie erlernen Sie Gewohnheiten, die Sie brauchen, um erfolgreicher und effektiver zu sein?

____

5. Welche drei Gewohnheiten möchten Sie so entwickeln?

_1__________ _2__________ _3__________

6. Welche konkreten Schritte können Sie sofort tun, um mit der Entwicklung dieser drei Gewohnheiten zu beginnen?

_1______________________________

_2______________________________

_3______________________________

7. Was sind die wichtigsten Emotionen, die Ihr Leben bestimmen?

____

8. Welche Emotionen, die Sie entwickeln können, würden am meisten dazu beitragen, daß sich Ihre Lebensqualität verbessert und die Geschwindigkeit, mit der Sie Ihre Ziele erreichen, steigt?

____

9. Welche Menschen oder Situationen in Ihrem Leben beeinflussen Ihr Denken und Fühlen am meisten?

____

Modul 8

1. Formulieren Sie die drei „P's", um sich so zu beschreiben, wie Sie idealerweise sein möchten:

_1____

_2____

_3____

2. Listen Sie drei Fähigkeiten auf, die Sie gerne entwickeln möchten und die für Sie in Ihrem persönlichen oder beruflichen Leben sehr wertvoll wären:

_1______________ _2______________ _3______________

3. Greifen Sie eine Fähigkeit auf, und wenden Sie die drei Schlüsseltechniken - Verbalisierung, Visualisierung und Emotionalisierung - an, um sie zu erreichen: Verbalisierung - formulieren Sie eine klare Selbstaussage, die Sie beschreibt, wie Sie mit dieser Fähigkeit sein würden:

____

Visualisierung - sehen Sie sich selbst mit dieser Fähigkeit. Beschreiben Sie sich, wie Sie sein würden:

____

Emotionalisieren - wie würden Sie sich idealerweise fühlen, wenn Sie in diesem Bereich herausragend wären?

____

Modul 9

1. Ihr Ziel ist es, ein Leader und ein Rollenmodell zu werden, in allem, was Sie tun. Listen Sie drei Leadership-Eigenschaften auf, die Sie wichtig finden:

_1______________ _2______________ _3______________

2. Welche Vorteile haben Sie, wenn Sie ständig durch Bücher, Audiokassetten und Trainingsprogramme lernen?

_1______________ _2______________ _3______________

3. Listen Sie drei Eigenschaften der Menschen auf, die Sie gerne in Ihrer „Mastermind"-Gruppe haben wollen:

_1______________ _2______________ _3______________

4. Die Suche nach den Guten in jeder Situation ist das Kennzeichen für eine überlegenen Persönlichkeit. Listen Sie drei Problemsituationen Ihres Lebens auf und erkennen Sie darin das Gute:

_1______________ _2______________ _3______________

Modul 10

1. In welchen Bereichen Ihres Lebens müssen Sie sich höhere, herausforderndere und begeisterndere Ziele setzen?

_1______________ _2______________ _3______________

2. Mißerfolg ist unerläßlich für den Erfolg. Nennen Sie zwei Situationen, in denen Sie anfangs scheiterten und dann Erfolg hatten:

_1______________________________ _2______________________________

3. Was sind im Augenblick Ihre fünf wichtigsten Wertvorstellungen:

_1____

_2____

_3____

_4____

_5____

4. Was sind momentan Ihre drei wichtigsten Ziele im Leben?

_1__________________ _2__________________ _3__________________

5. Was haben Sie schon immer einmal tun wollen, aber sich nicht getraut?

____

Modul 11

1. Nennen Sie zwei Gründe, warum ein schriftlicher Aktionsplan für das Erreichen von Zielen für Sie hilfreich ist:

_1______________________________ _2______________________________

2. Listen Sie die drei wichtigsten Hindernisse auf, von denen Sie denken, daß sie zwischen Ihnen und Ihren Zielen liegen? Welche davon liegen in Ihnen selbst?

_1__________________ _2__________________ _3__________________

3. Was sind heute die kritischsten Erfolgsfaktoren in Ihrem Job?

_1__________________ _2__________________ _3__________________

4. Was ist Ihre schwachste Schlüsselfähigkeit?

_1____

5. Was können Sie tun, um die Kooperation und Unterstützung der Menschen zu erlangen, deren Hilfe Sie benötigen, um Ihre Ziele zu erreichen?

____

____

Modul 12

1. Welche drei Dinge könnten Sie sofort tun, die die größten positiven Konsequenzen für Ihr Arbeitsleben hätten?

_1__________________ _2__________________ _3__________________

2. Was sind die entscheidenden Engpässe in Ihrem Arbeitsleben? Was bestimmt die Geschwindigkeit, mit der Sie Ihre Hauptziele erreichen?

____

____

3. Wie können Sie Ihr Leben so organisieren, daß Sie jeden Tag „Zeitblöcke" schaffen, um Ihre Hauptaufgaben zu bewältigen?

______

______

Modul 13

1. Welche Veränderungen an Informationen und Ideen haben sich im letzen Jahr auf Ihr berufliches oder persönliches Leben ausgewirkt?

______

______

2. Welche technischen Veränderungen haben im letzten Jahr Ihre Arbeit und Ihr persönliches Leben beeinflußt?

______

3. Wer sind Ihre stärksten Mitbewerber, und wie setzten Sie ihr Wissen und ihre Technik ein, um Kunden abzufangen?

______

4. Welche Methoden wenden Sie an, um in Ihrer Organisation Informationen schnell zu lernen und anzuwenden?

______

5. Reorganisation - wie können Sie Ihre Arbeitsweise ändern, um mit weniger Aufwand an Zeit und Ressourcen mehr zu erreichen?

______

6. Restrukturierung - was können Sie tun, um mehr von Ihrer Energie auf Ihre Ertrags- und Gewinnquelle zu fokussieren?

______

7. Reengeneering - wie können Sie die Anzahl der Schritte verringern, um Ihre Hauptaufgaben zu verringern?

______

8. Reinventing - wenn Sie Ihre Abteilung, Ihren Job oder Ihre Firma neu aufbauen könnten, welche Veränderungen würden Sie vornehmen?

______

9. Rethinking - was wäre, wenn Sie in Ihrem gegenwärtigen Engagement oder Ihrer Handlungsweise vollkommen falsch lägen? Was würden Sie ändern?

______

Modul 14

1. In welchen drei Berufsbereichen sollten Sie Ihre Kenntnisse und Fähigkeiten ausbauen?

_1______ _2______ _3______

2. Preisen Sie als Präsident Ihrer eigenen Firma Ihr Produkt/Ihre Dienstleistung in höchstens 25 Worten an:

____

____

3. Auf welche Weise steigern Sie jeden einzelnen Tag den Wert Ihrer Arbeit und Ihrer Firma?

____

4. Wofür werden Sie genau bezahlt? Was tun Sie konkret, um Ihr Gehalt zu rechtfertigen?

____

5. Worin müssen Sie absolut hervorragend sein, um das Gehalt zu bekommen, das Sie sich in drei bis fünf Jahren wünschen?

____

6. Was ist Ihre Methode der Differenzierung? In welchen Bereichen sind Sie anderen überlegen?

____

Modul 15

1. Jede Arbeit wird immer auch von einem Team geleistet. Was können Sie tun, um zu einem wertvolleren Mitglied eines Teams zu werden?

____

____

2. Besprechungen sind ein entscheidendes Werkzeug für jeden im Geschäftsleben. Wie können Sie in jeder Besprechung effektiver werden?

____

____

Modul 16

1. Listen Sie zwei Bereiche auf, die Sie zornig oder unzufrieden machen, sobald sie geschehen oder sobald sie davon hören:
_1______________________ _2______________________

2. Müdigkeit ist eine der Hauptursachen für Streß. Listen Sie drei Dinge auf, die Sie tun können, um Ihre Müdigkeit zu reduzieren und Ihre körpereigene Widerstandskraft zu steigern:
_1______________ _2______________ _3______________

3. Verschieben und unentschlossenes Handeln sind weitere Streßfaktoren. Welche drei Aufgaben oder Aktivitäten sollten Sie sofort anpacken, um diese Streßquelle zu beseitigen?
_1______________ _2______________ _3______________

4. In welchen Bereichen Ihres Lebens könnte Ihnen die Angst vor Versagen Sie behindern und Streß verursachen?

____

5. In welchen Bereichen Ihres Lebens könnte Ihnen Ihre Sorge um die Meinung eines anderen Streß verursachen?

____

6. Gibt es momentan eine unangenehme Wirklichkeit in Ihrem Leben, der Sie sich nicht stellen, die Sie verleugnen?

____

Modul 17

1. Inwiefern sind Sie ein potentielles Genie? Wo haben Sie in der Vergangenheit Genialität bewiesen?

____

2. Was sind die Hauptfaktoren in Ihrem Leben, die bestimmen, wie kreativ Sie heute sind?

____

____

3. Nennen Sie einige verschiedenen Dinge, die Sie tun können, um Ihr Denken regelmäßig zu stimulieren:

____

____

4. Formulieren Sie zwei Fragen, die Sie stellen können, um Ihre Kreativität freizusetzen:

_1______________________________

_2______________________________

Modul 18

1. Listen Sie drei Bereiche auf, in denen Ihre Fähigkeit zum Lösen von Problemen wesentlich für Ihren Erfolg ist:

_1__________ _2__________ _3__________

2. Listen Sie drei Faktoren auf, die notwedig sind, damit Sie kreativ denken können:

_1__________ _2__________ _3__________

3. Kreatives Denken wird stimuliert durch Ziele, Probleme und Fragen. Listen Sie jeweils ein Beispiel in klarer, korrekter Sprache auf:

Ziel? ______________________________

Problem? ______________________________

Frage? ______________________________

4. Die systematische Methode ist ein wirkungsvolles Denkwerkzeug. Wählen Sie eine Situation oder Herausforderung aus, mit der Sie zu tun haben, und wenden Sie die folgende Methode an:
Geben Sie eine klare, schriftliche Definition Ihrer Situation:

___

Was sonst noch ist das Problem oder die Situation?

___

Listen Sie alle möglichen Ursachen für das Problem oder die Situation auf:

___

Listen Sie alle möglichen Lösungen auf:

___

Welche Lösungen gibt es sonst noch?

___

Treffen Sie eine Entscheidung!

___

Weisen Sie konkrete Aufgaben zu. Wer wird die Lösung ausführen?

___

Setzen Sie einen Endtermin:

___

5. Listen Sie Fragen und effektive Schlüssel für einen Brainstorming-Sitzung zu dem Problem auf:

___

___

Modul 19

1. Erläutern Sie die mentalen Gesetze, die für Beziehungen gelten, und wie sie sich auf andere Menschen auswirken:
Gesetz der Anziehung: ___

Gesetz der Erwartung: ___

Gesetz der Korrespondenz: ___

2. Listen Sie drei Dinge auf, die Sie tun können, um dem Selbstwertgefühl einer andren Person einen Schub zu geben:
_1___ _2___ _3___

3. Welche Rolle spielt Akzeptanz in menschlichen Beziehungen, und wie können Sie sie praktizieren?

___

4. Wie können Sie Anerkennung in Ihren Beziehungen zu anderen nutzen, um effektiver zu sein?

___

5. Was sind die Schlüsselelemente der Aufmerksamkeit in Beziehungen, und wie können Sie sie konkret anwenden?

___

___

6. Wie beeinflußt des Bumerang-Prinzip Ihre Beziehungen zu Menschen, besonders bei der Arbeit?

___

Modul 20

1. Wie können Sie die drei Bestandteile des Glücks in Ihrem Leben erreichen?
_1___
_2___
_3___

2. Welchen der vier Persönlichkeitsstile haben Sie? Welche Merkmale zeichnen Sie aus?

___

___

3. Was ist Ihre primäre Motivationsquelle, und worin zeigt sich das?

___

4. Was ist Ihre bevorzugte Methode, Informationen zu verarbeiten?

___

Modul 21

1. Was ist Ihre wahre Funktionsbezeichnung? Erläutern Sie sie:

___

2. Erläutern Sie Ihre Hauptverantwortung bei der Arbeit:

___

3. Formulieren Sie zwei Definitionen für das Wort „Kunde":
_1___
_2___

4. Welche Vorteile hat es, die Kundenerwartungen bei weitem zu übertreffen?

___

___

5. Wenn Ihr Chef Ihr wichtigster Kunde wäre, mit welchen drei Dingen könnten Sie Ihn zufriedenstellen?
_1___ _2___ _3___

Modul 22

1. Was ist die Hauptursache für Eifersucht in einer Beziehung?

____

2. Welche Rolle spielen negative Erwartungen in einer unglücklichen oder gescheiterten Beziehung?

____

3. Welchen Faktoren weisen darauf hin, daß Sie zu einer anderen Person passen?

____

4. Was sind die vier Stadien der Selbstentwicklung in einer Beziehung? Erläutern Sie, was in jedem der Stadien geschieht:

1________________ ________________

____

____

2________________ ________________

____

____

3________________ ________________

____

____

4________________ ________________

____

____

Modul 23

1. Was ist die zentrale Rolle der Elternschaft? Was ist das wahre Maß für Erfolg oder Scheitern?

____

2. Was ist das Destruktivste, das Eltern Ihren Kindern antun können? Was ist die Ursache für diesen Fehler?

____

3. Listen Sie drei Dinge auf, die jedes Kind von seinen Eltern braucht, um gesund, glücklich und stark aufzuwachsen:

_1____________ _2____________ _3____________

4. Listen Sie drei Dinge auf, die Sie jeden Tag tun können, um Ihren Kindern zu zeigen, daß Sie sie lieben:

_1______________________________

_2______________________________

_3______________________________

5. Was können Sie sofort bei Ihren Kindern tun, um ihnen die Last Ihrer vergangenen Fehler abzunehmen?

___

Modul 24

1. Warum ist es wichtig, daß Sie das Glück zu Ihrem höchsten Lebensziel machen?

___

___

2. Was ist die wesentliche Voraussetzung für eine positive mentale Einstellung?

___

3. Stellen Sie sich eine Traumliste auf. Beschreiben Sie Ihren idealen Lebensstil. Welche fünf Dinge würden Sie in Ihrem Leben haben wollen, wenn Sie keine Beschränkungen hätten?

1 ___
2 ___
3 ___
4 ___
5 ___

4. Wovon sollten Sie mehr tun, um Ihr Leben wieder in die Balance zu bringen? Wovon weniger?

Mehr: ___

___

Weniger: ___

___

5. Nennen Sie zwei Bereiche in Ihrem Leben, wo Ihr Versuch, Ihre Wertvorstellungen zu kompromittieren, Ihnen Streß verursachen könnten:

1 ___
2 ___

6. Was können Sie mit Ihrer Familie tun, um eine bessere Balance zu erreichen?

___

7. Was können Sie mit Ihrer Arbeit tun, um eine bessere Balance zu erreichen?

___

Brian Tracy Seminare, Bücher und Audiohandbücher bietet Ihnen in deutsch:

SCHEELEN® Institut für Managementberatung und Bildungsmarketing

„Nicht der Wind, sondern die Segel bestimmen den Kurs". Dieses Sprichwort passt genau auf die unternehmerische Situation. Der Erfolg eines Unternehmens kommt in der heutigen dynamischen Wirtschaft nicht von allein. In diesem Umfeld besteht nur, wer die Auswahl seiner Führungskräfte und Mitarbeiter sowie ihre fachliche und persönliche Weiterentwicklung ernst nimmt. Dabei spielen die richtigen Diagnostik- und Trainingsinstrumente eine entscheidende Rolle.
Immer mehr Unternehmen vertrauen auf unser führendes Know-how. Es bringt Sie auf den richtigen Kurs.

Frank M. Scheelen, *Direktor*
SCHEELEN® Institut für Managemenberatung und Bildungsmarketing

Unsere Philosophie basiert auf dem wichtigsten Gebot für die heutige Unternehmenswelt:
Wer auch in Zukunft Efolg haben will, muss schon heute seine Stärken mobilisieren. Wir vereinen führendes Know-how auf den Gebieten Personalentwichklung, Beratung, Training und Bildungsmarketing zu einem wirksamen Gesamtsystem. Die Steigerung des Unternehmenserfolges hängt von der Verwendung der richtigen Bausteine ab Denn für jedes Unternehmen gilt: Bei der Optimierung des Ist-Zustandes hilft nur die richtige Kombination der Hilfswerkzeuge. In unserer Arbeit nutzen wir die hohe Qualität der INSIGHTS® Management Development Instruments. Genauso erfolgreich greifen wir auf das renommierte Brian Tracy Trainingssystem zurück.

Überzeugende Trainingswerkzeuge untermauern Theorie durch Praxisnähe. Das Trainingsprogramm von Brian Tracy setzt sich aus über 30jähriger Forschungsarbeit und Praxiserfahrung zusammen. Kombiniert mit den INSIGHTS® Diagnostik-Instrumenten ermöglicht es einen ganzheitlichen Einsatz: Es berücksichtigt objektiv die Eigenschaften eines Mitarbeiters oder einer Führungskraft und baut darauf auf. Wichtig ist auch, dass das Gelernte in den Köpfen nicht schon bald wieder verloren geht. Das ausgereifte System des Tracy Trainingsprogramms mit
130 Themen begleitet den Lernenden über die Lernzeit hinaus. Es gewährleistet die stetige Wieder-holbarkeit des erlernten Wissens auf leichte und effiziente Art.

Seminare von Tracy College und dem SCHEELEN® Institut

Wir bieten: Öffentliche Seminare, Inhouse-Seminare, firmeninterne Einsatzmöglichkeiten

Seminare/Selbststudiums-Audiohandbücher

- Leadership-Ausbildung
- INSIGHTS® MDI-Akkreditierung
- Überlegene Verkaufskompetenz
- Leadership Kompetenz
- Präsentations- und Vortragstechniken
- Persönlichkeitscoaching
- Personal Leadership
- Leistungs-Psychologie
- Verkaufs-Psychologie
- Superior Sales Management
- High Performance Leadership
- Brian Tracy Live

Personal Leadership – So wird Spitzenleistung möglich
Das Seminar zum Buch „Personal Leadership"

Das ganzheitliche Seminar für die Herausforderungen des 21. Jahrhunderts garantiert Ihnen den Erfolg für Ihre Zukunft. Erfahren Sie Ihre Schlüssel zu persönlicher Spitzenleistung und Leadership. Ob im Beruflichen oder Privaten, Sie als Führungspersönlichkeit erhalten neue Erkenntnisse und Werkzeuge für Ihre persönliche Erfolgsentwicklung. Sie übernehmen die bahnbrechenden Techniken, mit denen die wenigen modernen und felxiblen Unternehmen und Führungskräfte an der Schwelle zum nächsten Jahrtausend besonders erfolgreich sind.

Leadership Kompetenz
Aufbau von personeller und interpersoneller Ressourcen im Unternehmen

Holen Sie das Maximum aus den Ressourcen und den Kompetenzen Ihrer Firma heraus? Gewinnen Sie Erkenntnisse über die innere Dynamik, über die Kompetenzen sowie über die nachhaltige Entwicklungsfähigkeit Ihrer Unternehmung. Bauen Sie personelle und interpersonelle Kompetenzen für sich und Ihr Unternehmen auf.

High Performance Leadership (Das Seminar zum Buch „HPL")
Ihr Schlüssel zur erfolgreichen Führung und Motivation

Lernen Sie, Ihr persönliches Potential als Führugnskraft zu optimieren, Teams zu Spitzenleistung zu führen und durch hocheffiziente Arbeitsmethoden und zukunftsorientierte Strategien im harten Wettbewerb unschlagbar zu werden.

INSIGHTS® MDI-Akkreditierung
Der Weg zum INSIGHTS® Berater

Der Weg zum INSIGHTS® Trainer und INSIGHTS® Berater. Persönliche Fähigkeiten, Reaktionsweisen, Stärken, Schwächen und Motive erkennen: INSIGHTS® vermittelt Ihnen effiziente Erarbeitungs-methoden zur Einschätzung individueller Leistungsprofile. Erfolgreiche Manager und Personalentwickler können dank INSIGHTS® ihre Mitarbeiter optimal einsetzen, Ihre Potentiale voll ausschöpfen und gezielt motivieren.

Seminare von Tracy College und dem SCHEELEN® Institut

Wir bieten: Öffentliche Seminare, Inhouse-Seminare, firmeninterne Einsatzmöglichkeiten

Präsentations- und Vortragstechniken
Überzeugen Sie mit Ihrem Auftritt

Ein Produkt ist so gut, wie es präsentiert wird: Perfekte vorbereitete Unterlagen, Adressaten gerechte Sprache, eine Sicherheit ausdrückende Rhetorik und richtiges Timing in Ihrer Präsentation überzeugen Kunden und Mitarbeiter. Erlernen und trainieren Sie Ihren professionellen Auftritt!

Überlegene Verkaufskompetenz (Das Seminar zum Buch)
Sehen - erkennen - gewinnen

„Kunde feuerrot, Verkäufer sonnengelb". Was das bedeutet erfahren Sie jetzt, denn so gewinnen Sie jeden Kunden!

Verkaufen ist nicht gleich Verkaufen. Denn Verkaufen wird von **vier Faktoren** bestimmt: von der Persönlichkeit des Kunden, der Persönlichkeit des Verkäufers, der Beziehung Käufer - Verkäufer und vom Produkt. Über das Produkt wissen Sie alles. Kennen Sie sich und Ihren Kunden ebenso gut? Wie kommen Sie bei Ihren Kunden an? Wie reagieren Sie auf Ihre Kunden? Wenn Sie Ihre Persönlichkeitsstruktur und

Ihr Verkaufsverhalten erkennen und verstehen, werden Sie Ihre Stärken optimal einsetzen und Ihre Schwachstellen akzeptieren. Selbstkenntnis ist der Weg zum Erfolg. In diesem Seminar lernen Sie sich kennen und Ihr Verhalten einschätzen: So erreichen Sie überlegene Verkaufs-kompetenz, weil Sie eine Beziehung aufbauen können, die anderen verborgen bleibt.

Superior Sales Management
Vom Verkäufer zum Teamleader

Dieses Seminar vermittelt Managern praxisnah die Kernkompetenzen zum Aufbau und Führung von Gewinnerteams. Es basiert auf neuesten Untersuchungen der Führungsproblematik großer Verkaufsorganisationen und geht gezielt auf die Praxis ein, wie man Verkäufer rekrutiert, managt, motiviert und die Individuen zu Gewinnerteams formt.

Weitere Informationen erhalten Sie unter:

SCHEELEN®
Institut für Managementberatung
und Bildungsmarketing
Klettgaustraße 21
D-79761 Waldshut-Tiengen

Telefon: 0049-(0)7741-65459
Fax: 0049-(0)7741-65403
Internet: www.tracy-college.de
E-Mail: scheelen@tracy-college.de

Frank M. Scheelen
Mit der INSIGHTS®-Methode zum Verkaufs-champion
Kunden besser verstehen, überzeugen und gewinnen
INSIGHTS®
mi